MUNDO)real
MEDIA edition

Student Book

4

Cover Photograph:

 Mate. *"El mate es una planta originaria de Sudamérica y consumida desde la época precolombina por los pueblos guaraníes. Forma parte del acervo cultural latinoamericano y uno de los rituales más arraigados en países como Argentina, Bolivia, Paraguay o Uruguay".* David Isa.

© Editorial Edinumen, 2017

Authors:

María Carmen Cabeza, Francisca Fernández, Emilio José Marín, Celia Meana, Ana Molina, Liliana Pereyra, Francisco Fidel Riva, equipo Prisma, equipo Nuevo Prisma (Sandra García, David Isa, Susana Molina y Ana María de Vargas)
Coordination Team: David Isa, Celia Meana, María José Gelabert y Mar Menéndez.

ISBN - Student Book: 978-1-107137-44-8

Printed in the United States of America

Editorial Coordination:
David Isa

Cover Design:
Juanjo López

Design and Layout:
Juanjo López and Ana M.ª Gil

Illustrations:
Carlos Casado

Photos:
See page 267

Cambridge University Press
1 Liberty Plaza
New York, NY 10002

Editorial Edinumen
José Celestino Mutis, 4. 28028 Madrid. España
Telephone: (34) 91 308 51 42
Fax: (34) 91 319 93 09
Email: edinumen@edinumen.es
www.edinumen.es

SCOPE AND SEQUENCE

 Pair icon: indicates that the activity is designed to be done by students working in pairs.

 Group icon: indicates that the activity is designed to be done by students working in small groups or as a whole class.

 Audio icon: indicates recorded material either as part of an activity or a reading text.

 Language icon: provides additional language and grammar support in presentations and for activities.

 Regional variation icon: provides examples of regional variations in the language.

 Recycling icon: provides a reminder of previously taught material that students will need to use in an activity.

ACKNOWLEDGMENTS

The authors and publisher would like to thank the following teachers for their insight and comments during the development of *Mundo Real Media Edition*. The experience and intuition of these educators was crucial in the development of this course.

Jeremy Aldrich - Harrisonburg City Public Schools (VA), **Susan Allen** - Eastern High School (NJ), **Marilu Alvarado** - Academia Margarita Muniz (MA), **Jose M. Aviña** - Sunset High School (TX), **Vicki S. Baggia** - Phillips Exeter Academy (NH), **David Barkley** - George C. Marshall High School (VA), **Vanda Baughman** - Cascade High School (OR), **Emily A. Berry** - Irvington Preparatory Academy (IN), **Candace Blatt** - Kokomo High School (IN), **Pilar Blazey** - Wilson High School (WA), **Patricia Boyarizo** - Ragsdale High School (NC), **Sonia Brandon** - Fork Union Military Academy (VA), **Ariel Bueno** - Lake Ridge High School (TX), **Maria L. Cabra** - Ronald W. Reagan / Doral Senior High School (FL), **Lilian M. Castillo de Hutchinson** - The Loomis Chaffee School (CT), **John S. Coco** - Cocalico School District (CO), **Pamela Conte** - Nordonia Hills City Schools (OH), **Rita Morales Cooley** - The Madeira School (VA), **Deb Dargay** - Bloomington Jefferson High School (MN), **Jesús López Díez** - Dana Hall School (MA), **Maria Elena Downes** - NYOS Charter School (NY), **Marsha Dragonetti** - Latin School of Chicago (IL), **Yvonne Easaw** - Richland School District Two (SC), **Cristina Escotto** - Fredericksburg Academy (VA), **Margaret K. Esten** - South Portland High School (OR), **Calvin Feehan** - Redwood High School (CA), **Scott L. Fisher** - McGavock High School (TN), **Mary Jo Flood** - Royal High School (CA), **Alejandra Fonseca** - Wyandanch Memorial High School (NY), **William Frank** - Pinkerton Academy (NH), **Coleen Garcia** - La Serna High School (CA), **Ramón García-Tamaran** - Bloomington High School South (IN), **Angela Giffin** - Stevens High School (SD), **Jeanne Gilbert** - The Hawbridge School (NC), **Robert Giosh** - The Latin School of Chicago (IL), **Xiomara Gonzalez** - Barbara Goleman Senior High School (FL), **Adriana Gonzalez-Novello** - Trinity School (NY), **Catherine A. Haney** - Loudoun County Public Schools (VA), **Ana Hermoso** - The Hotchkiss School (CT), **Wilson R. Hernández** - Hightstown High School (NJ), **Lesley Hinson** - Churchill High School (TX), **Efila Jzar-Simpson** - Ben Davis University High School (IN), **Anne Karakash, M.A.** - Franklin Academy (NC), **Nora L. Kinney** - Montini Catholic High School (IL), **Ivonete Kinson-Blackwelder** - North Pole High School (AK), **Heather Kissel** - TechBoston Academy (MA), **Dr. Jean Robert Lainé** - Putnam City Public Schools (OK), **William A. Leheny** - Garces Memorial High School (CA), **Jacqueline Liebold** - Groton Dunstable Regional High School (MA), **Patricio Lopez** - Harborfields High School (NY), **Adrianna Madril** - Martin Luther High School (CA), **Amanda Mancilla** - Union County Public Schools (NC), **Alice Nan Mannix** - Brown County High School (IN), **Nilma M. Martin Antonetti** - Richard Montgomery High School (MD), **Amanda Marvin** - The Barstow School (MO), **Rubenm Mascarenas** - Teacher Summit High School (TX), **Maritza Massopust** - Adelson Educational Campus (NV), **Justin Vanlee McClain** - Bishop McNamara High School (MD), **Marcelina McCool** - West Philadelphia High School (PA), **Darcie McGee** - Minnesota Online High School (MN), **Jennifer Mitchell** - The Hun School of Princeton (NJ), **Kathleen Monks** - Holley Central School (NY), **Yolanda Montague** - Stuarts Draft High School (VA), **Weston Moody** - Manhattan-Ogden School (NY), **Sydney Munson** - All Saints' Episcopal School (TX), **Sergio Navarro** - Redondo Union High School (CA), **Carmen Neale** - Watkinson School (CT), **Valerie Neri** - Park Center Senior High - International Baccalaureate World School (MN), **Andrew Noelle** - Central Magnet School (TN), **Marie G. Nuzzi** - Garden City High School (NY), **Santa Olmedo** - Foothill High School (CA), **Joseph A. Parodi** - Marianapolis Preparatory School (CT), **Olga A. Pietrantonio** - Blaine High School (WA), **Tim Pillsbury** - Trinity-Pawling School (NY), **Viviana Planine** - Newton South High School (MA), **Sofia Catalina Pollock** - John Champe High School (VA), **Andrew Poolman** - The Haverford School (PA), **Gregory Prais** - Detroit Catholic Central High School (MI), **Ashleigh Marsh Prendable** - Montgomery County Public Schools (MD), **Cecilia Remeta** - Palos Verdes High School (CA), **Mary Beth Ricci** - Olathe South High School (OK), **Gimara Richards, M.A.T.** - Stonewall Jackson High School (VA), **Myra M. Rios, M.A.** - Lower Merion High School (PA), **Alison Robinson** - Fort Worth Country Day School (TX), **Norman Sargen** - Agnes Irwin School (PA), **David M. Sawyer** - The Covenant School (VA), **Carl A. Seese** - Twin Lakes High School (IN), **Rosana Serna** - Seven Lakes High School (TX), **Bertha Sevilla** - Notre Dame Academy (CA), **Jonathan L. Sirois** - Tabor Academy (MA), **Ellen J. Spitalli** - Naperville Central High School (IL), **Maribel Squibb** - Sharyland High School (TX), **Tamara Tamez** - Nimitz High School (TX), **Yamila Tamny** - River Ridge High School (FL), **Susan Tawney** - Ragsdale High School (NC), **Candida Thompson** - Academy of Richmond County (GA), **Lisa Todd** - Colorado Academy (CO), **Delia Topping** - Central Magnet School (TN), **Yari Torres** - Douglass High School (TN), **Rachel Torrie** - Woodinville High School (WA), **Rosanna Tucci** - Miami Beach Senior High (FL), **Karen Twyford** - Highland High School (IL), **Maria Vazquez** - Mother Seton Regional High School (NJ), **Janice Ventresco** - Avon High School (OH), **Barbara A. Volkman** - Lanphier High School (IL), **Michelle Warner** - East Muskingum Schools (OH), **Rhonda L. Wells** - DeKalb County School District (GA), **Rand Wiseman** - Gig Harbor High School (WA).

STUDENT RESOURCES

STUDENT'S BOOK

Mundo Real Media Edition uses lively and compelling content, images, and video to teach real-world language. The student book's experiential format encourages the development of strong communicative skills, which will increase your comfort level in real-world settings.

EBOOK

Mundo Real Media Edition eBooks are fully interactive and fully integrated with the Learning Management System ELEteca. Integrated audio and a seamless connection to online video content, as well as online and offline modes for Mac, PC, iOS, and Android, make using your eBook simple.

ONLINE WORBOOK

The *Mundo Real Media Edition* online workbook features a wide variety of activity types and exercises, and includes mbedded video, a video note-taking feature, and speech recognition technology.

Mundo Real Media Edition features a wealth of digital resources designed to supplement and enhance the Student's Book. All are available in the rich, interactive world of *Mundo Real Media Edition* ELEteca—in one place, with one password.

Interactive Activities

Audio and Video

• **Sesión de cine**: New video program.

• **Grammar Tutorials** Short grammar presentations to reinforce tricky skills.

• **Casa del Español** Street interviews that model authentic language.

Gamification

New role-playing game that allows you to engage with the Spanish language in a fun context, as you take an active role in a non-profit organization and learn more about the Spanish-speaking world.

Online Workbook and eBook Integration

The *Mundo Real Media Edition* Online Workbook and eBook are accessible through ELEteca, so you can access all of your digital resources in one place, using one password.

HOW TO ACCESS ELETECA

ELEteca is the Learning Management System that accompanies your *Mundo Real Media Edition* Student's Book.

To activate your ELEteca resources visit **http://cambridge.edinumen.es/welcome**, and follow the instructions to create an account and activate your access code.

1. http://cambridge.edinumen.es/welcome

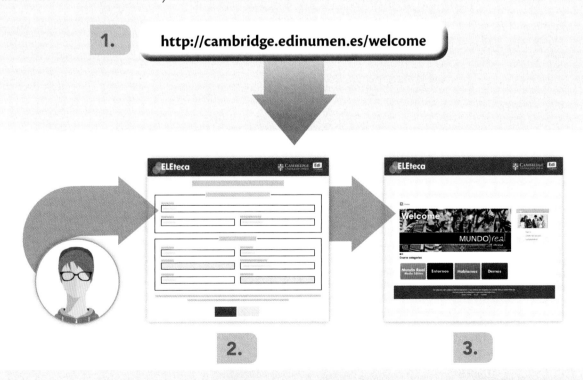

EL UNIVERSO HISPANO

Estados Unidos

Phoenix

Dallas

El Paso

Houston

Tijuana Mexicali

Chihuahua

Monterrey

Mazatlán

MÉXICO

Colima

México D. F.

Veracruz

Acapulco

GUATEMALA

EL SALVADOR

MÉXICO, CENTROAMÉRICA Y CARIBE

HONDURAS

12

Atlanta

REPÚBLICA
DOMINICANA

CUBA

Miami

Bahamas

PUERTO RICO

La Habana

Cienfuegos

Camagüey

Guantánamo

Santiago de Cuba

Haití

Santo
Domingo

San
Juan

Mérida

La Romana

Ponce

Belice

San Pedro Sula

Ciudad de
Guatemala

Tegucigalpa

NICARAGUA

COSTA RICA

San Salvador

León

Managua

Granada

San José

Puntarenas

Colón

Panamá

PANAMÁ

13

Caracas

Barranquilla

Medellín

Bogotá

Cali

Islas Galápagos

Quito

Iquitos

Trujillo

Brasil

VENEZUELA

COLOMBIA

ECUADOR

Lima

Cuzco

Arequipa

La Paz

Santa Cruz

Sucre

Asunción

PARAGUAY

PERÚ

Córdoba

Rosario

Santiago de Chile

Buenos Aires

Montevideo

Bahía Blanca

URUGUAY

BOLIVIA

Comodoro Rivadavia

Río Gallegos

Punta Arenas

14

CHILE

ARGENTINA

Argentina
Buenos Aires

Bolivia
La Paz

Chile
Santiago de Chile

Colombia
Bogotá

Costa Rica
San José

Cuba
La Habana

Ecuador
Quito

El Salvador
San Salvador

España
Madrid

Guatemala
Ciudad de Guatemala

Honduras
Tegucigalpa

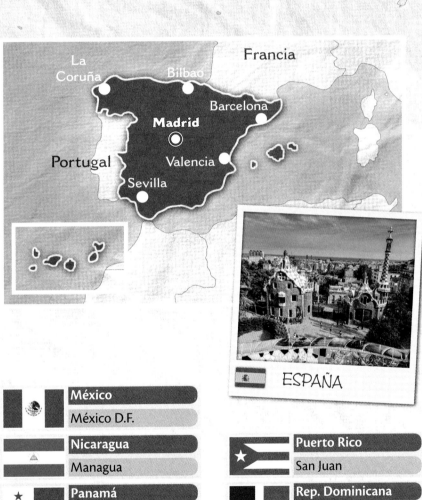

La Coruña
Bilbao
Francia
Barcelona
Madrid
Portugal
Valencia
Sevilla

ESPAÑA

México
México D.F.

Nicaragua
Managua

Panamá
Panamá

Paraguay
Asunción

Perú
Lima

Puerto Rico
San Juan

Rep. Dominicana
Santo Domingo

Uruguay
Montevideo

Venezuela
Caracas

País   Capital

15

Argentina Buenos Aires. View of the Retiro region of the capital in Buenos Aires, Argentina. View includes the central railway station, bus station, sea port and the so called Villa 31. Buenos Aires is the capital and largest city of Argentina, and the second largest metropolitan area in South America. It is located on the western shore of the mouth of the Río de la Plata, on the continent's southeastern coast.

Bolivia Los Andes. Although only one-third of the country is located in the Andean mountain range, its largest city and principal economic centers are in the Altiplano. The surreal landscape is nearly treeless, punctuated by gentle hills and volcanoes near the Chilean border. The flamingos are on the Hedionda Lagoon.

Chile *La isla de Pascua. Easter Island (Rapa Nui or Isla de Pascua) is a Chilean island in the southeastern Pacific Ocean, at the southeastern most point of the Polynesian Triangle. Easter Island is famous for its 887 surviving monumental statues, called moai, created by the early Rapa Nui people. In 1995, UNESCO named Easter Island a World Heritage Site.

Colombia *Barranquilla. Barranquilla, with a century-long recorded history of El Carnaval de Barranquilla, holds the second largest carnival parades in the world after Rio de Janeiro's. It was proclaimed by UNESCO, in November 2003, as one of the Masterpieces of the Oral Intangible Heritage of Humanity.

Costa Rica Bahía Ballena. Lush jungle-covered mountains stretch out into the Gulf of Nicoya next to the rocky and sandy beach of Ballena Bay in Costa Rica.

Cuba La Habana. Old classic American cars in front of National Capitol Building. Before a new law issued on October 2011, Cubans could only trade cars that were on the road before 1959.

Ecuador *Cuenca. The gazebo in Parque Calderon with La Catedral de la Inmaculada Concepcion in the background. The center of the city is listed as a UNESCO World Heritage Trust site due to its many historical buildings. Cuenca is well known for its stunning architecture, tourist attractions, hotels and night activities.

El Salvador San Salvador. The capital city of El Salvador, and the capital of the San Salvador department. It is the country's most populated municipality as well as its most important political, cultural, educational and financial center.

España *Parque Güel. Güell Park by architect Gaudi in a summer day in Barcelona. The park was built between 1900 and 1914 by Antoni Gaudí, a renowned architect and the face of Catalan modernism. It was officially opened as a public park in 1926. In 1984, UNESCO declared the park a World Heritage Site under "Works of Antoni Gaudí".

Guatemala *Antigua. Located in the central highlands of Guatemala the city is famous for its well-preserved Spanish Baroque-influenced architecture as well as a number of colonial church ruins. It served as the capital of the Captaincy General of Guatemala, also known as the Kingdom of Guatemala. It has been designated a UNESCO World Heritage Site.

Honduras Parque Nacional de Santa Bárbara. Santa Bárbara National Park is a national park in Honduras. It was established on January 1, 1987 and covers an area of 121.3 square kilometers. It has an altitude of 2,777 meters. Its peak can be reached from the southeast side, ascending from the village of Los Andes.

México Zócalo. The Zócalo is the common name of the main square in central Mexico City. Prior to the colonial period, it was the main ceremonial center in the Aztec city of Tenochtitlan.

Nicaragua Ometepe. View of Concepción's colorful volcanic ash deposits and green slopes. Ometepe is an island formed by two volcanoes rising from Lake Nicaragua. Its name derives from the Nahuatl words *ome* (two) and *tepetl* (mountain), meaning two mountains. It is the largest island in Lake Nicaragua.

Panamá Traje tradicional. Young lady wearing the traditional costume and ornaments of Panama, La Pollera, during the celebration of independence from Colombia Parade. In Panama, handmade polleras are worn during festivals or celebrations.

Paraguay Cataratas de Iguazú. Iguazu Falls is on the border of Brazil, Argentina, and Paraguay. The first European to record the existence of the falls was the Spanish conquistador Álvar Núñez Cabeza de Vaca in 1541.

Perú Lago Titicaca. A large, deep lake in the Andes on the border of Peru and Bolivia. By volume of water, it is the largest lake in South America. It is often called the highest navigable lake in the world.

Puerto Rico Street in old San Juan. San Juan is the capital and most populous municipality in the Commonwealth of Puerto Rico, an unincorporated territory of the United States. Today, San Juan is Puerto Rico's most important seaport, and the island's manufacturing, financial, cultural, and tourism center.

República Dominicana Santo Domingo. The capital and largest city in the Dominican Republic and the largest city in the Caribbean by population. Founded by Bartholomew Columbus in 1496, the city is the oldest continuously inhabited European settlement in the Americas, and was the first seat of the Spanish colonial rule in the New World.

Uruguay Montevideo. Aerial View of the capital city of Uruguay. Montevideo has consistently been rated as having the highest quality of life of any city in Latin America.

Venezuela Caracas. Skyline of Caracas, capital of Venezuela. Caracas is also Venezuela's cultural capital, with many restaurants, theaters, museums, and shopping centers. Some of the tallest skyscrapers in Latin America are located in Caracas.

---

* All these places have been declared World Heritage Sites by UNESCO. **World Heritage Site** is the title granted by UNESCO (United Nations Educational, Scientific and Cultural Organization) to specific places on the planet (forests, mountains, lakes, caves, deserts, buildings, architectural complexes, cultural routes, cultural panoramas or cities) which have been proposed and confirmed for inclusion on this list. The aim of the program is to catalog, preserve and publicize places of exceptional cultural or natural interest for the common heritage of mankind.

UNESCO was founded on November 16, 1945, with the purpose of contributing to peace and safety in the world through education, science, culture and communications.

WHY SPANISH?

Learning to communicate in Spanish can help you achieve a more vibrant and prosperous future, especially in today's globalizing world. As of 2014, **more than 450 million people speak Spanish** as a native language, making Spanish is the second most common native language in the world. And according to a study by the Instituto Cervantes, **45 million people in the United States** speak Spanish as a first or second language. That's a Spanish-speaking community the size of the whole country of Spain!

Spanish is the most-spoken language in the Western Hemisphere, and the official language of the European Union, making it an important language for international business. By learning Spanish, you'll be joining 20 million other students worldwide who are learning to speak Spanish. You'll also be gaining a valuable professional skill on an increasingly bilingual continent. ¡Bienvenidos!

WHY COMMUNICATIVE EXPERIENTIAL LEARNING?

Mechanical learning doesn't work.

How did you learn to ride a bike? Did you sit in a chair while someone explained the fundamentals of bike riding to you, or did you go outside and give it a try yourself? Did you get better by memorizing a set of expert techniques, or did you suffer a few skinned knees until you improved?

If you're like most people, you learned by doing –and we don't think learning a language should be any different. When you learn out-of-context grammar and vocabulary skills, or complete exercises designed to perfect isolated language functions, it can be difficult to combine these skills when you want to express something new, or understand something that you've never heard before. Even more importantly, this kind of instruction can make us forget that Spanish is a living language that is spoken creatively and individually by people all over the world.

We need to feel, experience and reflect in order to learn.

When we learn by doing –by following our own initiative and self-direction– we associate the things we learn with specific feelings and experiences, which helps us comprehend and retain new language. Activities that connect with our emotions awaken our curiosity, and help us remember what we've learned years later.

Communicative Experiential Learning is self-directed, and constructed according to the unique styles and needs of each individual. Differences in learning style and speed are allowed for and embraced in the experiential classroom.

Learning is more rewarding as part of a community.

Communicative Experiential Learning also creates a supportive peer environment, in which learners are truly part of a classroom community. Learning by doing naturally encourages cooperative learning strategies, and rewards an open exchange of ideas and experiences.

Spanish is a vital, living language –which can be surprisingly easy to forget when you're conjugating endless strings of AR verbs! Communicative Experiential Learning reminds us that the purpose of language is to connect with ourselves and with our communities, both locally and globally.

EXPERIENCIAS EN ESPAÑOL

Un joven en La Habana, Cuba.

⫸ ¿Qué está haciendo este muchacho?

⫸ ¿Piensas que está de vacaciones o vive allí?

⫸ ¿Por qué lo piensas?

⫸ ¿Te gustaría visitar este lugar?

In this unit, you will learn to:

- Talk about your experiences learning Spanish
- Share stories about the past
- React to what others tell you they did
- Talk about cultural misunderstandings in the past
- Describe what had already happened

Using

- Preterit, imperfect, and present perfect tenses (review)
- Pluperfect
- *Ser* and *estar* (review)

APRENDE HACIENDO

- Beauty and Aesthetics: Language and Literature
- Families and Communities: Education Communities

UN POCO DE LITERATURA

- *La casa de los espíritus*, de Isabel Allende

SESIÓN DE CINE

Jordi MOLLA Ernesto ALTERIO Hedy BURRESS Allison SMITH y Juan ECHANOVE

Los años bárbaros

Una película de Fernando Colomo

Un viaje hacia la libertad

SABOR HISPANO

- Famosos hispanos

1 Es el primer día del semestre. Jaime y Carol se saludan y hablan un rato. Lee estas frases extraídas de su conversación. ¿De qué crees que están hablando? Coméntalo con tu compañero/a.

- Era la primera vez que viajaba a Europa.
- Le presenté a mis amigos.
- ¡No entendía nada!
- En España es muy habitual dar dos besos.
- Nos contó que ¡había sido abuelo!
- Dejó el paquete a su lado sin abrirlo.
- ¡Qué cosas tiene la cultura!

2 Lee y escucha la conversación. Después, comprueba con tu compañero/a si acertaron en sus suposiciones anteriores.

Jaime: Seguramente tienes muchas anécdotas de tu verano en Europa, hay tantas diferencias culturales...

Carol: Sí, Jaime, pero la experiencia más divertida **fue** con mi hermana en España.

Jaime: ¿Con tu hermana? ¿Qué **pasó**?

Carol: Cuando yo **vivía** y **estudiaba** español en Madrid, mi hermana **vino** a visitarme. **Era** la primera vez que viajaba a Europa y decidí ir a buscarla al aeropuerto con mi amiga francesa, Claire, y su novio español, Luis. **Resulta** que el avión **llegó** con retraso y mi hermana estaba prácticamente dormida. Cuando le presenté a mis amigos, Luis le **dio** dos besos a mi hermana y creo que no **se dio cuenta**. Después, llegamos a casa, Luis nos ayudó con las maletas y cuando fue a darle dos besos de despedida, mi hermana se apartó. ¡No entendía nada! **Total que** le pregunté y me dijo que Luis la quiso besar, ja, ja, ja.

Jaime: ¿Cómo reaccionó el pobre Luis?

Carol: Fatal, creo que no se había puesto tan rojo nunca antes. Fue difícil explicar a mi hermana que en España es muy habitual dar dos besos en situaciones informales, incluso entre desconocidos.

Jaime: ¿Y qué tal en clase? ¿Ocurrió algún otro malentendido entre los estudiantes?

Carol: Sí, sí, con Yuki. **Era** japonés y **tenía** 60 años. **Además**, era muy trabajador. Si nos ponían una tarea por la mañana, esa misma tarde ya la había hecho.

Jaime: Entonces, ¿qué pasó?

Carol: Bueno, pues resulta que **un día** llegó a clase con una sonrisa de oreja a oreja y con la tarea sin hacer; a todos nos pareció tan raro, y entonces nos contó que ¡había sido abuelo! Le compramos un regalito para su nieto y, al día siguiente, cuando se lo dimos en clase sonrió y dejó el paquete a su lado sin abrirlo. **Al final** le preguntamos por qué no lo **abría** y, claro, nos explicó que en Japón no se abren los regalos delante de la persona que te lo **ha dado**.

Jaime: ¡Qué cosas tiene la cultura!

3 **Observa los conectores en negrita** (bold) **y usa los que creas necesarios para responder a las siguientes preguntas.**

a. ¿Fn qué momento de la vida de Carol sucedió la anécdota de su hermana?

b. ¿Por qué la hermana de Carol estaba tan desconcertada?

c. ¿En qué situación se extrañaron los compañeros de Yuki?

d. ¿Qué hicieron finalmente los compañeros ante la actitud de Yuki?

4 **Vuelve a leer la conversación. Con un compañero/a, busquen ejemplos de las siguientes formas verbales de pasado que aparecen destacadas. Después, relacionen cada pasado con su uso principal.**

Pretérito	Imperfecto	Presente perfecto

Usos

a. Acción pasada en un periodo de tiempo no terminado.

➡ ....

b. Descripción de personas, acciones habituales, circunstancias.

➡ ....

c. Acción pasada en un periodo de tiempo terminado.

➡ ....

¡AHORA TÚ!

5 **Escribe un diálogo similar siguiendo las instrucciones. Después, represéntalo con tu compañero/a.**

1. Introduce una anécdota divertida a un amigo/a. ⟶ 2. Muestra interés: quieres saber más detalles.

3. Comienza a contar la anécdota, pero no la termines. ⟶ 4. Pregunta cómo termina la historia.

5. Comenta lo divertido que es. ⟶ 6. Pregunta si tiene experiencias similares.

COMUNICA

SHARING STORIES ABOUT THE PAST

- Contar y describir anécdotas sobre el pasado
  - Para preguntar:
    - **¿Qué te pasa/pasó?**   – **Cuenta, cuenta**…
  - Para empezar a contar el relato:
    - **(Pues) Resulta que**…
  - Para ubicarla en el tiempo:
    - **El otro día**…   – **Un día**…   – **Una vez**…   – **Hace unos meses**…   – **Cuando**…
  - Para introducir el tema:
    - **¿Sabes qué ha pasado?**   – **¿Sabes qué pasó ayer?**
    - **(Oye), tengo que contarte una cosa.**   – **Oye, tengo que contarte una cosa, ¿tienes tiempo?**
  - Para reaccionar solicitando el comienzo del relato:
    - **No, ¿qué pasa/pasó?**   – **¿Qué pasó ayer?**   – **¡Dime, dime!**   – **Ah, ¿sí?**

1 Lee las siguientes anécdotas y elige la opción correcta. Después, comprueba tus respuestas con tu compañero/a

DIÁLOGO 1

– ¿Qué te pasó? ¿Por qué no llamaste ayer?
– ¡No te lo vas a creer!
– **¡Dime, dime!**, que estuvimos una hora esperando tu llamada…
– **Pues resulta que** ayer, después de comer, fui al baño y se me cayó el celular en el inodoro y…

1. *¿Qué te pasó?* se usa para:
   a) empezar la anécdota.   b) preguntar.   c) introducir el tema.

2. *¡Dime, dime!* se usa para:
   a) reaccionar solicitando el comienzo del relato.   b) preguntar.   c) empezar a contar el relato.

3. *Pues resulta que* indica:
   a) el fin de la anécdota.   b) la reacción ante la anécdota.   c) el inicio del relato.

DIÁLOGO 2

– ¿Sabes qué me pasó el lunes?
– No, cuenta, cuenta.
– Fui a la playa con mi hermana y me quedé dormida una hora bajo el sol. Me puse crema, pero en lugar de protector me apliqué *aftersun*… **Total que** mira mi espalda.
– ¡Ah! ¡Pareces un tomate!

4. *¿Sabes qué me pasó?* se usa para:
   a) reaccionar solicitando el comienzo.   b) introducir el tema.   c) preguntar.

22

5. *Total que* indica:

    a) el comienzo de la anécdota.   **b)** el final de la anécdota.   **c)** la introducción del tema.

DIÁLOGO 3

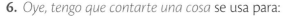

– Oye, tengo que contarte una cosa.

– ¿Qué te pasó?

– **El otro día,** te llamé por teléfono y cuando contestaste, te dije: "Te quiero".

– ¿Qué? No entiendo nada, Javier.

– En ese momento, una mujer empezó a reír y me dijo que no estabas. **En fin que** te confundí con tu madre.

– Ja, ja, ja, mi madre no me dijo nada…

6. *Oye, tengo que contarte una cosa* se usa para:

    a) introducir el tema.   **b)** empezar a contar el relato.   **c)** reaccionar ante la anécdota.

7. *El otro día* sirve para:

    a) ubicar la anécdota en el tiempo.   **b)** reaccionar.   **c)** empezar a contar el relato.

8. *En fin que* indica que:

    a) el relato va a terminar.   **b)** el relato es corto.   **c)** se ubica en el tiempo.

2 **Observa las imágenes y escribe un diálogo con los recursos comunicativos del recuadro. Después, represéntalo con tu compañero/a. ¿Quién ha presentado el más original?**

DIÁLOGO 1

Sandra: ¿Sabes qué me pasó ayer?

Amigo/a:…

DIÁLOGO 2

Samuel: Tengo que contarte una cosa.

Amigo/a:…

DIÁLOGO 3

Mónica: Oye, tengo que contarte una cosa, ¿tienes tiempo?

Amigo/a:…

COMUNICA

3 Observen a estas personas y describan cómo creen que se sienten al escuchar la anécdota que les están contando.

a.

b.

c.

d.

4 Clasifica las expresiones del recuadro en función de su intención. Ten en cuenta que una misma expresión puede indicar diferentes reacciones.

> ¡No me digas! o ¡Híjole! o ¿De verdad? o ¡Madre mía! o ¡Qué bueno! o ¡Genial! o
> ¡No me lo puedo creer! o ¡Qué curioso! o ¡No te olvides de nada! o ¡Nunca había oído nada parecido!
> o ¡Quiero saberlo con todo lujo de detalles! o ¡Qué divertido! o ¿En serio? o ¡Bárbaro!

■ Para **reaccionar a una anécdota:**

• Para expresar sorpresa positiva:

   a. ....

• Para expresar interés y curiosidad:

   b. ....

• Para expresar que les gusta la información:

   c. ....

• Para expresar escepticismo:

   d. ....

5 Lee las siguientes situaciones y decide cuál de las expresiones anteriores podrías usar y cuál sería ofensiva.

Un mexicano te invita a comer a su casa y, de entrante, te saca una ensalada de lechuga con aguacate y chapulines despolvoreados. Te dice que es un plato exquisito en México y que lo tienes que probar.

Es tu cumpleaños y un español te pregunta cuántos años cumples. A continuación, te empieza a tirar de las orejas.

6 Crea una situación parecida en la que una persona de otra cultura podría sentirse incómoda según las costumbres de tu comunidad o país. Después, compártela con tu compañero/a. ¿Cómo reaccionó?

7 Eres un/a chismoso/a y quieres enterarte de la vida de tu compañero/a. Es un personaje famoso (cantante, actor, etc.) que oculta un oscuro pasado. Esta es tu oportunidad. Pregúntale todo aquello que quieras saber y toma notas. Sorpréndete con las historias y las anécdotas que te cuenta.

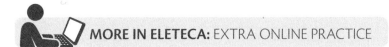

00:38:30 - 00:41:20

Título: Los años bárbaros.

Año: 1998.

País: España y Francia.

Género: Drama.

Director: Fernando Colomo.

Intérpretes:
Jordi Mollà,
Ernesto Alterio,
Hedy Burress,
Allison Smith,
Juan Echanove,
José María Pou,
Samuel Le Bihan,
Álex Angulo,
Pepón Nieto,
Ana Rayo Ruano.

Durante la posguerra española, en el año 1947, dos jóvenes universitarios, miembros de asociaciones de estudiantes contrarias al régimen, son condenados a ocho años y enviados al campo de trabajo del Valle de los Caídos. Una vez allí, consiguen escaparse gracias a la ayuda de un francés especialista en fugas (jailbreaks), a través de un plan organizado. Empiezan entonces un viaje por España con unas supuestas viajeras norteamericanas que conocen durante su fuga y que simpatizan con sus ideas democráticas de libertad.

¿SABÍAS QUE…?

- La película está basada en una novela autobiográfica de Manuel Lamana titulada *Otros hombres*.

- La película, a diferencia de la novela, crea personajes de ficción inspirándose en la huida real del escritor de la novela y un compañero, que lograron escapar de un campo de concentración del régimen franquista y huir (flee) a Francia a pie en 1948.

- La comedia desdramatiza la terrible situación que miles de españoles vivieron durante la dictadura de Franco y que les llevaron a cruzar las fronteras para salvar sus vidas y vivir en libertad.

- Obtuvo cinco nominaciones a los Premios Goya.

ANTES DE VER LA SECUENCIA

1 Vuelve a leer la sinopsis de la película *Los años bárbaros* y relaciona estas imágenes con los textos de abajo.

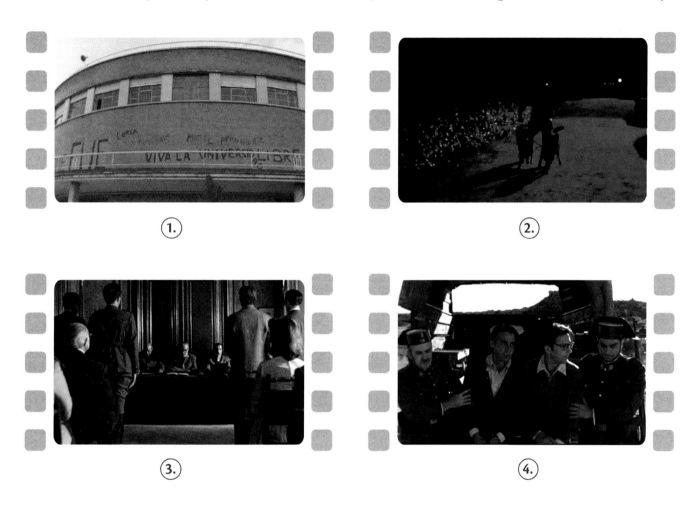

(1.)   (2.)

(3.)   (4.)

a. ☐ Tomás y Jaime fueron trasladados al Valle de los Caídos, un campo de trabajo en la sierra de Madrid, donde los presos políticos del franquismo cumplían sus condenas con trabajos forzosos.

b. ☐ Una noche Tomás, Jaime y otros universitarios contrarios al régimen quedaron para hacer pintadas de protesta en los muros de la universidad.

c. ☐ Los dos estudiantes fueron arrestados y encarcelados antes de su juicio. Posteriormente, los condenaron a ocho años de prisión y a trabajos forzosos en el monumento del Valle de los Caídos.

d. ☐ Esa misma noche, mientras el resto de los compañeros regresaban de hacer las pintadas, Tomás y Jaime fueron sorprendidos casi en el acto y detenidos.

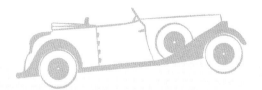

2 〖▭▭▶〗 **Tomás y Jaime, después de escapar del campo de trabajo, inician su viaje hacia la frontera**
00:09 - 03:37 **con Francia y cuentan con la ayuda de dos jóvenes norteamericanas con las que vivirán diferentes aventuras y anécdotas. Observa la secuencia y responde a las siguientes preguntas.**

1. El guardia civil...

   a. ☐ sospecha de las parejas.

   b. ☐ hace un control rutinario de carretera.

   c. ☐ para al vehículo por velocidad.

2. Los guardias civiles no entienden la nacionalidad de la muchacha porque ella lo dice...

   a. ☐ en español con acento extranjero.

   b. ☐ en su lengua y los guardias no entienden inglés.

   c. ☐ mal a propósito.

3. La guardia civil se relaja y olvida su obligación...

   a. ☐ porque acepta el regalo de una de las muchachas: whisky escocés de importación.

   b. ☐ porque le parece muy divertido el juego de palabras entre la marca de la bebida y la documentación exigida.

   c. ☐ porque una de las muchachas sí encuentra su pasaporte.

3 **Cuenta con tus propias palabras las anécdotas lingüísticas o culturales de la secuencia.**

DESPUÉS DE LA SECUENCIA

4 Decide si estas afirmaciones sobre la secuencia son verdaderas (V) o falsas (F).

	V	F
a. El beso de la secuencia significa que la muchacha está locamente enamorada.	☐	☐
b. Los dos protagonistas hablan inglés y se comunican perfectamente con ellas.	☐	☐
c. La muchacha que maneja tiene una idea muy romántica e idealizada de la resistencia antifranquista.	☐	☐
d. Van a pasar por Toledo y Sevilla.	☐	☐
e. Los personajes deciden cambiarse el nombre.	☐	☐
f. La guardia civil da una imagen seria, moderna y fiable de la policía del régimen franquista.	☐	☐
g. La actitud de la guardia civil con ellas es machista e irrespetuosa.	☐	☐
h. Tomás y Jaime conocen muy bien a las muchachas y saben cómo les van a ayudar.	☐	☐
i. Finalmente, los muchachos les cuentan con detalle su larga experiencia como activistas políticos en clandestinidad.	☐	☐

5 Responde a estas preguntas sobre aspectos históricos mencionados en la película. Puedes consultar en Internet.

a. ¿Sabes a qué personas se refiere la muchacha que maneja cuando menciona a los *fugados* y a los *maquis*?

b. La misma muchacha dice que su padre fue un brigada internacional. ¿Sabes quiénes fueron las brigadas internacionales?

c. ¿Sabes dónde está y para qué fue finalmente destinado el Valle de los Caídos, el campo de trabajo de los personajes?

1 Observa la siguiente lista de verbos que se confunden con facilidad. Trabaja con tu compañero/a y describan la diferencia entre ellos. Pueden usar un diccionario.

a. parecer / aparecer

b. sonreír / reír

c. olvidar / recordar

d. apagar / encender

e. caer bien / caerse

f. sentarse / ponerse de pie

g. conseguir / seguir

h. darse cuenta de algo / sin darse cuenta

i. reconocer / conocer

2 Completa estas tres anécdotas con los verbos que aparecen en el recuadro conjugados en los tiempos del pasado.

parecía o apareció o eliminé o buscaba o encontraba o se cayó o paraba o he olvidado o recuerdo o apagó o encendía o nos sentamos o me puse de pie o conseguí o seguía o me di cuenta o conocía o me acerqué o empecé o reconocí

¿Una anécdota divertida? Estaba en la biblioteca estudiando y me quité las gafas para descansar un minuto. Entonces vi a una muchacha que me miraba, que no (a)............... de sonreír y que me hacía gestos de invitación. Yo no la (b)..............., pero era muy guapa. Entonces, como no llevaba gafas, (c)............... para verla mejor, (d)............... y como (e)............... haciendo los gestos le pregunté: "¿Qué me estabas diciendo?". En ese momento miré hacia atrás y vi a otra persona que también miraba a la muchacha de los gestos...

1. Samuel

Los primeros días de universidad conocí a un muchacho que (a)............... simpático y, después de unos meses, (b)............... hablar con él porque (c)............... juntos el último día antes de las vacaciones de Navidad. Finalmente, nos dimos los números de celular para vernos, pero (d)............... el suyo por error. Durante todas las vacaciones (e)............... todos los días el celular y (f)............... un mensaje suyo... Un día mi hermana (g)............... su celular muy enfadada y me dijo que estaba harta de los mensajes de un número desconocido que la llamaba...

2. Sandra

(a) .... un día en el que un hombre (b) .... por las escaleras del centro comercial. Me acerqué a ayudarlo y cuando se levantó (c) .... de que era el marido de una prima mía al que solo había visto el día de su boda hace muchos años. Al principio no lo (d) .... De puro nervios yo (e) .... a reír porque no (f) .... las palabras para decirle: "(g) .... tu nombre". Lo peor es que sin darme cuenta le dije: "¿Qué tal está Ana?". En ese momento (h) .... una mujer que no era mi prima Ana…

3. Mónica

3 🎧 2 **¿Cómo crees que terminan las anécdotas? Escucha a Samuel, Sandra y Mónica y comprueba tus hipótesis.**

4 **Estos verbos pueden ser sinónimos de algunos de los anteriores verbos. Relaciónalos.**

a. notar	**d.** levantarse	**g.** tener aspecto de	**j.** aproximarse
b. continuar	**e.** conectar	**h.** tomar asiento	**k.** borrar
c. hallar	**f.** lograr	**i.** ir al suelo	

5 **Escribe una anécdota que te haya pasado durante este año. No cuentes el final. Tu compañero/a tendrá que adivinarlo.**

6 **Lee la anécdota que ha escrito tu compañero/a y escribe su final. Después, comprueba el verdadero desenlace. ¿Acertaste?**

7 🎧 3 ¿Sabes qué significa el adjetivo *insólito*? Escucha la siguiente entrevista y relaciona las palabras con el número del entrevistado al que pertenecen.

	Entrevistado/a			Entrevistado/a
a. Payaso.	☐		**f.** Mascota.	☐
b. Tirarse en paracaídas.	☐		**g.** Carrera.	☐
c. Tanque.	☐		**h.** Luna de miel.	☐
d. Susto.	☐		**i.** Probador.	☐
e. Funeraria.	☐		**j.** Disfrazarse.	☐

8 🎧 3 Vuelve a escuchar la entrevista y relaciona las palabras anteriores con estos dibujos. Luego, explica el significado a tu compañero/a.

9 Escribe en un papel la experiencia más insólita que hayas vivido. Después, dale el papel al profesor para que los reparta por la clase. Solo tienes tres minutos.

10 Discutan y decidan a quién pertenece cada una de las experiencias anteriores, argumentando sus opiniones.

Dice: "Una vez comí carne de serpiente".

O de Andrea, que hizo un curso de cocina.

Esa es de Peter, que le gusta ir de camping.

Yo creo que es de Katie, porque es muy atrevida.

11 El amor puede ser una experiencia extraordinaria en la vida. Lee este fragmento de la novela *Amor, curiosidad, prozac y dudas* de Lucía Etxebarría y verás cuántas cosas insólitas hicieron algunas personas por amor.

Apuntes para mi tesis: (…) Marco Antonio **perdió** un imperio por Cleopatra. Robin Hood raptó a Lady Marian. Beatriz **rescató** a Dante del Purgatorio. (…) Julieta bebió una copa de veneno cuando vio muerto a Romeo. Melibea **se arrojó** por la ventana a la muerte de Calisto. Ofelia **se tiró** al río porque pensó que Hamlet no la amaba. (…)

Juana de Castilla veló *(held a vigil)* a Felipe el Hermoso durante meses, día y noche, sin dejar de llorar, y después se retiró a un convento. Don Quijote **dedicó** todas sus aventuras a Dulcinea. Doña Inés se suicidó por don Juan y regresó más tarde desde el Paraíso para salvarlo del infierno. Garcilaso escribió decenas de poemas para Isabel Freire, aunque nunca la **tocó**. (…) Rimbaud, que había escrito obras maestras a los dieciséis años, no escribió una sola línea desde el momento en que **acabó** su relación con Verlaine. (…) Verlaine **intentó** asesinar a Rimbaud, luego se convirtió al catolicismo y escribió las *Confesiones*; nunca volvió a ser el mismo. Anna Karenina **abandonó** a su hijo por amor al teniente Vronski, y se dejó arrollar por un tren cuando **creyó** que había perdido aquel amor. Y yo le dejo a Iain mensajes diarios en el contestador, pero si me lo pide lo dejaré de hacer y nunca más volveré a llamarle. Y no se me ocurre mayor prueba de amor, porque pienso en él constantemente.

(Adaptado de *Amor, curiosidad, prozac y dudas*, Lucía Etxebarría)

LUCÍA ETXEBARRIA

Amor, curiosidad, prozac y dudas

Lucía Etxebarría, nacida en 1966 en España, escritora que gusta de la polémica, publicó su primera novela en 1997, *Amor, curiosidad, prozac y dudas*. Ganó el Premio Nadal de novela (1998) y el Premio Planeta (2004) por otras dos novelas suyas.

12 👥 Haz una lista con los infinitivos de los verbos en negrita y defínelos. Hay dos verbos que son sinónimos. ¿Sabes cuáles son? Incluye otros sinónimos que conozcas. Trabaja con tu compañero/a.

Infinitivo	Definición	Sinónimos

13 Lee las siguientes frases con el verbo *dejar* extraídas del texto. Relaciona las frases con su significado.

1. Juana de Castilla veló a Felipe el Hermoso durante meses, día y noche, sin **dejar de** llorar. .... ☐

2. Anna Karenina abandonó a su hijo por amor al teniente Vronski, y **se dejó** arrollar por un tren. .... ☐

3. Y yo le **dejo** a Iain mensajes diarios en el contestador. ☐

a. Depositar algo en algún lugar.

b. No continuar, cesar de hacer algo.

c. Permitir, consentir; sin fuerza para parar la acción.

14 Las imágenes representan a algunos de los personajes del fragmento de la novela anterior. Identifícalos según la información que tienes.

a.

b.

c.

15 ¿A cuál de los personajes atribuyes estas frases? Después, investiga la historia sobre uno que no conozcas y cuéntasela a la clase.

a. Cuando lo vi muerto, me volví loca de dolor y decidí acabar con mi vida.

b. Todo lo que hice fue para ganarme el amor y la admiración de ella.

c. Mi amado esposo, el rey, ha muerto.

d. He dejado a mi hijo por amor y cuando él me abandonó, no pude continuar.

16 De todos los personajes que aparecen en el texto, ¿cuál te resulta más atractivo y por qué? ¿Puedes añadir algún otro personaje que hizo algo insólito por amor? Cuéntaselo a tus compañeros.

17 Ahora, escribe en este blog dedicado al amor lo más insólito que hiciste tú por amor y lo que otra persona hizo por ti. No es necesario decir la verdad, lo importante es que uses bien los pasados.

GRAMÁTICA

■ You have already learned that in Spanish, there are three tenses to express actions in the past: the preterit, the imperfect, and the present perfect. Refer to *Resumen gramatical* in the appendix for more information about these verb forms.

PRETÉRITO

VERBOS REGULARES

VIAJAR	ENTENDER	VIVIR
viaj**é**	entend**í**	viv**í**
viaj**aste**	entend**iste**	viv**iste**
viaj**ó**	entend**ió**	viv**ió**
viaj**amos**	entend**imos**	viv**imos**
viaj**asteis**	entend**isteis**	viv**isteis**
viaj**aron**	entend**ieron**	viv**ieron**

VERBOS IRREGULARES

- Verbos con formas irregulares en la 3.ª persona:

pedir ⇒ pedí, pediste, p**i**dió, pedimos, pedisteis, p**i**dieron

dormir ⇒ dormí, dormiste, d**u**rmió, dormimos, dormisteis, d**u**rmieron

leer ⇒ leí, leíste, le**y**ó, leímos, leísteis, le**y**eron

- Verbos irregulares en la raiz verbal:

ser/ir ⇒ **fui, fuiste, fue, fuimos, fuisteis, fueron**

estar ⇒ **estuv**e, **estuv**iste, **estuv**o, **estuv**imos, **estuv**isteis, **estuv**ieron

venir ⇒ **vin**e, **vin**iste, **vin**o, **vin**imos, **vin**isteis, **vin**ieron

hacer ⇒ **hic**e, **hic**iste, **hiz**o, **hic**imos, **hic**isteis, **hic**ieron

decir ⇒ **dij**e, **dij**iste, **dij**o, **dij**imos, **dij**isteis, **dij**eron

IMPERFECTO

VERBOS REGULARES

VIAJAR	ENTENDER	VIVIR
viaj**aba**	entend**ía**	viv**ía**
viaj**abas**	entend**ías**	viv**ías**
viaj**aba**	entend**ía**	viv**ía**
viaj**ábamos**	entend**íamos**	viv**íamos**
viaj**ábais**	entend**íais**	viv**íais**
viaj**aban**	entend**ían**	viv**ían**

VERBOS IRREGULARES

SER	IR	VER
era	iba	veía
eras	ibas	veías
era	iba	veía
éramos	íbamos	veíamos
erais	ibais	veíais
eran	iban	veían

PRESENTE PERFECTO

VERBOS REGULARES

	VIAJAR	ENTENDER	VIVIR
he			
has			
ha			
hemos	viaj**ado**	entend**ido**	viv**ido**
habéis			
han			

PARTICIPIOS REGULARES

abrir ⇒ **abierto**   decir ⇒ **dicho**

escribir ⇒ **escrito**   hacer ⇒ **hecho**

morir ⇒ **muerto**   poner ⇒ **puesto**

ver ⇒ **visto**   volver ⇒ **vuelto**

De pequeña tocaba la guitarra.

1 🫂 **Jayla ha escrito una entrada en su blog sobre una experiencia que ha tenido. Completa la entrada con las formas correctas de los verbos. Comprueba las respuestas con tu compañero/a y contesten las preguntas.**

● ● ●

Bienvenidos

| Usuario | Contraseña |

EXPERIENCIAS

El blog de
Jayla

Hola, me llamo Jayla. Soy norteamericana, de Chicago. Estudio español desde hace dos años. Me encanta este idioma porque puedo usarlo en varios países, suena muy bien y no me cuesta mucho pronunciarlo. **Mi primer contacto con el español** (a) .... (ser, pretérito) **en Chicago, mi ciudad natal.** Me inscribí en un curso del Instituto Cervantes y allí conocí a Emiliano, mi profesor de español, que me enseñó muchas cosas de la lengua y la cultura hispana.

Aprovechando que (b)..................... (tener, imperfecto) **tres meses libres después de terminar la universidad,** (c)..................... (decidir, pretérito) hacer un curso de español en Cuernavaca, México. Recuerdo que aquellas clases (d)..................... (ser, imperfecto) muy amenas y que yo tenía mucha ilusión por aprender. Empezábamos las lecciones a las nueve de la mañana y terminábamos a las doce. (e)..................... (Haber, imperfecto) **muy buen ambiente en clase** y cada día, **cuando** (f)..................... (llegar, imperfecto) yo, **tomábamos juntos un café.** La clase era muy agradable y cómoda. (g)..................... (Sentarnos, imperfecto) alrededor de una mesa que había en el centro de la sala. De las paredes colgaban carteles con fotografías de bellos parajes de México y de Hispanoamérica y, asimismo, frases coloquiales del español.

Algunos fines de semana visitamos en grupo varias ciudades de México: Taxco, el D.F., Puebla, Toluca… Después (h)..................... (volver, pretérito) a Chicago y (i)..................... (tener, pretérito) que organizar mi vida porque (j)..................... (conseguir, pretérito) un trabajo en Houston y debía mudarme allí.

Ahora estoy muy contenta porque **mi empresa me** (k)..................... (pedir, presente perfecto) viajar de nuevo a México para perfeccionar mi español. Estudiaré en Monterrey durante tres meses. (l)..................... (Vivir, presente perfecto) **varias veces con familias mexicanas de acogida** y, esta vez, me gustaría pasar más tiempo con ellos, por eso he decidido compaginar mis estudios de español con las actividades diarias de la familia. **Ya me** (m)..................... (adaptar, presente perfecto) **a su estilo de comida** y a su forma cariñosa de hablar.

Creo que al final de mi curso de intermedio sabré muchas cosas más sobre la vida y la cultura hispanas. Conoceré a muchas personas.

En el futuro me gustaría conocer España, pero **todavía no** (n)..................... (ahorrar, presente perfecto) **lo suficiente para viajar allí.** Además, no dispongo de mucho tiempo para hacerlo. Pero lo haré, seguro, estoy impaciente…

a. ¿Cuándo se tomaban juntos un café?

b. ¿Por qué volvió a Chicago?

c. ¿Qué cosas ha hecho ya para adaptarse a su vida con una familia mexicana?

d. ¿Por qué no ha viajado a España?

GRAMÁTICA

2 👥 Observen las frases destacadas en azul de la actividad anterior y completen con ellas los ejemplos que faltan en el siguiente cuadro.

▪ **El presente perfecto** se usa para hablar de una acción pasada en un periodo de tiempo no terminado o relacionado con el presente:

(a)..

• Con este tiempo también se habla de experiencias vividas o no hasta el momento presente:

(b)..

(c)..

▪ **El pretérito** se usa para hablar de acciones terminadas ocurridas en un periodo de tiempo terminado y delimitado del pasado:

(d)..

• Se usa también para hablar del número de veces que ha ocurrido una acción en un pasado terminado:
El año pasado fui tres veces a Madrid para visitar a mis abuelos.

▪ **El imperfecto** presenta la acción como un proceso, sin indicar su final. Por esta razón se usa principalmente para describir personas, cosas, lugares o evocar situaciones en el pasado:

(e)..

• Además, se usa para hablar del contexto en el que sucede la acción principal en pasado y para expresar acciones habituales también en pasado:

(f)..

(g)..

3 Yoko, una muchacha japonesa, ha contestado con un comentario en el blog de Jayla sobre su experiencia con el aprendizaje de español. Léelo y, después, escribe tu propio comentario.

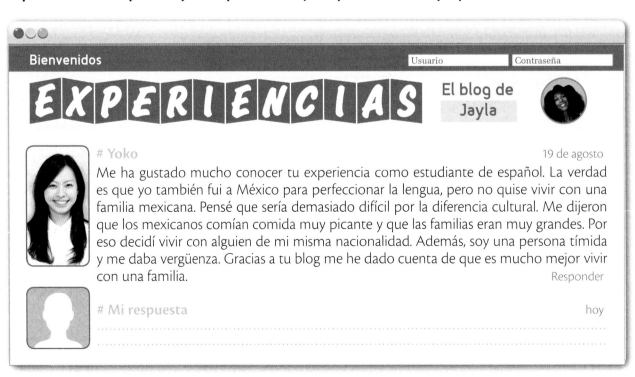

Bienvenidos | Usuario | Contraseña

EXPERIENCIAS El blog de Jayla

Yoko — 19 de agosto

Me ha gustado mucho conocer tu experiencia como estudiante de español. La verdad es que yo también fui a México para perfeccionar la lengua, pero no quise vivir con una familia mexicana. Pensé que sería demasiado difícil por la diferencia cultural. Me dijeron que los mexicanos comían comida muy picante y que las familias eran muy grandes. Por eso decidí vivir con alguien de mi misma nacionalidad. Además, soy una persona tímida y me daba vergüenza. Gracias a tu blog me he dado cuenta de que es mucho mejor vivir con una familia. Responder

Mi respuesta — hoy

4 Elabora un cuestionario de cinco preguntas para conocer la experiencia con el aprendizaje de español de tu compañero/a. Después, entrevístalo/a y toma nota de sus respuestas.

5 Después de conocer las experiencias de tus compañeros, ¿cómo valoras tu propia experiencia con el idioma? ¿Ha sido positiva hasta ahora? ¿Has descubierto otra forma de aprender la lengua?

Cuestionario:

1. ¿Cómo y dónde empezaste a estudiar español?
2.
3.
4.
5.

2. PLUPERFECT

■ The pluperfect or past perfect in Spanish, as in English, describes what someone had done or what had occurred. Use the pluperfect to talk about a past action that occurred prior to another past action.

PLUSCUAMPERFECTO

■ El **pluscuamperfecto** se forma con el imperfecto del verbo **haber** + participio.

	VIAJAR	ENTENDER	VIVIR
había			
habías			
había	viaj**ado**	entend**ido**	viv**ido**
habíamos			
habíais			
habían			

Recuerda:
La formación del participio regular y los participios irregulares son iguales a los del presente perfecto.

■ Se usa para:

• Expresar una acción pasada anterior a otra también pasada. Es su uso principal:

(a)

• Expresar una acción posterior a la del verbo principal, pero con la idea de inmediatez o rapidez en la realización de la acción:

(b)

• Contar algo que sucede por primera vez:

(c)

6 Vuelve a leer la conversación entre Carol y Jaime de la sección *Para empezar* y completa el cuadro anterior con las frases en pluscuamperfecto que aparecen en el texto.

7 **Relaciona las columnas para formar frases con sentido.**

1. Se encontraba fatal... .... ☐

2. Le pedí 1000 pesos... .... ☐

3. Estaba muy cansado... .... ☐

4. Nunca había tenido... .... ☐

5. Compré un lavaplatos a las 10:00 h... ..... ☐

6. Mi hermana sacó matrícula de honor... ☐

a. y a los diez minutos me los había dado.

b. porque había estudiado mucho.

c. tanta suerte.

d. porque había comido demasiado.

e. ya que había trabajado mucho.

f. y a las 12:00 h ya me lo habían traído.

8 Ahora di a qué uso del pluscuamperfecto corresponde cada una de las frases anteriores según el cuadro que has estudiado. Compara con tu compañero/a y justifiquen su respuesta si no están de acuerdo.

9 Inspirándote en las siguientes imágenes, crea frases como la modelo, usando el pluscuamperfecto. Después, compáralas con las de tu compañero/a. ¿Han interpretado las situaciones de la misma manera?

a. Modelo: Cuando llegó a casa, ya habían robado.

b. ....

c. ....

d. ....

10 🎧 **4** **Escucha a Félix hablando de sus años de universidad y corrige la siguiente información.**

a. Cuando estaba en la universidad siempre tenía mucho que leer, pero por suerte, pocos exámenes.

b. Los años que pasé allí fueron muy aburridos porque nunca pasaba nada.

c. Tardé mucho tiempo en encontrar trabajo después de terminar la carrera.

d. He cambiado de empresa varias veces.

e. Gertrudis y yo nos llevábamos muy mal, pero al final nos enamoramos.

f. Tuvimos un noviazgo muy largo.

g. Nuestra boda fue un acontecimiento familiar. La celebramos en Querétaro.

h. Siempre se me había considerado una persona poco formal.

3. SER AND ESTAR

■ In general, use **ser** and **estar** to talk about and to describe people, places, things, events… When the characteristics are inherent to or typical of the subject being described, use **ser**:
El cielo es azul.

However, when those characteristics are not inherent to or typical of the subject, use estar to describe them:
Parece que va a llover, el cielo está muy gris.

Compare the following uses:

SER	ESTAR
• Profesión o puesto en una empresa. *Laura **es** profesora,…*	• Profesión temporal o puesto en una empresa. *pero **está** de dependienta en verano para ganar un dinero extra.*
• Lugar de celebración de un evento. *La fiesta **es** en mi casa…*	• Lugar: ubicación de cosas y personas. *Mi casa **está** en la calle Ibiza.*
• Características que son propias de una persona, cosa, lugar, evento y forman parte de su naturaleza. *Patricia **es** una joven muy alegre,…*	• Características que no forman parte de la naturaleza del sujeto, sino que son ocasionales y pueden cambiar según el momento. *pero hoy **está** muy seria, seguro que tiene un problema.*

11 🎧 **5** **Completa la conversación entre Violeta y Nuria con *ser* y *estar*. Después, escucha el audio para comprobar tus respuestas. ¿Qué relación hay entre ellas?**

(Ringggg)

Violeta: ¿Bueno?

Nuria: ¡Hola!, soy Nuria.

Violeta: ¡Qué milagro! Nuria, ¿cómo (a) .... ?

Nuria: Bien, bien. En la loquera, ya sabes…, como siempre. ¿Y tú?, ¿qué tal?

Violeta: Pues yo, ahora, (b) .... mucho más ocupada. ¡Ah, claro!, no lo sabes, pero ya (c) .... trabajando desde la casa y la verdad es que (d) .... más relajado. Me encanta.

Nuria: ¡Qué bueno!

(...)

Nuria: Oye, ¿ (e) .... Javier?

Violeta: No, no (f) .... Todavía no llega. Seguro que (g) .... aún en la oficina, ¿le digo algo?

Nuria: Dile que me llame alguna vez, que (h) .... su hermana.

Violeta: OK. Oye, no te olvides de que tenemos cena el sábado.

Nuria: Sí, pero no recuerdo, ¿(i) .... en tu casa o vamos a ese restaurante nuevo que (j) .... cerca?

Violeta: ¡En casa! Y ahora que lo digo, tu hermano me tiene que ayudar a limpiar la casa, pues no he tenido tiempo de ponerla en orden y (k) .... bastante sucia.

Nuria: ¡Uy! Mi hermano va a (l) .... de empleado doméstico. ¡Me encanta! Nos vemos el sábado.

12 Prepara una conversación parecida con tu compañero/a usando *ser* y *estar*. Preséntenla a la clase para ver quién ha incorporado más ejemplos con estos verbos.

13 Une las frases de las columnas de forma que tengan sentido y compáralas con las de tus compañeros.

1. Había comenzado a nevar... .... ☐
2. Viajé hasta Guadalajara... .... ☐
3. Conocí a Sandro... .... ☐
4. Decidí hacer el doctorado... .... ☐
5. Sonó el despertador... .... ☐
6. Fuimos al parque... .... ☐
7. Regresé a mi casa a las diez... .... ☐

a. después de salir del trabajo.
b. pero ya estaba despierto.
c. cuando todavía era un niño.
d. después de terminar la carrera.
e. que estaba a 100 km de donde vivía.
f. pero no había anochecido.
g. por eso volvimos a casa.

14 Escoge una de las frases completa de la actividad anterior y, a partir de ella, inventa una pequeña historia. Trabaja con tu compañero/a. Usen los tiempos del pasado, más los verbos *ser* y *estar*.

MORE IN ELETECA: EXTRA ONLINE PRACTICE

PRONUNCIACIÓN Y ORTOGRAFÍA   Acentuación (1): las palabras agudas y llanas

1 Lee las reglas generales de acentuación y clasifica estas palabras en el lugar que les corresponde.

sillón	pensar	camiseta	útil	autobús	allí
comedor	jamás	pelo	escriben	trabajo	árbol
pared	reloj	ojo	celular	lápiz	Félix

Las palabras agudas y llanas

■ Una sílaba es un grupo fónico que se pronuncia en un único golpe de voz. Las sílabas pueden ser **tónicas** (las que reciben el mayor golpe de voz) y **átonas** (las que reciben una menor intensidad en su pronunciación).

■ En español, dependiendo de la posición de la sílaba tónica, tenemos diferentes tipos de palabras:

• Las palabras que tienen el acento en la última sílaba se llaman **agudas**. Estas palabras llevan tilde cuando terminan en vocal, en –n o en –s: so**fá**, come**dor**, ...

■ Las palabras que tienen el acento en la penúltima sílaba se llaman **llanas**. Estas palabras llevan tilde cuando terminan en consonante diferente de –n y –s: **cés**ped, impre**so**ra, ...

2  Lee el texto y pon la tilde en las palabras que lo necesiten según las reglas generales de acentuación que has estudiado. Trabaja con tu compañero/a.

El chofer de Einstein

Albert Einstein iba a las universidades para dar conferencias. Como no le gustaba conducir y, sin embargo, el coche le resultaba muy cómodo para sus desplazamientos, contrato los servicios de un chofer. Despues de varios viajes, Einstein le comento al chofer lo aburrido que era repetir lo mismo una y otra vez. El chofer le dijo: "Le puedo sustituir por una noche. Despues de escuchar su conferencia tantas veces, la puedo recitar palabra por palabra". Einstein le tomo la palabra. Llegaron a la sala y el chofer expuso la conferencia y ninguno de los académicos presentes descubrio el engaño. Al final, un profesor de la audiencia le hizo una pregunta. El chofer no tenia ni idea de cual era la respuesta, pero tuvo un golpe de inspiracion y le dijo: "La pregunta que me hace es tan sencilla que dejare que mi chofer, que se encuentra al final de la sala, la responda".

APRENDE HACIENDO

PARA ORGANIZAR EL DISCURSO

■ Los **conectores discursivos** son palabras o grupo de palabras que sirven para organizar y unir la información que se ofrece en un texto oral o escrito. Fíjate en la función de los siguientes conectores en negrita y lee la explicación que sigue. Trata de incorporar algunos en tu ensayo y presentación oral.

*La forma de divertirse de los jóvenes y de los adultos es muy diferente. Los adultos prefieren ir a cenar con los amigos a un restaurante, **en primer lugar**, porque son independientes económicamente y, **en segundo lugar**, porque la diversión de una buena conversación con sus amigos de siempre.*

*En los suburbios, nos encontramos, **por un lado**, a los jóvenes, en los centros comerciales que ofrecen más opciones sin tener que salir a la calle y, **por otro lado**, tenemos a los adultos, que prefieren estar en un solo sitio más tranquilo.*

***En conclusión**, es normal que los jóvenes y adultos pasan su tiempo de ocio de distinta manera.*

- Para **ordenar** las ideas: **primeramente, en primer lugar, en segundo (lugar), por un lado, por otro (lado)**.

- Para **finalizar el discurso o texto escrito: al final, finalmente, para terminar, en conclusión**.

ENSAYO PERSUASIVO

Tema curricular: La belleza y la estética.
Tema del ensayo: ¿Crees que los malentendidos culturales perjudican o enriquecen la experiencia de aprender un idioma y comprender su cultura?

FUENTE 1 - LECTURA

1 Lee las siguientes anécdotas sobre los malentendidos que a veces ocurren con el aprendizaje de las lenguas.

Puebla, curso 2013/14, Brenda:

Acababa de comenzar mi curso de español en Puebla, México. La profesora, ese día, nos había enseñado vocabulario sobre las cantinas y las botanas típicas que sirven con cada trago. Al terminar la clase, decidimos irnos a tomar un refresco y probar cacahuates con chile o pepitas de calabaza. Yo insistí mucho en ordenar, ¡me hacía mucha ilusión poner en práctica lo que había aprendido! Así que, muy resuelta, me acerqué a la barra y dije: "Oye, compadre, ¿nos da unos botones con el refresco?" y, ante mi sorpresa, todos los que estaban a mi alrededor empezaron a reírse. Luego me di cuenta de lo que había pedido y yo tampoco podía parar de reírme. Fue muy divertido.

Valencia, curso de verano 2014, Juan:

Un alumno mío, excesivamente preocupado por ampliar su vocabulario, preguntaba sin cesar sobre el significado de diferentes palabras. Un día me preguntó por el significado de la palabra "zanahoria", y le respondí que era un vegetal, una raíz.

Días más tarde, el alumno escribió un texto en el que explicaba sus aficiones, orígenes, etc.: "Me gusta el fútbol, me gusta ir al cine, soy alemán, pero mis zanahorias son polacas".

Querétaro, curso de verano 2015, Ramón:

Uno de mis estudiantes norteamericanos, Mike, me dijo que era su cumpleaños. Entonces le propuse celebrarlo la próxima tarde después de clase en la cafetería de la escuela. De esta manera tenía tiempo para encargar un pastel a la cocinera. Esa tarde cuando la mesera trajo el pastel con velas a la mesa, Mike le dijo que todos eran sus amigos y que estaban celebrando su cumpleaños. Después de apagar todas las velas, la mesera sonrió y preguntó: ¿Vamos a ver la tradicional mordida?…

Mike le dijo que no entendía nada y en ese momento todos empezaron a gritar: ¡Mordida! ¡Mordida! ¡Mordida!… Entonces la mesera y yo nos reímos y le comentamos a Mike que en México el festejado se tiene que acercar al pastel a darle la mordida.

FUENTE 2 - GRÁFICO

2 Este gráfico representa los datos sobre los estadounidenses que estudian en el extranjero y datos sobre los estudiantes internacionales que vienen a Estados Unidos, según un informe del Instituto de Estudios Internacionales.

LOS 15 PRINCIPALES DESTINOS PARA ESTUDIANTES DE EE. UU.			ÁREAS ACADÉMICAS QUE ESTUDIAN EN EL EXTRANJERO ESTUDIANTES DE EE. UU.		LOS 15 PRINICIPALES LUGARES DE ORIGEN DE ESTUDIANTES INTERNACIONALES EN EE. UU.	
Total: 289,408			Total: 289,408		Total: 886,052	
Puesto	Destino	% del total	Estudios	% del total	Origen	% del total
1	Reino Unido	12.5	Ciencias, Tecnología, Ingeniería y Matemáticas	22.5	China	31.0
2	Italia	10.3	Ciencias sociales	22.1	India	11.6
3	España	9.1	Administración de negocios	20.4	Corea del Sur	7.7

LOS 15 PRINCIPALES DESTINOS PARA ESTUDIANTES DE EE. UU.			ÁREAS ACADÉMICAS QUE ESTUDIAN EN EL EXTRANJERO ESTUDIANTES DE EE. UU.		LOS 15 PRINICIPALES LUGARES DE ORIGEN DE ESTUDIANTES INTERNACIONALES EN EE. UU.	
4	Francia	5.9	Artes y letras	10.4	Arabia Saudita	6.1
5	China	5.0	Biología y Física	8.8	Canadá	3.2
6	Alemania	3.3	Bellas artes	7.8	Taiwán	2.4
7	Costa Rica	2.9	Profesiones relacionadas con la salud	6.4	Japón	2.2
8	Irlanda	2.8	Lenguas extranjeras	4.9	México	1.7
9	Argentina	1.6	Sin especificar	2.7	Irán	1.2
10	México	1.3	Agricultura	1.3	Francia	0.9

(Institute of International Education (2014). *Open Doors Report on International Educational Exchange.* Retrieved from *http://www.iie.org/opendoors*)

FUENTE 3 - AUDICIÓN

3 🎧 6 **Esta grabación trata el tema de las distintas variantes del español americano, y en este caso, el de Argentina y el de México.**

4 **Ahora escribe un ensayo persuasivo haciendo referencia a las tres fuentes.**

PRESENTACIÓN ORAL

Tema curricular: Las familias y las comunidades.
Tema de la presentación: ¿Cuál es la postura de las personas en tu comunidad sobre el aprendizaje de los idiomas y los estudios en el extranjero?

5 **En tu presentación, compara tus observaciones de las comunidades en las que has vivido y en lo que has estudiado, observado, etc. sobre los países hispanohablantes.**

6 **Presenta tu discurso a la clase.**

FAMOSOS HISPANOS

MIGUEL DE CERVANTES

¿SABEN QUIÉN ES?

1. Observa las fotografías y responde verdadero o falso.

	V	F
a. La escultura de la foto está en Barcelona y representa a varios escritores españoles.	☐	☐
b. En la escultura se representa a Cervantes y a los personajes de su obra más famosa.	☐	☐
c. Cervantes fue famoso por sus novelas desde los veinte años.	☐	☐
d. Solo escribió novelas.	☐	☐
e. *El Quijote* está considerado como la primera novela en lengua española.	☐	☐

2. Lee esta breve biografía y comprueba tus respuestas.

Miguel de Cervantes Saavedra nació en Alcalá de Henares (Madrid) en 1547. Durante cinco años fue soldado y sirvió a Felipe II en Italia. Perdió el movimiento de su mano izquierda en la batalla de Lepanto. A continuación, estuvo preso en Argel; después de cinco años, fue rescatado de la prisión y regresó a España donde fue recaudador de impuestos. Se trasladó a Valladolid pero volvió a vivir en Madrid, dedicándose finalmente a la literatura. Produjo numerosas obras de teatro, poesía y novela, pero la más importante fue *El ingenioso hidalgo don Quijote de La Mancha*. Creó a su personaje más famoso en 1605, Don Quijote, un viejo hidalgo que leyó demasiados libros y se volvió loco. Por este motivo, sintió la necesidad de salir, como caballero andante, por los campos de La Mancha en busca de aventuras. Con él se creó el concepto de *novela moderna*. Cervantes murió el 23 de abril de 1616, fecha en la que, tradicionalmente, se celebra el Día del Libro. En la actualidad hay un conjunto escultórico dedicado a él y a los protagonistas de su gran obra: don Quijote y Sancho Panza.

SABOR HISPANO

3. Completa la biografía de cada uno de estos artistas hispanos.

Escultura: FERNANDO BOTERO

El 19 de abril de 1932 (1) _____ (nacer) en Medellín, capital del Departamento de Antioquía, Colombia. (2) _____ (Cursar) estudios primarios en el Colegio Bolivariano. En 1948 dos de sus acuarelas (3) _____ (incluirse) en una muestra colectiva en el Instituto de Bellas Artes de Medellín. (4) _____ (Financiar) sus estudios en el Liceo San José y la Normal de Marinilla con los dibujos que (5) _____ (realizar) para el suplemento dominical de *El Colombiano*. En 1956 (6) _____ (tener) su primera exposición individual en la Galería Leo Matiz. Entre 1953 y 1954 (7) _____ (viajar) a París e Italia. Al año siguiente (8) _____ (contraer) matrimonio con Gloria de Artei. En 1956 (9) _____ (establecer) su residencia en México, en donde (10) _____ (interesarse) por el arte precolombino y el trabajo de los surrealistas mexicanos. En 1957 (11) _____ (viajar) por primera vez a Estados Unidos. Desde entonces se ha ganado el reconocimiento internacional.

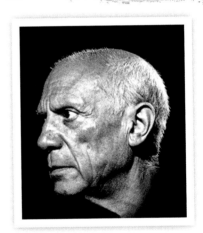

Pintura: PICASSO

(1) _____ (Nacer) en Málaga (España) en 1881. En 1895 (2) _____ (trasladarse) a Barcelona donde (3) _____ (ingresar) en la Facultad de Bellas Artes. Cinco años más tarde (4) _____ (ir) por primera vez a París, donde (5) _____ (organizar) una exposición. Nueve años después (6) _____ (volver) a vivir en París, donde (7) _____ (conocer) a Matisse. Al cabo de tres años, (8) _____ (pintar) *Las señoritas de Avignon*. Cuando en 1936 (9) _____ (empezar) la guerra civil española, (10) _____ (volver) de nuevo a París, donde (11) _____ (pintar) *El Guernica*. (12) _____ (Casarse) varias veces y (13) _____ (tener) tres hijos. En 1955 (14) _____ (instalarse) en Cannes y, a los dos años, (15) _____ (pintar) *Las Meninas*, inspirándose en el cuadro de Velázquez. En 1973 (16) _____ (morir) en su casa de Notre Dame de Vie (Francia).

4. 🎧 7 **Escucha los textos completos.**

48

CINE

5. Lee la biografía de Guillermo del Toro. Después, busca en Internet el argumento de estas películas y cuéntasela a tus compañeros. ¿Conoces otras de sus películas?

"En México y Latinoamérica tenemos una de las imaginaciones más ricas, por eso siempre he creído que debemos estar siempre en el banquete fílmico mundial".

Guillermo del Toro nació el 9 de octubre de 1964 en Guadalajara, Jalisco, México. Llevó a cabo sus primeros trabajos de cine cuando estudiaba en Secundaria. Pasó diez años trabajando en diseño de maquillaje y después formó su propia compañía llamada Necropia. Fue el productor ejecutivo de su primera película a los 21 años. Cofundó el Festival de Cine de Guadalajara y creó la compañía de producción Tequila Gang. En 1998 decidió irse a vivir al extranjero. Su primera película se llamó *Cronos*. En 2006 filmó su sexta película, *El laberinto del Fauno*, con la que ganó 8 premios Ariel y 7 Premios Goya, además de recibir tres Premios Oscar.

La mayoría de periodistas especializados en ficción aplauden el estilo de Guillermo del Toro.

MÚSICA

Silvio Rodríguez es un músico cubano representante de un movimiento musical llamado "Nueva Trova Cubana", fenómeno estético nacido en la segunda mitad de los años 60.

– 29 de noviembre 1946: Nace en San Antonio de los Baños, La Habana (Cuba).

– 1958: Conoce la obra de José Martí, poeta de la independencia cubana.

– 1962: Comienza los estudios de piano.

– Marzo de 1964: Ingresa en el servicio militar obligatorio de las Fuerzas Armadas Revolucionarias.

– Diciembre de 1964: Compra una guitarra y aprende a tocarla con Esteban Baños.

– 1963-1965: Compone sus primeras canciones.

– 1967: Debuta en el programa de televisión "Música y estrellas". Da su primer recital.

– 1975: Primer disco solo: *Días y flores*.

– Destacan, entre otros trabajos:
  • *Rabo de nube* (1980)
  • *Tríptico* (1984)
  • *Silvio* (2002)
  • *Expedición* (2002)

– 2007: Recibe un doctorado honoris causa de la Universidad Mayor de San Marcos en Perú.

"Mis canciones presentan mucho contenido social y político".

6. Escribe su biografía.

1 Completa la información sobre esta autora con los verbos del recuadro.

> murió ○ llevó ○ se casó ○ nació ○ era ○ estudió ○ fue
> tuvo ○ abandonó ○ se exilió ○ recibió ○ se publicó

Es chilena, aunque (a) .... en Lima (Perú), en 1942. Su padre (b) .... diplomático y es sobrina del presidente chileno Salvador Allende. (c) .... Periodismo. En 1962 (d) .... y, posteriormente, (e) .... dos hijos. En 1973 (f) .... Chile tras un golpe de Estado y (g) .... a Caracas. En 1992 (h) .... su hija Paula, lo que la (i) .... a escribir el libro titulado *Paula* (1994). En 1985 (j) .... el premio a la mejor novela en México y en 1986 (k) .... premiada como la mejor autora del año en Alemania. En 1982 (l) .... su obra más conocida: *La casa de los espíritus*. Entre otras obras, caben destacar: *De amor y de sombra* (1984), *El plan infinito* (1991), *Cuentos de Eva Luna* (1989) e *Hija de la fortuna* (1998). Actualmente reside en California (EE. UU.).

2 Relacionen el resumen de cada historia con su libro.

☐ ☐ ☐ ☐ ☐

a. Veintitrés relatos de amor y violencia unidos por un fino hilo narrativo y un rico lenguaje.

b. La historia reciente de la vida de la autora y de la de su familia, una casa abierta, llena de gente y de personajes literarios, hijas perdidas, nietos, éxitos y dolores… También es la historia de amor entre un hombre y una mujer maduros.

c. Un libro conmovedor e íntimo. Su hija entró en estado de coma y, junto a su cama, Isabel Allende comenzó a redactar la historia de su familia y de sí misma para regalársela después.

d. Se narra la saga de una poderosa familia a lo largo de cuatro generaciones y sigue los movimientos sociales y políticos del periodo en el que vive Chile.

e. Narrada por una joven mujer, es una novela histórica, situada a finales del siglo XIX en Chile y trata de una portentosa saga familiar.

3 Aquí tienes un fragmento de la obra *La casa de los espíritus*. Antes de leerlo, observa algunas palabras que aparecen en el texto y busca en el diccionario aquellas que no conozcas.

- evocar
- nítido/a
- daguerrotipo

- regocijo
- atocharse
- embalsamado/a

- bastar
- filibustero/a
- asomar

- tropezar
- bichos
- remoto/a

La casa de los espíritus

Hacía un par de años que Clara no veía a su tío Marcos, pero lo recordaba muy bien.
Era la única imagen perfectamente nítida de su infancia y para evocarla no necesitaba consultar
el daguerrotipo del salón, donde aparecía vestido de explorador, apoyado en una escopeta
de dos cañones de modelo antiguo, con el pie derecho sobre el cuello de un tigre de
5 Malasia. (…)
A Clara le bastaba cerrar los ojos para ver a su tío en carne y hueso, curtido por las
inclemencias de todos los climas del planeta, flaco, con unos bigotes de filibustero, entre los
cuales asomaba su extraña sonrisa de dientes de tiburón. Parecía imposible que estuviera
dentro de ese cajón negro en el centro del patio.
10 En cada visita que hizo Marcos al hogar de su hermana Nívea, se quedó por varios meses,
provocando el regocijo de los sobrinos, especialmente de Clara, y una tormenta en la
que el orden doméstico perdía su horizonte. La casa se atochaba de baúles, animales embalsamados,
lanzas de indios, bultos de marinero. Por todos lados la gente andaba tropezando con sus
bártulos inauditos, aparecían bichos nunca vistos, que habían hecho el viaje desde
15 tierras remotas, para terminar aplastados bajo la escoba implacable de la Nana en cualquier
rincón de la casa. (…)
Clara recordaba perfectamente, a pesar de que entonces era muy pequeña, la primera
vez que su tío Marcos llegó a la casa de regreso de uno de sus viajes. Se instaló como si fuera
a quedarse para siempre. (…)

(La casa de los espíritus, Isabel Allende)

4 🎧 8 **Ahora escucha y elige la opción correcta.**

1. La historia se cuenta a través de los recuerdos de…
   - a. ☐ la sobrina de Marcos.
   - b. ☐ el padre de la familia.

2. La profesión de Marcos era…
   - a. ☐ vendedor de pieles.
   - b. ☐ explorador.

3. Cuando empieza el relato, Clara no había visto a su tío…
   - a. ☐ desde hace tiempo.
   - b. ☐ nunca.

4. Nana era…
   - a. ☐ la hermana de Marcos.
   - b. ☐ la asistenta de la familia.

5. Siempre que Marcos iba a casa…
   - a. ☐ se quedaba unos días.
   - b. ☐ llevaba grandes equipajes.

6. Cuando se cuenta el relato…
   - a. ☐ Marcos había muerto.
   - b. ☐ Marcos había vuelto a visitarles.

¿QUÉ HE APRENDIDO?

1 **Habla con tu compañero/a comenzando de esta forma.**

a. Recuerdo un día en el que…

b. ¿Una anécdota divertida? Estaba…

c. Mi primer contacto con el español fue…

d. Cuando llegué a la clase…

2 **Completa la siguiente anécdota.**

≫ ¿Sabes qué me pasó…?

≫ No,…

≫ Pues resulta que… Total que…

≫ ¡Ah! ¡Nunca había oído nada parecido!

3 **Explica a tu compañero/a las siguientes palabras.**

○ insólito   ○ caerse   ○ payaso   ○ mascota   ○ luna de miel   ○ paracaídas

4 **Completa las frases con el pluscuamperfecto.**

a. Nunca ....

b. Cuando llegué a casa, ...

c. Por la mañana le pedí .... y por la tarde ya ....

5 **Reacciona ante estas situaciones.**

a. Estás en el metro y te golpean en el hombro. No te dicen "lo siento".

b. Conoces a una persona de un día y te invita a su fiesta de cumpleaños.

c. Después de terminar de cenar en un restaurante, tus amigos no dejan propina.

6 **Completa usando un conector.**

a. Llamaron a la puerta ....

b. Fuimos al cine ....

c. Regresé a mi casa ....

7 **Reflexiona y responde a estas preguntas.**

a. ¿Qué ha sido lo más difícil de aprender en esta unidad? ¿Y lo más fácil? ......

b. ¿Qué crees que es lo más importante? ¿Por qué? ....

c. ¿Qué epígrafe te parece más interesante? ....

MORE IN ELETECA: EXTRA ONLINE PRACTICE

AHORA SOY CAPAZ DE…

	Sí	No
1. …contar una anécdota en pasado.	☐	☐
2. …reaccionar ante una anécdota.	☐	☐
3. …contar experiencias insólitas.	☐	☐
4. …pronunciar algunas palabras acentuadas correctamente.	☐	☐

Verbos

acabar *to end, finish*

acercarse *to get close, approach*

ahorrar *to save*

apagar *to switch off*

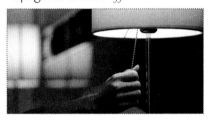

aparecer *to appear, show up*

arrojar(se) *to hurl (yourself)*

buscar *to look for*

caerse *to fall*

conocer *to know, be familiar with*

conseguir *to get, obtain, achieve (goal)*

darse cuenta de algo *to realize*

dejar *to allow, leave behind, abandon*

dejar de (+ infinitivo) *to stop doing something*

disfrazarse *to put on a costume*

eliminar *to eliminate*

encender *to switch on*

hallar *to find*

olvidar *to forget*

parecer *to seem*

perder *to lose*

ponerse de pie *to stand up*

reconocer *to recognize*

recordar *to remember*

reír *to laugh*

rescatar *to rescue*

seguir *to follow*

sentarse *to sit*

sonreír *to smile*

tirar(se) *to throw (yourself)*

Descripciones

chismoso/a *gossipy*

incómodo/a *uncomfortable*

insólito/a *unbelievable, unusual*

placentero/a *pleasant*

Cultura y experiencias insólitas

la anécdota *story, anecdote*

la funeraria *funeral home*

la carrera *race, career*

los chapulines *grasshopper*

la luna de miel *honeymoon*

el malentendido *misunderstanding*

el paracaídas *parachute*

el payaso *clown*

el piropo *flirtatious remark*

el probador *fitting room*

el susto *fright, scare*

Conectores discursivos

en conclusión *in conclusion*

en segundo (lugar) *in the second place*

finalmente/al final *finally, in the end*

para terminar *in closing*

por otro (lado) *on the other (hand)*

por un lado *on the one hand*

primeramente/en primer lugar *in the first place*

Contar y reaccionar a las anécdotas

Ah, ¿sí? *Oh, really?*

Cuenta, cuenta. *Do tell.*

Cuando… *When*

¡Dime, dime! *Tell me!*

El otro día *The other day*

En fin que *In the end*

Hace unos meses *Some months ago*

¡No te olvides de nada! *Don't forget any part of it/anything*

¡Nunca había oído nada parecido! *I have never heard of such a thing!*

¿Qué te pasa/pasó? *What's wrong?/What happened to you?*

¡Quiero saberlo con todo lujo de detalles! *I want to know/hear every detail about it!*

(Pues) Resulta que *It turns out that*

¿Sabes qué pasó ayer? *Do you know what happened yesterday?*

Tengo que contarte una cosa. *I have something to tell you.*

Total que *In short*

Un día *One day*

Una vez *One time*

ESPERO APROBAR

Unas jóvenes en la cafetería del centro.

⫸ ¿Son profesores o estudiantes?

⫸ ¿Qué crees que estudian? ¿Y tú?

⫸ ¿Qué quieres hacer cuando termines la escuela secundaria?

In this unit, you will learn to:

- Talk about studying and working abroad
- Express wishes and desires
- Give advice and make recommendations
- Use set expressions to encourage others and wish them well

Using

- Present subjunctive
- Subjunctive with *ojalá* and similar expressions
- Subjunctive with verbs of influence

APRENDE HACIENDO

- Families and Communities: Customs and Values
- Global Challenges: Economic Issues

UN POCO DE LITERATURA

- *Poema XX*, de Pablo Neruda

SABOR HISPANO

- *El spanglish*

SESIÓN DE CINE

1 Con un compañero/a, observen las siguientes imágenes y contesten las preguntas.

a. ¿A qué hacen referencia todas ellas?

b. ¿Cuáles usan más habitualmente? ¿Por qué?

c. ¿Qué es más práctico para comunicarse entre familiares y amigos cuando no estamos con ellos?

d. ¿Hay algún medio de comunicación que no les guste en absoluto?

2 ⁹ Lee las preguntas y escucha atentamente la siguiente conversación que Antonio mantiene con su madre sobre lo que está haciendo en Estados Unidos. Después de escuchar, responde a las preguntas.

a. ¿Qué medio de comunicación utilizan?

b. ¿Antonio extraña a su familia? ¿Por qué?

c. ¿Qué hace Antonio después de clase?

d. ¿Cómo reacciona su madre?

e. ¿Piensas que Antonio debería dedicar su tiempo solo a los estudios?

f. ¿Por qué acepta la oferta de trabajo?

g. ¿Crees que estudiar en el extranjero es una buena oportunidad?

3 🎧 9 **Vuelve a escuchar la conversación y completa la información que falta.**

○○○   Skype

☆ **Mamá**   🏴 12:18 España   ✓ Online

   ⊘ Colgar   ■◀ Videollamada   ◀)) ▌▌▌▌▌▌▌▌▌▌▌▌

Antonio: ¡Hola, mamá!

Madre: ¡Hola, hijo! Pero, (a) ...., ¿cómo estás?

Antonio: Estoy bien y muy contento. Tengo muchas cosas que contarles. ¿Sabes? He encontrado trabajo para después de clase. (b) .... a Estados Unidos para estudiar y ahora también voy a ganar dinero para mis gastos. ¿Qué te parece? Así papá no tiene que preocuparse por el dinero.

Madre: ¡Ojalá sea así! Pero, recuerda que estás allí para estudiar.

Antonio: Ya, mamá, ya lo sé. Te cuento cómo (c) .... La semana pasada, la señora Franklin me (d) .... que los hijos de unos amigos suyos querían clases privadas de español y ella les habló de mí. Le (e) .... mi número de teléfono y me llamaron. Al día siguiente fui a su casa a conocer a la familia y esa misma tarde (f) .... ¿Te lo puedes creer?

Madre: Bueno, ¿crees que vas a poder enseñarles español? No tienes ninguna experiencia.

Antonio: Ya sé que no soy profesor, pero solo **quieren** clases de conversación y **que les ayude con la tarea.**

Madre: (g) .... **Te aconsejo que tengas paciencia**, pues no es tan fácil. ¿Qué edades tienen los niños?

Antonio: Emily, la pequeña, tiene 5 años y le encanta "Dora la exploradora". Quiere aprender español para salir en el programa. Su hermano, Patrick, tiene 12 años y siempre está hablando de la liga española de fútbol. ¡(h) .... a todos los jugadores del FC Barcelona!

Madre: Está bien. Solo **quiero que aprendas** tú mucho también. Ahora tienes una buena oportunidad para mejorar tu inglés y **espero que sepas aprovechar el tiempo** que estás allí.

---

4 Las frases en negrita no están ni en modo infinitivo ni en modo indicativo. ¿Sabes en qué modo están? Con un compañero/a, clasifica las frases según lo que expresan.

   a. Para expresar deseos: ....

   b. Para expresar peticiones y mandatos: ....

   c. Para dar consejos y hacer recomendaciones: ....

¡AHORA TÚ!

5 👥 **Escribe un diálogo similar siguiendo las instrucciones. Luego represéntalo con tu compañero/a.**

   1. Llama a un amigo que se ha ido a estudiar al extranjero. Salúdalo.

       3. Pregúntale qué hace allí.

           5. Dale un consejo.

   2. Responde la llamada y dile qué tal estás.

   4. Dile que estás estudiando y dando clases privadas.

   6. Dale las gracias. Despídete.

EXPRESSING WISHES, WANTS, DESIRES, AND PREFERENCES

■ Para **expresar deseos**:

• *Querer / Desear / Esperar / Preferir* + infinitivo, si no cambia el sujeto:
  Quiero ayudarte en todo lo posible.

• *Querer / Desear / Esperar / Preferir* + *que* + subjuntivo, si cambia el sujeto:
  Esperan que les **llame** el domingo.
  Deseo que aproveches la oportunidad.
  Prefiero que me **paguen** en efectivo.

• *Querer / Desear / Esperar / Preferir* + nombre *(noun)*:
  Quiero un celular nuevo para mi cumpleaños.

• *Ojalá* + subjuntivo:
  Ojalá no **llueva**.

• *Que* + subjuntivo para expresar el deseo a otras personas. Estas expresiones son usadas en situaciones sociales como cuando…
    – alguien está malo. ➡ **Que** te **mejores**.
    – alguien va a hacer un viaje. ➡ **Que tengas** buen viaje.
    – es el cumpleaños de alguien. ➡ **Que cumplas** muchos más.

1 **Relaciona la situación en cada imagen con el deseo más apropiado.**

a. Que sean muy felices.

b. Que se diviertan.

c. Que todo salga bien.

d. Que cumplas muchos más años.

e. Que tengan buen provecho.

f. Que sueñes con los angelitos.

2 En grupos de tres, cada uno escoge una tarjeta y explica la situación al grupo. Sus compañeros deberán reaccionar con un deseo. Anota la respuesta que te gusta más y, después, compártela con la clase.

Modelo: E1: Ayer, en una de las excursiones, olvidé la cámara de mi hermano en algún sitio.

E2: Ojalá puedas encontrarla antes de regresar a casa.

E3: Espero que tu hermano comprenda que fue un accidente y que no se enfade.

Estudiante 1

• Has suspendido un examen muy importante y no quieres decírselo a tus padres porque no te dejarán ir a la fiesta de tu mejor amigo/a esta noche.

• Te vas de vacaciones a un país muy lejos de tu casa y con una cultura bastante diferente. Di el nombre del país y explica con qué dificultades te puedes encontrar.

Estudiante 2

• Mañana empiezas un nuevo trabajo y es algo que nunca has hecho. Di de qué trabajo se trata.

• Esta noche tienes la primera cita con una persona que te gusta mucho. Explica qué planes tienes.

Estudiante 3

• Ayer fuiste a una entrevista de trabajo muy importante y esta semana te dan la respuesta.

• Has inventado algo muy novedoso. Explica a tus compañeros qué es. Este fin de semana tienes la presentación en una feria profesional.

COMUNICA

REACTING TO WISHES AND DESIRES

■ **Reaccionar** ante un deseo:

• Para **animar** a la persona que expresa…

   – negación en el deseo:

     *¡Ojalá **no** suspenda los exámenes finales!*   **Tampoco es para tanto**.
                                              (It's not such a big deal)
                                              No te pongas así.
                                              (Don't get like that)
                                              No digas esas cosas.

   – un deseo en afirmativo:

     ¡Ojalá pase el examen!   **Ya verás que sí.**
                                  (Que) sí, hombre, (que) sí.
                                  ¡Pero cómo no vas a + infinitivo**!**

• Para **acercar** a esa persona **a la realidad**:

     ¡Espero que el profesor nos pase a todos!   **Sí, sí, seguro** *(irónico)*.
                                                ¡Sueñas! *(informal)*.
                                                Pero... ¡cómo va a + infinitivo**!**

3 🎧 **10** 👥 Escucha las siguientes reacciones ante un deseo y marca con un ✔ de qué tipo es. Después, vuelve a escuchar y escribe la expresión que usan en cada caso. ¿En qué tipo de situación crees que se usa la expresión nueva? Habla con tu compañero/a y compara tus respuestas.

Animar a la persona	Acercar a esa persona a la realidad	Expresión
1.		
2.		
3.		
4.		
5.		
6.		

4 Lee las propuestas que presenta el nuevo director de la escuela al comienzo del año escolar. En grupos de tres, túrnense para hacer los papeles de director (el que presenta las reglas), de delegado de clase (el que representa a los compañeros de clase) y de profesor de español (el que representa a los profesores del departamento).

Estudiante 1 (Director)

De ahora en adelante...
- La hora del almuerzo será de 20 minutos.
- Habrá clase de español solo una vez a la semana.
- No habrá más servicio de cafetería.
- Se eliminarán los exámenes de mitad de año.
- Cada estudiante tendrá la opción de elegir sus propios profesores.

La hora del almuerzo será de veinte minutos.

Estudiante 2 (Profesor)

Tampoco es para tanto. Así los estudiantes no tienen tiempo para meterse en problemas.

Estudiante 3 (Delegado de clase)

¡Sueñas! Es imposible comer en veinte minutos.

5 Escribe tres aspectos positivos y tres negativos sobre tu escuela.

POSITIVOS   NEGATIVOS

6 Compara y comenta tus respuestas con las de tus compañeros y expresa tus deseos para solucionar los aspectos negativos. Tus compañeros reaccionarán a tus deseos.

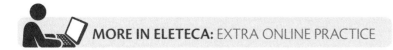
MORE IN ELETECA: EXTRA ONLINE PRACTICE

00:08:30 - 00:11:57

Título: Diario argentino.

Año: 2006.

País: Argentina y España.

Género: Documental.

Director: Lupe Pérez García.

Intérpretes:
Lupe Pérez García,
María Teresa García Russier,
Ariana Spinelli.

LUPE

SINOPSIS

Lupe llega desde España para hacer unos trámites *(legal paperwork)* en Argentina. Allí se reencuentra con su madre, su padrastro y sus amigas. Durante su viaje a Mar del Plata, comparte recuerdos de su infancia, de su padre fallecido y de la evolución política de Argentina. Desde un punto de vista autobiográfico, la película profundiza en las experiencias políticas de sus protagonistas y en el deseo encontrado de Lupe, como emigrante, de volver un día a su país.

 ¿SABÍAS QUE...?

- Está dirigida, escrita y protagonizada por la misma persona, Lupe Pérez García.

- Se trata de una película autobiográfica con la que la directora pretende hacer una reflexión sobre la realidad política argentina para una persona nacida en los años 70.

- Para dar más realismo a la película, Lupe Pérez contó con la participación en el reparto de sus propios familiares y amigos. No preparó a los actores y sus respuestas e intervenciones en la película son espontáneas.

- El documental recibió el Prix du Jeune Public en el Festival Visions du Réel (Suiza) y la mención especial del jurado en el Festival Alcances 2006 (España).

1 Lupe se ha ido a vivir fuera de su país y regresa a Mar del Plata (Argentina) para pasar unos días de descanso. ¿Qué sabes de Argentina? Habla con tus compañeros.

2 ¿Quién de estas personas crees que recibirá a Lupe? Marca todas las posibles respuestas.

a. Su padrastro.

b. Su madre.

c. Su amiga.

d. Su instructor de buceo.

3 Imagina qué tipo de conversación puede mantener Lupe con sus seres queridos nada más llegar a Argentina después de cuatro años. ¿De qué temas crees que hablarán? Coméntalo con tus compañeros.

4 `00:00:09 - 00:03:36` Lupe llega a Mar del Plata desde Buenos Aires y allí es recibida por sus familiares. Observa la secuencia y decide si es verdadero (V) o falso (F).

	V	F
a. Mario y su madre esperan a Lupe en el andén de la estación.	☐	☐
b. Mario dice que está más viejo desde que no ve a Lupe.	☐	☐
c. Desde que Lupe se marchó a España, lo han pasado muy bien.	☐	☐
d. Mario dice que extraña a los hijos de Lupe, en especial a Ciro.	☐	☐
e. El tren no llegó puntual.	☐	☐

5 Lupe llama a su familia en Barcelona. Observa la conversación que mantiene con Carlos, su marido, y completa las palabras que faltan.

Lupe: Hola, Negro. ¿Qué tal?

Carlos: Bien, **(a)** .... estaba acostando a los chicos. Ahora se levantó Yuri para **(b)** .... el teléfono, pero ahora lo acuesto enseguida. ¿Y allí que tal?

Lupe: Bien, bastante frío.

Carlos: Bien, yo acá cagado de **(c)** ...., no se puede estar. ¿Dónde estás?

Lupe: Acá en Mar del Plata.

Carlos: ¿Cómo en Mar del Plata? ¿Ya te fuiste? ¿Y el turno del **(d)** ....?

Lupe: No, es que no tengo más **(e)** ...., me parece, por eso hace ese **(f)** ....

Carlos: Bueno, llamáme después.

Lupe: Bueno, después te llamo.

6 De los escenarios que aparecen en la secuencia, marca la opción correcta.

1. En la estación...
  a. ☐ hay mucha gente.
  b. ☐ está prácticamente vacía.

2. En el coche...
  a. ☐ Mario maneja.
  b. ☐ la madre de Lupe maneja.

3. En la cabina de teléfono...
  a. ☐ el hijo de Lupe atiende la llamada.
  b. ☐ el marido de Lupe atiende la llamada.

4. Mientras Lupe habla por teléfono...
  a. ☐ unos muchachos juegan al tenis.
  b. ☐ unos muchachos juegan al fútbol.

DESPUÉS DE LA SECUENCIA

7 **Responde a las siguientes preguntas sobre la secuencia que viste.**

a. ¿En qué transporte llega Lupe a Mar del Plata? ....

b. ¿Quién viaja con ella? ....

c. ¿Cuánto tiempo hace que Lupe no ve a su padrastro? ....

d. ¿Qué diferencia horaria existe entre Mar del Plata y Barcelona? ....

e. ¿Sabrías decir en qué idioma habla el niño a la mamá? ....

f. ¿Por qué se sorprende Carlos cuando Lupe le dice que está en Mar del Plata? ....

....

8 **Durante la secuencia, Mario comenta a Lupe "la pasamos muy dura", en referencia a los incidentes ocurridos en Argentina desde diciembre del 2001 y meses posteriores. En parejas, busquen en Internet información sobre qué ocurrió exactamente en esa fecha en Argentina.**

....

....

....

....

....

9 **Lupe tiene que emigrar desde Buenos Aires (Argentina) a Barcelona (España) en busca de una mejor situación económica. ¿Qué diferencias principales crees que habrá encontrado allí?**

10  **Si tuvieras que emigrar, ¿qué país crees que elegirías? ¿Por qué? Habla con tu compañero/a.**

1 Lee cómo aprendieron español estos estudiantes de español y completa las frases con el vocabulario de los estudios. Después, comprueba tus respuestas con tu compañero/a.

o escuela secundaria o curso virtual o colegio bilingüe o asignatura obligatoria o beca o asignatura optativa o curso de perfeccionamiento o estudios primarios o curso intensivo

Yo cursé mis (1) .... en un (2) .... , por lo que mi nivel de español siempre ha sido bastante bueno. Cuando cumplí 18 años me fui de *au pair* a España. Creo que esta es una manera barata de aprender otro idioma.

El año pasado hice un (3) .... de español. Hacer amigos hispanos por Internet es lo que más me apasiona.

El año pasado obtuve una (4) .... para un (5) .... de tres semanas en Argentina y pude mejorar lo que había aprendido durante mis clases de español. Allí conocí a mucha gente.

Yo nunca había tomado clases de español en la (6) .... Un día me inscribí en un curso de español y me concedieron *(granted)* una beca de estudios que incluía un curso de español en México con estancia en una familia de allí.

Mi primer contacto con el español fue hace dos años, cuando lo elegí en el instituto. Empezó como una (7) .... y al año siguiente la elegí como (8) ....

Mis padres son colombianos y en casa hablamos español. Hice un (9) .... de español porque lo necesitaba para mejorar mi español y hablar con mi familia.

2 Relaciona las siguientes palabras con su definición.

1. Colegio privado. .... •
2. Colegio concertado. .... •
3. Aula multimedia. .... •
4. Curso intensivo. .... •
5. Beca. .... •
6. Asignatura optativa. .... •

• **a.** Centro de estudios privado pero con subvenciones *(grants)* del gobierno.
• **b.** Aquella que la elige el alumno voluntariamente.
• **c.** Aquel que se realiza *(is carried out)* en un espacio corto de tiempo y con dedicación completa.
• **d.** Centro de estudios que funciona como una empresa privada.
• **e.** Subvención para realizar estudios.
• **f.** Espacio equipado con computadoras.

3 ¿Y tú? ¿Qué tipo de cursos has hecho para aprender español? Habla con tu compañero/a.

4 Serena es una joven estadounidense que está buscando en Internet información sobre diferentes programas para estudiar español. Lee las páginas que ha visitado y busca el significado de las palabras en negrita intentando describirlas en español.

A. Vive en español una experiencia inolvidable. Español para jóvenes, adultos y familias en un entorno rural en los bosques de Asturias. Convive, comparte y aprende de una manera natural. Todos juntos es una empresa familiar especializada en **aprendizaje** y en el ecoturismo responsable. Nuestro proyecto educativo se especializa en crear espacios de ocio y tiempo libre para jóvenes adolescentes, adultos y para los más pequeños, con un **enfoque** y **metodología** que apuesta por *(supports)* la igualdad, la cooperación, la solidaridad, el amor por la vida y el respeto a la naturaleza.

(Adaptado de *http://www.green-spiral.com/es*)

B. Imagina un año de aventuras estudiando en un **instituto** colombiano, haciendo amigos de todo el mundo, viajando, formando parte de una familia anfitriona *(host)*, cuidando de sus niños y recibiendo un salario mensual. Estas son solo algunas ventajas que el **programa au pair** te ofrece.

(Adaptado de *http://www.culturalcare.com.co*)

C. Convive con el idioma, vívelo, apréndelo y comunícate. *Escuela de idiomas* Comunícate.

La mejor forma de aprender un idioma es estudiándolo mientras lo utilizas en la vida diaria. Con Comunícate puedes elegir un destino y **realizar cursos** adaptados a tu edad y exigencias. Vive un idioma y disfruta de su estudio sumergiéndote en su propia cultura.

Disfruta de un **curso escolar** en el extranjero si eres estudiante de 14 a 18 años. Pasa un año de **intercambio** en otro país como estudiante de **Secundaria** y estudia junto a **nativos**.

5 Relaciona las siguientes descripciones con el tipo de programa al que se refiere.

PROGRAMAS

	A	B	C
1. Programa que ofrece la posibilidad de ganar dinero.	○	○	○
2. Curso al que se puede asistir con los padres.	○	○	○
3. Programa que se desarrolla en la naturaleza.	○	○	○
4. Curso donde se estudia un año académico en un instituto.	○	○	○
5. Opción que tiene en cuenta un aprendizaje integral, que incluye también educación en valores.	○	○	○

6 Busca correspondencia en los textos anteriores para cada una de las siguientes palabras.

a. Instrucción: ....

b. Orientación: ....

c. Visión pedagógica: ....

d. Escuela superior: ....

e. Cambio: ....

f. Hablantes autóctonos: ....

7 ¿Qué tipo de curso elegirías tú para estudiar español? Habla con tus compañeros.

8 En grupos de tres, diseñen un programa para estudiar español. Pueden usar los ejemplos de la página anterior como guía. Incluyan la siguiente información:

a. ¿Cómo se llama el programa?

b. ¿Dónde se realiza: en clase, en otro país…?

c. ¿Qué ofrece su programa? Piensen en los aspectos que han sido más impactantes para ustedes a la hora de aprender español.

d. ¿Qué aspecto innovador incluye? Piensen en las actividades nuevas, diferentes, etc. que les gustaría tener a ustedes ahora en su clase de español.

9 Presenten su propuesta a la clase. Después, sus compañeros votarán por el programa, además del suyo, que les ha interesado más. ¿Cuál de los programas recibió más votos? ¿Por qué?

10 Observa los esquemas del sistema educativo en México y Cuba. ¿Qué estarías cursando ahora en cada uno de estos países?

SISTEMA EDUCATIVO EN MÉXICO

SISTEMA EDUCATIVO EN CUBA

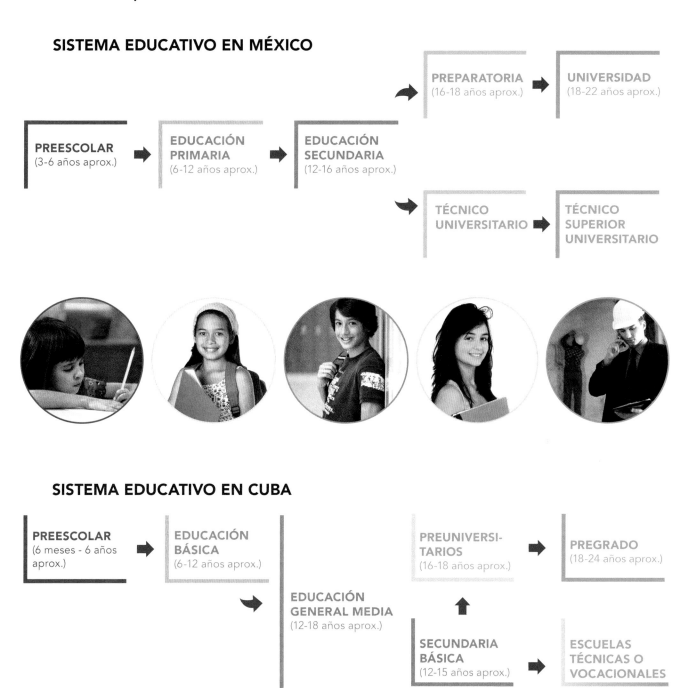

11 Elabora, junto a tus compañeros, el esquema de estudios de tu país y compáralo con el mexicano y el cubano. ¿Con qué país tienen más en común? ¿Y con quién menos? Después, explícaselo al resto de la clase. Di dónde te encuentras ahora y qué piensas estudiar en un futuro.

12 Benjamín tiene dudas de a qué universidad irá, y ha escrito en un foro para que le ayuden. Lee las intervenciones y contesta verdadero (V) o falso (F).

Saludos a todos:

Abro este tema principalmente porque el año que viene voy a ir a la universidad, y realmente no sé qué destino escoger: ¿la Universidad de Monterrey o la de Guadalajara? Me gustaría estudiar en el Instituto Tecnológico de Estudios Superiores de Monterrey. Me han dicho que es una de las mejores universidades de América Latina y muy reconocida. Pero me han dicho que es un poco más masificada que la de Guadalajara. Otra opción sería estudiar en la Universidad de Guadalajara. La infraestructura no es tan buena, pero compensa al tener menos estudiantes por aula.

¿Qué me pueden recomendar los estudiantes que están en estas universidades?

#01 Yo creo que mejor Guadalajara. En cuestión de infraestructura, no veo diferencia alguna. He estado en las dos. Eso sí, Monterrey es una ciudad industrial, Guadalajara en cambio vive más del comercio. Me parece que la vida cultural es mejor en Guadalajara.

#02 Pues yo elegiría Monterrey, porque estudiar en el TEC no es comparable con la Universidad de Guadalajara. Ni de lejos. Aquí viene mucha más gente a estudiar.

#03 Yo estoy en Monterrey, y si nos vamos exclusivamente al nivel académico, el TEC de Monterrey es mejor que la uni de Guadalajara. Si tu objetivo es el estudio, Monterrey. Si tu objetivo es el pasearte y conocer la ciudad, Guadalajara.

#04 No conozco la Universidad de Guadalajara, pero la ventaja que tiene el TEC es que el trato al alumno es bueno, tiene muchos medios y la infraestructura del campus es genial.

#05 Ambas opciones son buenas. Analiza el plan de estudios de ambas universidades e infórmate cuál es la más conveniente en función de tu carrera.

	V	F
a. Benjamín tiene que elegir la universidad dentro de un mes.	☐	☐
b. La Universidad de Monterrey está considerada una de las mejores de Latinoamérica.	☐	☐
c. El clima en Monterrey es peor que el de Guadalajara.	☐	☐
d. Hay más estudiantes en la Universidad de Guadalajara.	☐	☐
e. Una persona opina que el trato con los alumnos es mejor en la Universidad de Monterrey.	☐	☐
f. Un joven le aconseja que analice mejor las asignaturas de la carrera que quiere estudiar.	☐	☐

13 ¿Qué le recomendarías tú a Benjamín? Escribe una entrada en el foro.

14 Algunos estudiantes hablan sobre su clase. ¿Quién crees que lo ha dicho? Relaciónalo con sus imágenes.

1. Somos muy pocos en clase. Esto hace que la mayoría de las **asignaturas** sean **clases prácticas**. Me gusta cuando el profesor **hace un experimento**. ¡Ojalá las clases sean siempre así!

2. Todas las mañanas el profesor **pasa lista** para ver quién no ha venido. Luego **debatimos sobre un tema** de actualidad y **plantea una duda** y tenemos que **analizar** las causas y las consecuencias. Espero que el profesor siga haciendo esto todos los días.

3. Me gusta cuando el profesor hace una pregunta y nosotros tenemos que consultarla en Internet. De esta forma no tenemos que **memorizar**, sino que debemos **reflexionar** sobre los temas. ¡Ojalá **pase** todo!

4. Ayer **hicimos un comentario de texto** sobre el escritor hispano Borges. ¡Me encanta cómo escribe! Por favor, que leamos más literatura.

5. Este año termino el instituto. Creo que **tengo un buen expediente**. Mi **nota media** es un 9. ¡Espero no **suspender** nada y poder ir a la universidad que quiero!

15 ¿Qué es lo que más te gusta de tus clases? Expresa tu opinión.

GRAMÁTICA

■ You have already learned the forms of the subjunctive and you have been using the subjunctive throughout the unit. Review the endings here and then select the correct options to complete the explanations that follow.

VERBOS REGULARES		
	TRABAJAR	COMER	VIVIR
yo	trabaje	coma	viva
tú	trabajes	comas	vivas
usted/él/ella	trabaje	coma	viva
nosotros/as	trabajemos	comamos	vivamos
vosotros/as	trabajéis	comáis	viváis
ustedes/ellos/ellas	trabajen	coman	vivan

• Las terminaciones de los verbos en *–er, –ir* son ☐ **iguales** ☐ **diferentes**.

• En todas las conjugaciones, la primera y la tercera persona del singular son ☐ **iguales** ☐ **diferentes**.

1 👥 **Reacciona a lo que te cuentan estos amigos. Completa las conversaciones con los verbos en paréntesis en afirmativo o negativo para expresar tu deseo. Crea tu propio deseo al final. Después, practica las conversaciones con tu compañero/a.**

a. He conseguido mi licencia de conducir.

Espero que… (llevarme a la escuela, escribir mensajes de texto en el carro, exceder el límite de velocidad, ¿…?)

....

....

He recibido un mensaje de texto de mi ex.

Prefiero que… (contestar, ignorarlo, borrarlo sin leer, ¿…?)

....

....

c. Mañana empiezo a trabajar en una tienda de ropa.

Quiero que… (llegar a tiempo, vender mucho, discutir con los clientes, ¿…?)

....

....

2. PRESENT SUBJUNCTIVE: IRREGULAR VERBS

■ The following charts show examples of verbs that have some type of irregularity in the present subjunctive.

2 Lee la información y completa las formas que faltan. Trabaja con tu compañero/a.

e ⇒ ie	o ⇒ ue	u ⇒ ue	
QUERER	**VOLVER**	**JUGAR**	
quiero ⇒ (1)	sueño ⇒ sueñe	juego ⇒ (7)	
quieres ⇒ (2)	sueñas ⇒ (4)	juegas ⇒ juegues	**Recuerda:**
quiere ⇒ quiera	sueña ⇒ sueñe	juega ⇒ (8)	• car > -que
queremos ⇒ queramos	soñamos ⇒ (5)	jugamos ⇒ juguemos	• gar > -gue
queréis ⇒ queráis	soñáis ⇒ soñéis	jugáis ⇒ juguéis	• zar > -ce
quieren ⇒ (3)	sueñan ⇒ (6)	juegan ⇒ (9)	

Otros verbos: ...., ..., ..., ...

e ⇒ i	i ⇒ y	e ⇒ ie verbs that change to e ⇒ i in *nosotros* and *vosotros*
SERVIR	**DESTRUIR**	**MENTIR**
sirvo ⇒ sirva	destruyo ⇒ destruya	miento ⇒ mienta
sirves ⇒ (10)	destruyes ⇒ destruyas	mientes ⇒ (14) ....
sirve ⇒ sirva	destruye ⇒ (12)	miente ⇒ mienta
servimos ⇒ (11)	destruimos ⇒ destruyamos	mentimos ⇒ (15) ....
servís ⇒ sirváis	destruís ⇒ destruyáis	mentís ⇒ mintáis
sirven ⇒ sirvan	destruyen ⇒ (13)	mienten ⇒ (16) ....

Otros verbos: ...., ..., ..., ...

o ⇒ ue verbs that change to o ⇒ u in *nosotros* and *vosotros*	Verbs with irregular **yo** forms	Verbs that are completely irregular
DORMIR	**TENER**	**SER**
duermo ⇒ (17)	**tengo** ⇒ (20)	sea
duermes ⇒ **du**ermas	tienes ⇒ **tengas**	(23) ....
duerme ⇒ **du**erma	tiene ⇒ **tenga**	sea
dormimos ⇒ (18)	tenemos ⇒ (21)	(24) ....
dormís ⇒ **du**rmáis	tenéis ⇒ **tengáis**	seáis
duermen ⇒ (19)	tienen ⇒ (22)	sean

Otros verbos: ...., ..., ...   haber (haya), ..., ..., ...

3 Trabaja con tu compañero/a y clasifiquen estos infinitivos en la sección "Otros verbos" de la tabla, según su irregularidad correspondiente.

- repetir
- sentir
- pedir
- empezar
- conocer
- morir
- salir
- saber
- encontrar
- defender
- venir
- divertirse
- almorzar
- hacer
- ir
- acostarse
- sentarse
- construir
- incluir
- estar

4 👥 Lee el correo electrónico que escribió María a un amigo y subraya los verbos que estén en presente de subjuntivo. Después, comenta con tu compañero/a si son regulares o irregulares.

● ● ○	Examen
Asunto: Examen	Para: maria@mail.es

Espero que te vaya bien en el examen que tienes mañana y que consigas entrar en esa universidad. Ojalá que me puedas llamar pronto y me digas que ya estás tramitando la inscripción.

También espero que estés más tranquilo que la última vez, y que los nervios no te jueguen una mala pasada; ya sabes que lo más importante es mantener la calma y la concentración.

De mí, poco te puedo contar; solo que entregué hace unos días mi proyecto final al profesor, pero todavía no he recibido la nota, y que posiblemente me operarán el mes que viene del codo, ya sabes: mi pasión por el tenis.

Pero hay más: si todo sale bien y encuentro trabajo, y mi hermano Iván termina la carrera este año, nos mudaremos a un apartamento en el centro. ¿Qué te parece? Esto sí que es una noticia.

	Regular	Irregular
a. vaya ➡ ir	☐	☐
b.	☐	☐
c.	☐	☐
d.	☐	☐
e.	☐	☐
f.	☐	☐

5 🎧 11 👥 Escucha a un grupo de estudiantes que opinan sobre la universidad. Completa las columnas con las cualidades positivas y negativas que destacan y escribe los deseos que formulan. Compara tus respuestas con tu compañero/a. ¿Coinciden?

Cualidades positivas	Cualidades negativas	Deseos
1.		
2.		
3.		
4.		
5.		
6.		

6 Vuelve a leer el correo de la Actividad 4 y escríbele una respuesta a María, expresándole buenos deseos para su futuro.

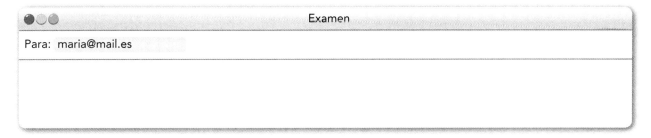

Examen

Para: maria@mail.es

7 Y ahora, ¿por qué no escribes otros breves correos a amigos que están en las siguientes situaciones y les expresas un deseo?

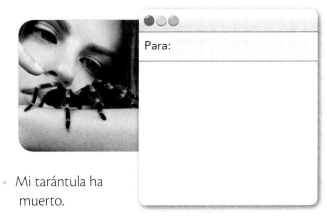

Para:

* Mi tarántula ha muerto.

Para:

* Hoy es mi cumpleaños.

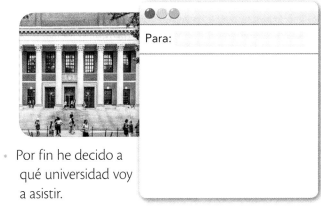

Para:

* Por fin he decido a qué universidad voy a asistir.

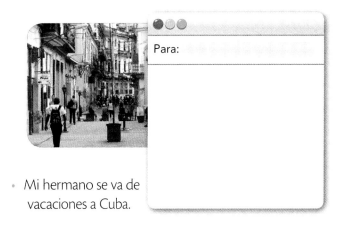

Para:

* Mi hermano se va de vacaciones a Cuba.

Para:

* Esta tarde me examino para mi licencia de conducir.

Para:

* Mañana empiezo un nuevo trabajo.

GRAMÁTICA

▥ Para dar consejos y hacer recomendaciones de **manera general**, se usa:

Aconsejar/Recomendar + infinitivo

Yo aconsejo ir en metro por Madrid.

Recuerda:
- No cambia el sujeto ➡ infinitivo
- Sujetos diferentes ➡ *que* + subjuntivo

▥ Para dar consejos y hacer recomendaciones a **una persona o grupo de personas**, se usa:

me		
te	recomendar	
le		
nos		
os	aconsejar	
les		

que + subjuntivo (sujetos diferentes)
+ infinitivo (mismo sujeto)
+ nombre

Te aconsejo que te tomes tu tiempo durante el examen. I advise you to take your time during the text.

Te recomiendo el nuevo libro de Ruiz Zafón. I recommend the new Ruiz Zafón novel for you.

8 María ha decidido ir a Estados Unidos a estudiar en tu escuela. Escríbele un correo electrónico dándole consejos y recomendaciones sobre los aspectos que debe saber sobre tu escuela, los estudiantes, los profesores, etc.

● ○ ○	Asunto: Cosas que debes tener en cuenta si vienes a mi país
Para: maria@mail.es	

▥ Expresar **peticiones** y **mandatos**:

Te pido... (pedir) *to request*

Te ruego... (rogar) *to beg*

Te exijo... (exigir) *to demand*

Me exijo... (exigir) *to demand (of myself)*

Te mando... (mandar) *to order*

Te ordeno... (ordenar) *to order*

▥ Estos verbos van seguidos de...
- un nombre ➡ *Te pido paciencia.*
- un infinitivo (si los sujetos no cambian) ➡ *Me exijo ser más responsable.*
- el subjuntivo (si hay dos sujetos diferentes) ➡ *Te pido que recojas la ropa sucia del suelo.*

▪ Para expresar peticiones o mandatos que pueden molestar al interlocutor, es frecuente usar expresiones como: *por favor, tengo que decirte una cosa/cosita; no te enfades, pero…;* y justificar la petición o mandato con: *es que…, es que si no…*

▪ Para pedir disculpas por un comportamiento no adecuado, se usan expresiones como: *es verdad, tienes razón, perdón/perdona/perdóname, lo siento (mucho), no volverá a pasar, no lo volveré a hacer…*

9 🎧 12 👥 **Escucha la conversación que mantiene Mario con su hermano Iván, después de estar viviendo juntos unos meses en su nuevo apartamento del centro. Marca si las siguientes afirmaciones son verdaderas (V) o falsas (F). ¿Crees que tienen una buena relación?**

	V	F
a. Todos los días Iván deja su ropa sucia en el cuarto de baño.	☐	☐
b. Mario no quiere recoger la ropa de su hermano.	☐	☐
c. Mario se acuesta muy tarde.	☐	☐
d. Iván pone la televisión muy temprano y despierta a su hermano.	☐	☐
e. Iván es muy ordenado.	☐	☐

10 🎧 12 **Vuelve a escuchar y anota las peticiones de Mario y de Iván en el lugar correspondiente. Compara tus respuestas con tu compañero/a.**

Exigencias con uno mismo	Peticiones a otra persona

11 👥 **En grupos de tres, hablen con sus compañeros sobre sus experiencias de convivir con otras personas respondiendo a las preguntas que siguen. Después, preparen una lista de peticiones para la persona con quien comparten o van a compartir cuarto y presenten su lista a la clase.**

a. ¿Compartes cuarto con tu hermano/a o alguna vez has compartido cuarto con otras personas?
b. ¿Piensas que es importante llevarte bien con la persona con la que compartes cuarto?
c. ¿Es más difícil compartir apartamento con alguien que conoces o con un desconocido?

Modelo: Me gustaría hablar contigo, Juan/Juana. Mira, te pido que…

12 **¿Cómo te sientes cuando le pides algo a alguien y recibes una respuesta negativa? Aquí te damos una lista de sentimientos. Elige uno o dos de ellos y explícalo con un ejemplo.**

decepción ○ insatisfacción ○ enfado ○ indiferencia

Modelo: Yo le pido a mi hermano que no discuta con nuestra madre porque me resulta muy desagradable, pero no me hace caso. Tengo una gran sensación de impotencia…

GRAMÁTICA

13 Vamos a conocer a Pablo. Ha decidido independizarse y alquilarse un apartamento. Se lo ha comunicado a todos sus amigos por Facebook. Lee su mensaje y los comentarios de sus amigos, y completa el texto con las formas correctas del verbo.

---

facebook

Facebook

| Usuario | Contraseña |

Pablo ¡Hola, muchachos!
Ya no me lo pienso más. Ahora que tengo algunos ahorros, me voy a independizar, ¡que ya voy camino de los treinta! He visto varios apartamentos por el centro y hay uno de dos habitaciones que me gusta bastante. Tiene ascensor y el propietario paga la comunidad*. ¿Quién me ayuda con la mudanza? También lo quiero (a) .... (pintar) a mi gusto, así que si alguien puede echarme una mano... ya saben mi número de teléfono, que seguro que luego todo el mundo quiere venir a cenar a mi apartamento nuevo.

Me gusta · Comentar · 1 de noviembre, 23:25

Manuel ¡Ya era hora! Siempre dices que (b) .... (estar) cansado de depender de tus padres, pero no te vas nunca. Ojalá te (c) .... (ir) bien el traslado. Ya sabes que estaré fuera un par de meses y no te podré ayudar, pero me apunto a la cena de gorra**, ¿eh?

Me gusta · Comentar · 2 de noviembre, 09:12

Iria ¿Te independizas sin un trabajo estable? Que (d) .... (tener) suerte y espero que el propietario (e) .... (pagar) la comunidad de verdad.
Me parece mal que (f) .... (aprovecharse, ellos) de los jóvenes en estos casos. Te recomiendo que lo (g) .... (tener) por escrito en el contrato. Te quiero (h) .... (ayudar) en todo lo posible. Ahora mismo trabajo por las tardes, así que por las mañanas, sin problemas.

Me gusta · Comentar · 2 de noviembre, 09:14

Blanca Pablo, ¡cómo me alegro! Pero tú siempre has vivido en familia, ¿no? Mira, no quiero que (i) .... (sentirse) mal, pero prefiero que me (j) .... (pedir) otra cosa. Tengo la espalda bastante mal y no puedo levantar peso.

Me gusta · Comentar · 2 de noviembre, 09:36

Miguel ¡Ojalá (k) .... (ser) verdad, primo! Ya pensaba que te retirarías en casa de tus padres. Deseo que (l) .... (disfrutar) de tu nueva vida, pero viviendo a 500 km lo tengo difícil para ayudarte. Que todo (m) .... (salir) bien ☺.

Me gusta · Comentar · 2 de noviembre, 10:11

---

*maintenance fee that usually covers heat, hot water, and building upkeep.

**for free (colloquial).

14  En un papel, escribe tres peticiones que se puedan realizar en el salón de clase. Intercambia los papeles con los compañeros. Después, cada uno, por turnos, debe hacer las peticiones o dar las órdenes a uno de sus compañeros y este debe realizarlas.

Modelo: *Te pido que te levantes, por favor, vayas a la mesa del profesor, le pidas el libro y se lo des a mi compañero.*

MORE IN ELETECA: EXTRA ONLINE PRACTICE

PRONUNCIACIÓN Y ORTOGRAFÍA — Acentuación (2): las palabras esdrújulas y sobreesdrújulas

1  Lee la explicación y escribe un ejemplo más en cada apartado. Trabaja con tu compañero/a.

■ Las **palabras esdrújulas** son las que tienen la sílaba tónica en la antepenúltima *(third-to-last)* sílaba. Siempre llevan tilde: es**drú**jula, **brú**jula, **mú**sica, ...

■ Las **palabras sobresdrújulas** son las que tienen la sílaba tónica en la sílaba anterior *(before)* a la antepenúltima sílaba. Normalmente estas palabras son adverbios terminados en *–mente*, imperativos o gerundios seguidos de pronombres.

• Los adverbios terminados en *–mente* se forman a partir de un adjetivo. En este caso, si el adjetivo de origen se acentúa, el adverbio en *–mente* también: **fá**cil ➡ **fá**cilmente; efec**ti**va ➡ efec**ti**vamente; ....

• La colocación de los pronombres después de imperativo y gerundio da lugar, en muchas ocasiones, a palabras sobresdrújulas. En este caso, se acentúan siempre: **cóm**pratelo, **dán**doselo, ...

2 Lee el siguiente texto y pon la tilde en las palabras que lo necesiten. Después, compáralo con tu compañero/a. ¿Han encontrado las ocho tildes que faltan? *¡Atención!* Una palabra se repite.

En España, hay 1 561 123 alumnos matriculados en las universidades publicas y 142 409 en las privadas. Practicamente 1 046 570 jovenes estudian grados y otros 656 962 están matriculados en masteres. Generalmente, los grados constan de 240 creditos, es decir, de 2400 horas de clase. Para obtener un máster, en cambio, basta con 600 o 1200 horas de clase (60 o 120 creditos).

Los estudios que más alumnos agrupan son el grado de Derecho (con el 7%), Magisterio (6,9%) y de Administración y Dirección de Empresas (6,2%). Una de las carreras más modernas y prometedoras es la de Investigación y Tecnicas de Mercado, que se puede cursar en la Universidad de Barcelona y en la de Murcia. ¿Quieres saber más sobre esta carrera? Informate en el sitio web de estas universidades.

MORE IN ELETECA: EXTRA ONLINE PRACTICE

PARA ORGANIZAR EL DISCURSO

Fíjate en la función de los siguientes conectores del discurso y trata de incorporar algunos en tu ensayo y presentación oral.

- **luego:** Equivale a *después*.

- **incluso:** Añadir información.

- **es que:** Expresar una excusa.

- **en definitiva:** Expresar una conclusión.

- **o sea:** Reformular una idea.

Modelo: En definitiva, lo importante es empezar.
No importa cómo, luego habrá tiempo
para pensar en los detalles.

ENSAYO PERSUASIVO

Tema curricular: La vida contemporánea.

Tema del ensayo: ¿A qué edad y en qué circunstancias los jóvenes deberían emanciparse?

FUENTE 1 - LECTURA

1 Lee este artículo de la *Revista Internacional de Sociología* (RIS) en donde se plantean algunas cuestiones importantes a tener en cuenta para tomar la decisión de vivir fuera de tu país.

Vivir fuera de tu país

Vivir fuera de tu país puede ser una experiencia muy interesante e inolvidable, pero al mismo tiempo afecta de manera importante a tu vida. Un argumento a favor para quedarse en el país de origen es que los problemas de adaptación a una nueva forma de vida no siempre se pueden superar. La realidad es que, incluso en los casos en que el idioma es el mismo, nos encontramos con diferencias culturales que para algunas personas son muy difíciles de comprender y adaptarse a ellas.

Vivir lejos de casa, aunque sea por un corto periodo de tiempo, puede ser muy difícil al principio. Tendrás que recordar que todos los cambios son difíciles, pero que a través de ellos construirás tu carácter, por lo que siempre serán beneficiosos. El efecto más importante de la vida lejos de casa es la independencia que adquieres.

Quienes viven por su cuenta lejos de su familia y amigos saben lo que digo. Ser independiente se convierte en sinónimo de responsable, **o sea**, no vas a tener a nadie que te ayude a conseguir cada meta que desees alcanzar en la vida. **Luego** están los pequeños detalles, como sentarse solo frente a un televisor en lugar de tener una charla agradable con alguien de tu familia o amigos, lo que hace que valores más lo que tenías antes de salir de tu entorno.

También es completamente normal perder todos los privilegios que solías tener en tu país (por lo menos al principio) como tu coche, tu cama, tu cuarto de baño, tu tipo de comida. Y, por si esto fuera poco, tienes que comprender y aceptar otro tipo de sociedad y de cultura a veces muy diferente a la tuya, que afecta a tu vida cotidiana.

En definitiva, para sobrellevar este choque cultural, debes observar lo que ocurre a tu alrededor y aprender lo antes posible cómo son los comportamientos socioculturales del lugar donde vives ahora, haciendo nuevos amigos, cambiando tus puntos de vista, aceptando opiniones y valoraciones diferentes y aprovechando todas las oportunidades que te surjan para conocer y profundizar en la cultura del país que te ha acogido.

FUENTE 2 - GRÁFICO

2 Este gráfico trata las diferencias de edad de los jóvenes en los estados miembros de la Unión Europea en las que dejan el hogar de sus padres y se independizan, según un informe de Eurostat.

País	Edad
Croatia	31,9
Eslovaquia	30,7
Italia	29,9
Grecia	29,3
Bulgaria	29,1
Portugal	29
España	28,9
Alemania	23,9
Francia	23,6
Holanda	23,5
Finlandia	21,9
Dinamarca	21
Suecia	19,6

FUENTE 3 - AUDICIÓN

3 🎧 13 Escucha esta grabación que trata el tema de los jóvenes españoles que vuelven a casa de sus padres después de haberse emancipado. Fue publicado el 5 de octubre de 2012 por *20minutos.es*.

4 Ahora escribe un ensayo persuasivo haciendo referencia a las tres fuentes.

PRESENTACIÓN ORAL

Tema curricular: Los desafíos mundiales.

Tema del ensayo: ¿Cómo ha afectado la economía en la vida contemporánea de los jóvenes en tu comunidad?

5 En tu presentación, compara tus observaciones acerca de las comunidades en las que has vivido con las de un país hispanohablante. Puedes referirte a lo que has estudiado, vivido, observado, etc.

6 Presenta tu discurso a la clase.

EL *SPANGLISH*

Happy Hours todos
Los dias
Tragos y

Promo
1 tabla
mas 2 por

• Frozcen Coffee
Café frío $15
• Choco Frozee
• Caramelo Frozee
• Dulce de Leche Frozee
• Café c/Leche +3 $11

PEDISTE EL DELIVERY,
BUEN MOMENTO
PARA CURSAR MARKETING.

1. Lee con atención las siguientes definiciones, escoge la que crees que es correcta y justifica tu elección.

a) El *spanglish* es la mezcla de español e inglés de la población hispana adinerada que vive en Estados Unidos.

b) El *spanglish* es la lengua que mezcla palabras españolas con inglesas y que hablan todas las comunidades hispanas que viven en Estados Unidos.

ORIGEN DEL *SPANGLISH*

2. Lee y ordena los siguientes fragmentos para entender el término *spanglish* y su origen.

A El origen del *spanglish* data de mediados del siglo XIX cuando México pierde la guerra y cede a Estados Unidos más de la mitad de su territorio. A partir de este momento, estos habitantes de origen mexicano tienen que aprender inglés.

B Cuatro años después, en 1977, surge la obra fundacional de la literatura en *spanglish*, el cuento "Pollito Chicken" de la narradora de origen puertorriqueño Ana Lydia Vega, donde critica duramente la pérdida de identidad de los inmigrantes en Estados Unidos.

C Sin embargo, entre ellos siguen hablando en español y poco a poco surge el *spanglish* como símbolo de su propia identidad. En la segunda mitad del siglo XX, la gran inmigración de latinoamericanos a Estados Unidos supone la expansión definitiva del *spanglish*.

D En la década de los 70, los Nuyorican Writers, un grupo de dramaturgos y poetas de vanguardia y de origen puertorriqueño, son los primeros en llevar el *spanglish* a la literatura. Crecen en Nueva York, pero hablan y escriben en español e inglés.

E Un año después, en 2004, Stavans da un paso más en el proceso de expansión de este nuevo idioma con la creación del *ciber-spanglish*, donde nacen verbos como "printear" (de imprimir/*to print*) o "resetear" (de volver a encender la computadora /*to reset*).

Every family has a hero.

From the writer/director of TERMS OF ENDEARMENT
and BROADCAST NEWS and the director of AS GOOD AS IT GETS

Spanglish

A comedy with a language all its own.

F En el año 1973 fundan en Manhattan el *Nuyorican Poets Café*, que se convierte en el núcleo de la literatura en *spanglish*.

G En el año 2003, Ilan Stavans, un filólogo de origen mexicano publica el mayor diccionario de esta lengua que recoge 6000 palabras y expresiones surgidas de la mezcla del español e inglés.

"Spanglish will instantly become the *estándar* text."
—Luis Alberto Urrea, San Diego Tribune

Ilan Stavans

Spanglish

The Making of a New American Language

3. 🎧 14 Ahora escucha el texto ordenado, comprueba si tus respuestas anteriores son correctas y corrígelas en caso necesario.

4. 👥 Lee las siguientes frases de María y subraya las palabras en *spanglish*. Después, relaciónalas con su significado.

edificio • ocupado • adiós • bilingüe • ver la televisión • vaso • pasar la aspiradora • teclear

¡Babay Diego! Nos vemos mañana.

Antes de acostarme tomo un glasso de leche porque me ayuda a dormir mejor.

¡Qué bildin más bonito!

Juan es muy rápido cuando clickea.

¡Lo siento, no puedo ir! Esta semana estoy muy bisi.

Ana estaba watcheando la TV.

Dice que es bilingual, pero yo no le creo.

Vacuno la carpeta una vez a la semana.

5. 👥 Algunas personalidades del mundo de la lengua y la cultura no están de acuerdo con el uso del *spanglish* y dicen que es la degradación de la lengua. ¿Por qué piensan qué dicen esto? ¿Están de acuerdo con ellos? ¿Por qué?

MÚSICA

6. Lee sobre ese artista y cómo usa el español en su trabajo. Después, busca ejemplos en Internet. ¿Conoces a otros artistas o escritores que mezclan el español e inglés?

Geoffrey Royce Rojas nació en Nueva York en 1989, donde pasó su infancia y adolescencia. De padres dominicanos, desde pequeño se interesó por la música, participando en el coro de la escuela y escribiendo letras en español y en inglés. A los 16 años realizó sus primeras composiciones musicales y adoptó el nombre artístico de Prince Royce. En el 2010 debutó con el lanzamiento de su primer disco titulado *Prince Royce*, donde se encuentran canciones como "Stand by me" y "Corazón sin cara". Aunque lleva pocos años en el mercado músical, ya ha conseguido varias distinciones, como su nominación en 2010 a los Premios Grammy Latinos al mejor álbum tropical contemporáneo.

Busca en Internet la canción y letra para "Stand by me" y escúchala. Después, vuelve a escuchar la canción siguiendo la letra.

HUMOR

7. Lee la biografía de Bill Santiago y busca el videoclip *Spanglish 101* en Comedy Central para ver un ejemplo de su humor y cómo transmite su experiencia bilingüe y bicultural al público.

Bill Santiago, comediante de *Stand up* y autor del libro *Pardon My Spanglish*, nació en Nueva York de padres puertorriqueños.

Ha participado en programas como *Comedy Central Premium Blend*, *Showtime*, *Conan*, *The Late Late Show with Craig Ferguson*, *Chelsea Lately* y *CNN en español*, entre otros. Bill Santiago trae su humor y observaciones sobre el lenguaje, la sociedad y la política. Su libro *Pardon My Spanglish* está siendo utilizado en las universidades y escuelas secundarias de todo el país para estimular las discusiones acerca de la identidad, el idioma y el multiculturalismo.

Comediante, autor, actor, presentador de televisión y comentarista.

"La vida es demasiado corta para ser monolingüe".

1 **¿Conoces a Pablo Neruda? ¿Qué sabes de él? Busca información sobre este autor y continúa escribiendo su biografía.**

Neftalí Ricardo Reyes Basoalto es el verdadero nombre de Pablo Neruda. Nació el 12 de julio de 1904 en Parral, Chile, pero pasó su infancia en Temuco, un pueblo al sur del país, donde su padre ejercía como conductor de trenes. Vivía lejos de las tradiciones y de la civilización, rodeado de trabajadores y en contacto constante con la naturaleza. En 1923 escribió su primer libro de poemas, *Crepusculario* ....

....

....

....

2 **Con la información que has obtenido, intenta contestar a estas preguntas.**

a. ¿Cuál es el verdadero nombre de Pablo Neruda? ....

b. ¿En qué lugar y en qué año nació? ....

c. Cuando Neruda es muy pequeño, muere alguien muy importante para él, ¿quién? ¿Cómo se llamaba?
....

d. ¿En qué año adoptó el apodo "Pablo Neruda"?
....

e. ¿Cuándo aparece su obra *Veinte poemas de amor y una canción desesperada*?
....

f. ¿Dónde y cuándo muere Pablo Neruda? ....

3 **15 Escucha este diálogo entre estudiantes de español y comenta las respuestas a estas preguntas con tus compañeros.**

a. ¿Con quiénes vivió Neruda en Madrid?

b. ¿Qué obtuvo Neruda en 1971?

c. ¿De qué temas tratan sus poemas?

d. ¿Qué es para ti el amor?

e. ¿Es un sentimiento triste o alegre?

f. ¿Cuál es tu canción de amor preferida? Si recuerdas la letra, ¿podrías recitarla en clase?

4 Antes de leer, relaciona las siguientes palabras que vas a encontrar en el poema con su significado.

1. Los astros. .... •
2. El alma. .... •
3. El rocío. .... •
4. El pasto. .... •
5. Tiritar. .... •

• **a.** La hierba.
• **b.** Temblar por el frío, fiebre, miedo, etc.
• **c.** Las estrellas.
• **d.** Parte espiritual de una persona.
• **e.** Gotas de agua que se condensan en la hierba.

5 🎧 **16** Lee y escucha el poema.

Poema XX

Puedo escribir los versos más tristes esta noche.

Escribir, por ejemplo: "La noche está estrellada,
y tiritan, azules, los astros, a lo lejos".

El viento de la noche gira en el cielo y canta.

5 Puedo escribir los versos más tristes esta noche.
Yo la quise, y a veces ella también me quiso.

En las noches como esta la tuve entre mis brazos.
La besé tantas veces bajo el cielo infinito.

Ella me quiso, a veces yo también la quería.
10 Cómo no haber amado sus grandes ojos fijos.

Puedo escribir los versos más tristes esta noche.
Pensar que no la tengo. Sentir que la he perdido.

Oír la noche inmensa, más inmensa sin ella.
Y el verso cae al alma como al pasto el rocío.

15 Qué importa que mi amor no pudiera guardarla.
La noche está estrellada y ella no está conmigo…

(Veinte poemas de amor y una canción desesperada, Pablo Neruda)

6 Responde a las preguntas.

a. ¿Cuál es el tema del poema? ....

b. ¿Qué relación existe en la actualidad entre los protagonistas del poema? ¿Era diferente su relación en el pasado? ....

c. ¿Crees que el poeta sigue enamorado de la mujer de la que habla? ¿Por qué? Señala los versos que te lo indican. ....

d. ¿Qué tipo de amor describe el poeta? ....

7 👥 Esta composición es la más famosa del libro y uno de los poemas amorosos más célebres de la lengua española. ¿Te ha gustado? ¿Qué sentimientos te provoca? ¿Cuál de los versos es el más triste para ti? Habla con tu compañero/a. Después, escribe un verso parecido en el que expreses con otras palabras un sentimiento igual.

Puedo escribir los versos más tristes esta noche…

1 **Explica a tu compañero/a las siguientes palabras.**

curso intensivo ○ beca ○ pasar lista ○ nota media ○ expediente académico

2 **Escribe tres deseos para cuando acabes la universidad.**

Modelo: Deseo viajar a Europa.

a. ....

b. ....

c. ....

3 **Lee los tres deseos que ha escrito tu compañero/a en la actividad anterior y deséale que se cumpla.**

Modelo: Deseo que viajes a Europa.

a. ....

b. ....

c. ....

4 **Reacciona a estos deseos y valoraciones.**

a. ¡Ojalá aprenda mucho en este curso! ....

b. ¡Espero que mis prácticas sean muy interesantes! ....

c. Prefiero que el profesor no ponga un examen tipo test. ....

5 **Valora tus clases de español.**

a. Me parece genial… ....

b. Está bien… ....

c. Es… ....

MORE IN ELETECA: EXTRA ONLINE PRACTICE

	Sí	No
1. …expresar deseos para mí y para los demás.	☐	☐
2. …pedir a los demás lo que necesito.	☐	☐
3. …entender cuando alguien me pide algo.	☐	☐
4. …comprender y usar palabras relacionadas con los estudios.	☐	☐

Los estudios

el aprendizaje *learning*

la asignatura obligatoria *required course*

la asignatura optativa *optional course*

el bachillerato *high school diploma*

la beca *scholarship*

la clase presencial *face-to-face class*

el colegio bilingüe *bilingual school*

el colegio privado *private school*

el curso de perfeccionamiento *continuing education*

el curso escolar *school year*

el curso intensivo *intensive course*

el curso virtual *online course*

el enfoque *approach, focus*

la escuela de idiomas *language school*

la escuela secundaria *secondary school*

los estudios primarios *primary education*

el instituto *high school (Spain)*

el intercambio *exchange*

el máster *masters*

la metodología *methodology*

el programa *program*

el universidad *university*

Verbos

aconsejar *to advise*

aprovechar (el tiempo) *to take advantage of time*

desear *to wish, want*

destruir (i>y) *to destroy*

esperar *to hope, expect*

extrañar *to miss*

mandar *to order, to send*

mantener (la calma) *to maintain (calm)*

ordenar *to order*

pedir (e>i) *to ask for, request*

preferir (e>ie) *to prefer*

reaccionar *to react*

recomendar (e>ie) *to recommend*

rogar (o>ue) *to beg*

Lenguaje del aula

analizar un tema *analize a topic or theme*

aprobar (o>ue) *to pass*

la clase práctica *hands-on class, laboratory*

la clase teórica *theory class*

consultar un libro/una enciclopedia/Internet *to consult, look up in a book/enciclopedia/ on the Internet*

debatir un tema *to debate a topic*

hacer un comentario de texto *text analysis*

hacer un intercambio *to exchange*

memorizar *to memorize*

la nota alta/baja *high/low grade*

la nota media *grade point average*

quedarse en blanco *to go blank*

pasar lista *to take attendance*

pasar (un examen) *to pass*

reflexionar *to reflect*

resolver una duda *to settle a doubt*

suspender *to fail (a course, test, etc.)*

tener un buen/un mal expediente *to have a good/bad transcript, record*

Palabras y expresiones

No digas esas cosas. *Don't say those things.*

No te pongas así. *Don't get like that.*

Ojalá *I hope*

Que cumplas más años. *Many happy returns.*

Que sean muy felices. *(I hope) you will be very happy.*

Que te diviertas. *(I hope) you have fun.*

Que te vaya bien. *Good luck.*

Que tengas buen viaje. *Have a good trip.*

Que todo salga bien. *Hope everything works out.*

(Que) Sí, hombre, (que) sí. *Yes, of course, of course.*

¡Sueñas! (informal). *You're dreaming!*

Conectores discursivos

en definitiva *ultimately, in the end*

es que *it's just that the thing is*

incluso *even*

luego *therefore*

o sea *in the other words, or rather*

¡ME ENCANTA!

Vistas de Semuc Champey, Guatemala.

>> ¿Qué crees que está haciendo esta persona?

>> ¿Por qué razones ha visitado este lugar?

>> ¿Te gustaría visitar este lugar?

>> ¿Qué te llama la atención de la imagen?

In this unit, you will learn to:

- Talk about likes and dislikes
- Discuss fashions and alternative types of vacations
- Express feelings and emotions
- Asks about the existence of something or someone

Using

- The indicative and subjunctive after *que* and *donde*
- Indefinite pronouns and adjectives
- Verbs of emotion with subjunctive and infinitives

APRENDE HACIENDO

- Personal and Public Identities: Self Image
- Personal and Public Identities: Personal Beliefs

UN POCO DE LITERATURA

- *Campos de Castilla*, de Antonio Machado

SABOR HISPANO

- Mónica Molina: música y moda

SESIÓN DE CINE

1 Observen las imágenes. ¿Con qué actividades de tiempo libre las identificas?

Modelo: **a.** ir a la playa.

2 De las actividades anteriores, indica tu opinión sobre ellas y añade otras actividades que puedes hacer cuando visitas una nueva ciudad. Habla con tu compañero/a.

3 17 Ana es de Uruguay y en unos días va a visitar a Verónica en Madrid. Escucha el diálogo y responde a las siguientes preguntas.

a. ¿Qué actividad no pueden hacer las muchachas en Madrid?

b. ¿Qué actividad pensaba Verónica que a Ana no le gustaba nada?

c. ¿Qué prefiere hacer Ana en lugar de visitar museos?

d. ¿Qué idea que propone Ana le encanta a Verónica?

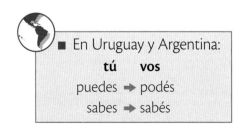

■ En Uruguay y Argentina:

tú	vos
puedes	➡ podés
sabes	➡ sabés

4 🎧 17 **Escucha de nuevo e identifica qué actividades de tiempo libre se mencionan en ella.**

Ana: Vero, ¡no te podés imaginar las ganas que tengo de ir a España a verte!

Verónica: Sí, lo sé. ¡Ya verás qué bien nos lo vamos a pasar!

Ana: Seguro, pero tenemos que decidir qué vamos a hacer. ¿Preparaste ya algún plan interesante? Ya sabés que me encanta ir a la playa, pero en Madrid es un poco complicado, ¿no?

Verónica: Pues sí, bastante. Hay un río, pero es muy pequeño y, además, no nos podemos bañar.

Ana: Bueno, me hablaron también de que en Madrid hay muchas calles comerciales.

Verónica: Pues eso sí que podemos hacerlo. Pero creía que odiabas ir de compras.

Ana: Eh, no exactamente… Cuando viajo, me gusta mucho comprar ropa original para mis amigos y familiares.

Verónica: Entonces podemos ir a Fuencarral. Es una calle que tiene muchas tiendas con ropa moderna. También podríamos dedicar unos días al arte. Tenemos unos museos fantásticos, como el Museo del Prado, el Thyssen, el Reina Sofía…

Ana: A mí no gustan demasiado los museos. Prefiero andar por la ciudad.

Verónica: Perfecto, haremos lo que a ti te apetezca, para eso eres mi invitada.

Ana: Bueno, muchas gracias. Tenemos que ir al cine a ver una película española, quiero conocer lo que son las tapas… ¡Ah! ¿Y sabés lo que me vuelve loca? Me encantan los parques de atracciones.

Verónica: ¡No me digas! Pues muy cerca de Madrid está el Parque Warner, dedicado a los personajes de los dibujos de Warner Bros.

Ana: ¡Qué lindo! Me encanta la idea.

Verónica: Bueno, voy a informarme un poco más en Internet y te digo.

Ana: Muy bien. Muchas gracias, Vero.

5 👥 **Clasifica las actividades que mencionan en la conversación según tus preferencias. Después, coméntalas con tu compañero/a. ¿Coinciden en muchas?**

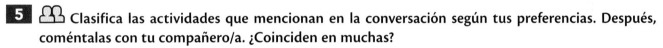

 Me encanta _____   **No me gusta demasiado** _____   **No me gusta nada** _____

¡AHORA TÚ!

6 👥 **Escribe un diálogo similar siguiendo las instrucciones. Después, represéntalo con tu compañero/a.**

1. Llamas a tu amigo/a para hablar de las vacaciones que van a tomar juntos.

2. Pregunta a tu amigo/a qué planes tiene para el destino elegido.

3. Plantea ideas para hacer en función de tus gustos.

4. Expresa tus gustos ante las propuestas de tu amigo/a. Sugiere algo que te guste también a ti.

5. Opina sobre las propuestas de tu amigo/a.

6. Pregunta si tiene experiencia similares.

ASKING ABOUT THE EXISTENCE OF SOMETHING OR SOMEONE

■ Para **preguntar por la existencia o no de algo o de alguien** se usa el subjuntivo:

- ¿**Hay alguna** casa **que** esté cerca del mar?
- ¿**Conoces algún** barrio **donde** haya un parque grande?
- ¿**Sabes si hay alguien** en el grupo **que** sepa escalar?

■ Para **negar la existencia** o **afirmar** que es poca, también se usa el subjuntivo:

- **No hay** (**casi**) **nadie** en clase **que** sepa cocinar.
- **No conozco a** (**casi**) **nadie que** tenga más de cinco hermanos.
- **Hay pocas** personas **que** viajen con frecuencia a Australia.
- **Conozco a pocos** hombres **que** prefieran las películas románticas.

Recuerda:

Los indefinidos
- *algún/ningún* (+ nombre masc. sing.)
- *alguno(s)/ninguno(s)*
- *alguna(s)/ninguna(s)* (+ nombre)
- *alguien/nadie* (personas)

Más información en pág. 111.

1 👥 **Observa las imágenes y pregunta a tu compañero/a utilizando las estructuras aprendidas.**

Modelo: ¿Conoces algún restaurante donde sirvan auténtica comida mexicana?

2 👥 **¿Conocen Centroamérica? Cada uno de ustedes tiene una ficha que completar sobre cuatro países de esta zona. También van a recibir una ficha con información sobre dos de los países. Si no saben las respuestas, pregunten a su compañero/a usando las estructuras que acabamos de estudiar.**

Modelo: **E1:** ¿Conoces algún país que limite al norte y al oeste con México? **E2:** Sí, es Guatemala.

		El país es...			
		Costa Rica	Guatemala	Nicaragua	Panamá
Estudiante 1	**a.** Su capital está diseñada como un tablero de ajedrez.	☐	☐	☐	☐
	b. La moneda oficial es el córdoba.	☐	☐	☐	☐
	c. Hay un lago de agua dulce donde viven tiburones.	☐	☐	☐	☐
	d. Ahí llaman al autobús "el bicho".	☐	☐	☐	☐
Estudiante 2	**a.** Limita al norte con Nicaragua y al sudeste con Panamá.	☐	☐	☐	☐
	b. No hay ejército.	☐	☐	☐	☐
	c. La lengua oficial es el español, aunque el inglés es muy usado.	☐	☐	☐	☐
	d. Algunos de sus platos típicos son: pepián, chuchitos y tapados.	☐	☐	☐	☐
Estudiante 3	**a.** El tamborito es un baile típico de ese país; se baila tocando palmas y tambores.	☐	☐	☐	☐
	b. Hay más variedades de mariposas que en toda África.	☐	☐	☐	☐
	c. El nombre de este país significa "abundancia de peces".	☐	☐	☐	☐
	d. Este país es un istmo, una banda de tierra entre dos océanos.	☐	☐	☐	☐
Estudiante 4	**a.** Es el país más grande de Centroamérica.	☐	☐	☐	☐
	b. En este país se encuentran muchas especies de orquídeas.	☐	☐	☐	☐
	c. Ahí se encuentran los volcanes más altos y activos.	☐	☐	☐	☐
	d. Su capital está dominada por tres volcanes: el Fuego, el Agua y el Pacaya.	☐	☐	☐	☐

El Corcovado, Costa Rica.

Playa en el Lago Nicaragua.

Paseando por la Ciudad de Panamá.

Ruinas mayas en Guatemala.

3 👥 **Completa las frases con información que desconoces. Compártela en grupos pequeños. ¿Hay alguien en tu grupo que lo sepa?**

Modelo: **E1:** No conozco a nadie que tenga más de cinco hermanos. **E2:** Yo sí, mis vecinos tienen siete hijos.

a. No conozco ningún restaurante que…

b. No hay nadie que…

c. Hay pocas personas que…

d. No conozco ninguna playa donde…

EXPRESSING LIKES AND DISLIKES

■ Para **expresar gustos** se pueden usar verbos como *encantar* o *gustar*:

- El verbo **encantar** expresa un grado máximo de satisfacción y, por este motivo, no lleva nunca marcadores de intensidad.

- El verbo **gustar** suele ir acompañado de adverbios de cantidad que matizan el grado de intensidad de la experiencia:

  +++ **me gusta mucho** / **muchísimo**

  ++ **me gusta bastante**

  + **no me gusta mucho** / **demasiado**

  – **no me gusta nada**

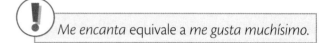

Me encanta equivale a *me gusta muchísimo*.

■ Para **expresar aversiones**, además de las formas negativas del verbo *gustar*, se usa ***me molesta, me fastidia***..., que pueden ir acompañados de marcadores de intensidad (***mucho, muchísimo, bastante***), o el verbo ***odiar***, que expresa el grado máximo de aversión y que no suele llevar marcadores de intensidad.

Odio llevar corbata.

No me gusta nada la ropa clásica.

Me molesta llevar jeans en verano.

Me fastidian los zapatos de tacón.

■ Cuando **se expresan gustos o aversiones sobre acciones**, las oraciones se construyen con **infinitivo** (si la persona que experimenta las acciones de los dos verbos es la misma) o con **subjuntivo** (si se trata de personas diferentes).

(A mí) *Me encanta* (yo) *viajar.*   (A mí) *No me gusta que mis padres viajen sin mí.*

4   Observa las siguientes imágenes y escribe lo que crees que están pensando. Comparte tus ideas con tus compañeros. ¿Quién ha sido el más original?

5 Comenta con tus compañeros las actividades que te gustan más, pero señala también algún aspecto negativo que te moleste. Y de las actividades que no te gustan debes decir algo positivo. ¿Coinciden en algunas?

Modelo: *Me encanta ir de compras, pero me fastidia comprar cuando hay mucha gente. No me gusta ir a la playa porque odio tomar el sol, pero me gusta mucho pasear por la playa por la mañana cuando no hay mucha gente.*

6 Escribe un *tuit* a partir de un *hashtag*. Puedes utilizar las expresiones de sentimientos negativos que aprendiste. Escribe un texto máximo de 140 caracteres. Una vez escrito, puedes pasárselo a tu compañero/a de la derecha. Hagan al final una puesta en común *(put forward your best ideas)*.

Modelo:

#zapatosvstenis A mí me parece que los tenis son más cómodos y combinan con todo. Odio llevar zapatos, no son cómodos y no me gusta nada el material.

#comprarenrebajas

#segundamanovsropanueva

 #tatuajesypiercings

 #tribusurbanas

 #odiollevarpijama

00:09:49 - 00:13:50

Título: Sus ojos se cerraron y el mundo sigue andando.

Año: 1996.

País: Argentina y España.

Género: Drama.

Director: Jaime Chávarri.

Intérpretes:

Dario Grandinetti,
Aitana Sanchez-Gijón,
Juan Echanove Labanda,
Ulises Dumont,
Raúl Brambilla,
Carlos Carella,
Ramón Rivero,
Pepe Soriano,
María Fernández,
Chela Ruiz.

SINOPSIS

La película tiene lugar en Buenos Aires, en los años 30. Juanita es una joven y bella modista (*dressmarker*) española que admira al famoso cantante de tangos, Carlos Gardel, con obsesiva pasión. Un día conoce a Renzo, un fracasado cantante, de quien se enamora por el simple hecho de tener un gran parecido físico con su ídolo. Por este amor es capaz de abandonar a su antiguo novio e intentar convertir por todos los medios al joven Renzo en una copia perfecta de Gardel. Su fijación conducirá a su amado a un trágico desenlace (*end*) de las mismas dimensiones que las del propio Carlos Gardel.

 ¿SABÍAS QUE...?

• Es una coproducción entre Argentina y España e integra actores de ambas nacionalidades, lo que es una muestra interesante de la diferencia de acentos y expresiones.

• Es un drama que cuenta una historia de amor, aunque también sirve para rendir homenaje al cantante Carlos Gardel, mito y símbolo cultural en Argentina que falleció trágicamente en un accidente de avión en el año 1935.

• En total se integran en la película doce tangos.

ANTES DE VER LA SECUENCIA

1 En la escena que vas a ver, Renzo enamora a Juanita, que asiste junto a sus amigas a una de sus actuaciones en el café La Pergola. Con esta información, imagina qué sentimientos tienen cada uno de estos personajes.

1. Renzo.

Quiere que ....

2. Juanita.

Desea que ....

3. Las amigas.

Les encanta que ....

4. Gustavo, el novio.

Odia que ....

5. El propietario.

Prefiere que ....

6. El músico, amigo de Renzo.

No le importa que ....

2 Renzo sabe que a Juanita le gusta el cantante Carlos Gardel. ¿Cómo crees que conseguirá enamorar a la protagonista? ¿Cómo crees que reaccionará el novio ante esa situación? Habla con tu compañero/a.

MIENTRAS VES LA SECUENCIA

3 🎞️ Mira la escena y decide si estas afirmaciones son verdaderas (V) o falsas (F).

00:09 - 03:37

	V	F
a. Renzo interpreta la canción mirando solo a Juanita.	☐	☐
b. Las amigas de Juanita se dan cuenta de que ella presta más atención al cantante que a su novio.	☐	☐
c. El novio de Juanita, Gustavo, disfruta de la canción.	☐	☐
d. La letra de la canción dice: "Amores de estudiante, flores de una noche son".	☐	☐
e. A los músicos les sorprende recibir aplausos del público tras la canción.	☐	☐

4 Aquí tienes el extracto de la conversación que mantienen. Complétalo con las palabras que faltan.

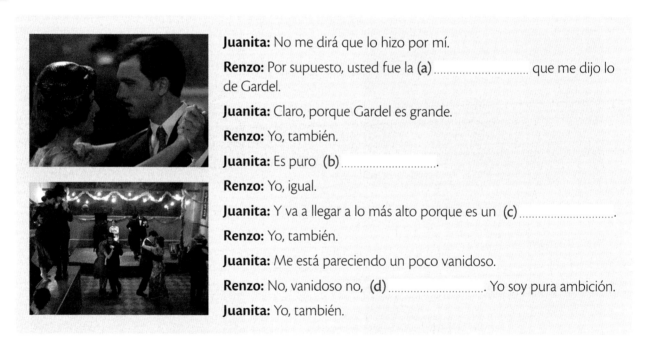

Juanita: No me dirá que lo hizo por mí.

Renzo: Por supuesto, usted fue la **(a)** .... que me dijo lo de Gardel.

Juanita: Claro, porque Gardel es grande.

Renzo: Yo, también.

Juanita: Es puro **(b)** ....

Renzo: Yo, igual.

Juanita: Y va a llegar a lo más alto porque es un **(c)** ....

Renzo: Yo, también.

Juanita: Me está pareciendo un poco vanidoso.

Renzo: No, vanidoso no, **(d)** .... Yo soy pura ambición.

Juanita: Yo, también.

5 Pon en orden estas frases según su aparición en la secuencia.

a. ☐ Las amigas de Juanita comentan la situación.

b. ☐ Los músicos discuten con el propietario del bar.

c. ☐ A Gustavo le molesta que Renzo esté hablando con su novia.

d. ☐ Renzo y Juanita charlan mientras bailan un tango.

e. ☐ El propietario quiere cerrar y les pide que terminen.

f. ☐ Renzo canta un tango mientras mira fijamente a Juanita.

g. ☐ Gustavo abandona el bar enojado.

DESPUÉS DE LA SECUENCIA

6 Responde a las siguientes preguntas.

a. ¿Por qué Renzo no acompaña a sus amigos al terminar la canción?

....

b. ¿Qué problema tienen el propietario del café y los músicos?

....

c. ¿Qué le dice Renzo a Juanita para justificar el enfado de Gustavo?

....

d. ¿En qué tres cosas dice Renzo que coincide con Carlos Gardel?

....

e. Cuando Juanita y Renzo bailan, ¿en qué cualidad dicen los dos coincidir?

....

f. ¿Qué piensa la amiga de Juanita de su forma de bailar?

....

7 Observa a estos dos personajes. ¿A quién de los dos corresponde la siguiente información?

a. ☐ Habla con acento español.   e. ☐ Lleva sombrero.

b. ☐ Habla con acento argentino.   f. ☐ Se va del bar enfadado.

c. ☐ Toca la guitarra.   g. ☐ Siente que su amigo lo traicionó.

d. ☐ Toca el bandoneón.   h. ☐ Compone una canción mientras espera a Renzo.

8 La canción que interpreta Renzo, *Amores de estudiante*, es solo uno de los éxitos que popularizó Carlos Gardel, a quien se le considera en Argentina como un auténtico mito. Busca en Internet información de su figura y discute con tus compañeros los ingredientes de su éxito eterno. ¿Con qué figura actual se puede comparar?

1 Lee el texto y explica a tu compañero/a las palabras destacadas en color.

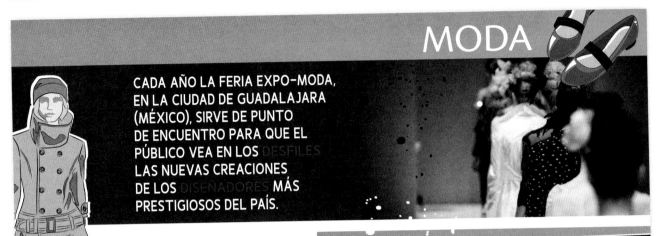

MODA

CADA AÑO LA FERIA EXPO-MODA, EN LA CIUDAD DE GUADALAJARA (MÉXICO), SIRVE DE PUNTO DE ENCUENTRO PARA QUE EL PÚBLICO VEA EN LOS **DESFILES** LAS NUEVAS CREACIONES DE LOS **DISEÑADORES** MÁS PRESTIGIOSOS DEL PAÍS.

En esta edición, cuatro nuevos talentos buscan con esfuerzo que sus nombres sean más relevantes, que aparezcan en las **etiquetas** de las **prendas** favoritas de los consumidores. El mercado de la moda en México no es fácil, pero Viviana Parra, Macario Jiménez, Héctor Mijangos y Cynthia Gómez logran cada día competir con las grandes firmas.

¿QUÉ LE GUSTARÍA VER EN LOS **APARADORES**?

Propuesta de Cynthia Gómez. Mucho colorido, telas **estampadas**, **deslavadas** y formas geométricas. Para moda masculina, guayaberas, y para mujeres, espaldas descubiertas.

Propuesta de Macario Jiménez. Para mujeres, vestidos con **escotes** discretos. Para hombres, prendas cómodas y elegantes.

Propuesta de Viviana Parra. Vestidos muy glamorosos, prendas duales, es decir, que sirvan tanto para vestir de día, como de noche.

» *"Si alguien lleva una **marca** que le gusta, con la que se identifica, la gente suele ser fiel y no cambiar a otra"*, comenta Viviana, *"por eso es muy complicado introducir nuevos diseños con nombres poco conocidos, aunque no imposible"*, añade.

Día Siete sirve para dar un **adelanto** de sus creaciones de cara a la nueva **temporada**.

Propuesta de Héctor Mijangos. Ropa unisex, funcional, práctica, duradera, cómoda y fácil de combinar.

(Extraído de la revista *Día Siete*)

2 Encuentra en el texto anterior la palabra para cada una de estas definiciones.

a. Nombre comercial que se pone a un producto.

b. Espacio de tiempo que en moda coincide con la estación.

c. Profesionales que se dedican a la creación de nuevos estilos.

d. Eventos donde los modelos muestran al público las novedades.

e. Los distintos componentes que forman parte de la vestimenta.

f. Nombre que se coloca en la ropa para identificar al fabricante.

g. Tela diseñada con dibujos o formas variadas.

h. Parte de un vestido que deja el pecho al descubierto.

i. Que ha perdido la fuerza de su color original.

j. Cuando se presenta algo con antelación a lo previsto.

k. Las cristaleras en las que se muestra la ropa que se vende en la tienda.

3 ¿Qué idea general se extrae del texto? ¿Crees también que el público es fiel *(loyal)* a una marca? Comenten con sus compañeros y saquen una conclusión general de la clase.

4 🎧 ¹⁸ Escucha una encuesta sobre moda que hicieron a varias personas en la calle y decide si las siguientes afirmaciones son verdaderas (V) o falsas (F).

	V	F
a. Carmen se gasta más de cien pesos en ropa.	☐	☐
b. Mónica se gasta poco, pero compra ropa de calidad.	☐	☐
c. Jair lleva todos los días corbata.	☐	☐
d. A José Luis le gusta ir combinado.	☐	☐

5 Lee los comentarios que cada persona hace de su estilo. ¿Con qué imagen lo identificas?

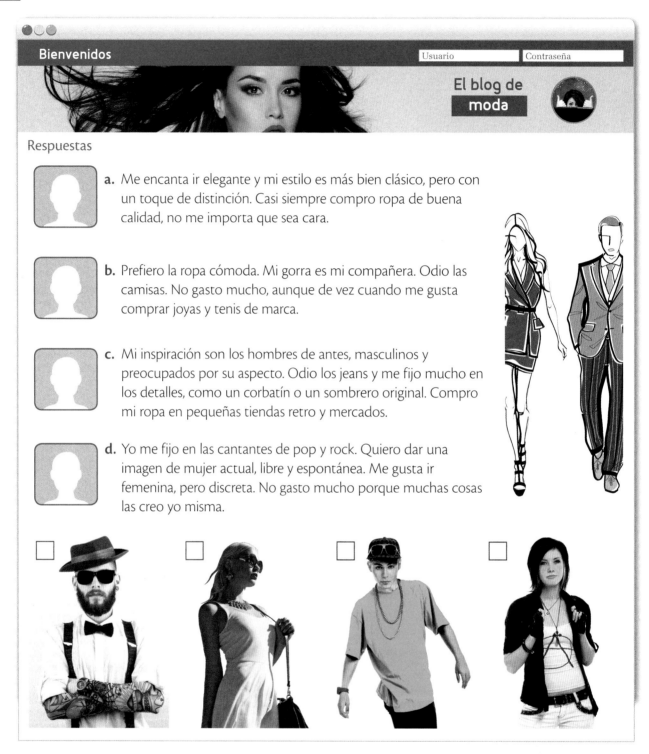

Bienvenidos

Usuario | Contraseña

El blog de moda

Respuestas

a. Me encanta ir elegante y mi estilo es más bien clásico, pero con un toque de distinción. Casi siempre compro ropa de buena calidad, no me importa que sea cara.

b. Prefiero la ropa cómoda. Mi gorra es mi compañera. Odio las camisas. No gasto mucho, aunque de vez cuando me gusta comprar joyas y tenis de marca.

c. Mi inspiración son los hombres de antes, masculinos y preocupados por su aspecto. Odio los jeans y me fijo mucho en los detalles, como un corbatín o un sombrero original. Compro mi ropa en pequeñas tiendas retro y mercados.

d. Yo me fijo en las cantantes de pop y rock. Quiero dar una imagen de mujer actual, libre y espontánea. Me gusta ir femenina, pero discreta. No gasto mucho porque muchas cosas las creo yo misma.

6 Con el vocabulario aprendido, define tu estilo o el de una persona cercana a ti.

7 Comenten en clase si para ustedes es importante seguir la moda y por qué. Pongan en común sus opiniones. ¿Están todos de acuerdo?

8 Observa las opiniones de estas personas y complétalas con las nuevas palabras. ¿Con quién estás más de acuerdo? ¿Por qué?

desplazamiento o ahorrar o destino o alojamiento o gastos

a. Cuando viajo busco estar cómoda, sentirme como en casa. Por eso el (1) .... es muy importante para mí, por encima de todo lo demás.

Jimena, 46 años

b. Lo principal es el (2) .... Tengo que estar convencido de que es el lugar que quiero visitar. Al resto de cosas, me puedo adaptar.

Bruno, 25 años

c. No me gustan todos los medios de transporte, así que el (3) .... para mí es muy importante cuando viajo. Me encanta viajar en tren porque el avión me da pánico.

Nicolás, 52 años

d. Yo prefiero (4) .... dinero en hoteles y siempre viajo de intercambio. Así puedo tener más (5) .... en compras o en comida.

Rosa, 31 años

9 Observa este anuncio de una página web de viajes. ¿Con cuál de las opiniones de la actividad anterior lo relacionas?

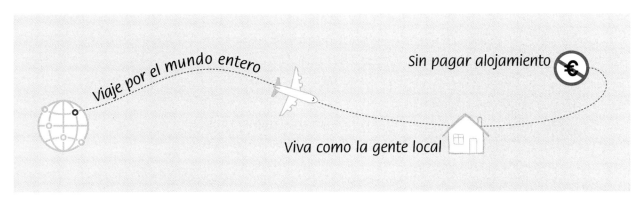

Viaje por el mundo entero

Sin pagar alojamiento

Viva como la gente local

10 Lee en la siguiente página los dos anuncios para las casas de intercambio que se ofrecen en la página web: *vacacionesalternativas.com*. Busca en ellos los sinónimos de estas palabras. Tres de las palabras destacadas no tienen sinónimo. ¿Les puedes poner uno? Trabaja con tu compañero/a.

a. Agradable. ➜ ....
b. Brillante. ➜ ....
c. Típica. ➜ ....
d. Confort. ➜ ....

e. Céntrico. ➜ ....
f. Excursiones. ➜ ....
g. Preocupaciones. ➜ ....
h. Montañas. ➜ ....

i. Invitados. ➜ ....
j. .... ➜ ....
k. .... ➜ ....
l. .... ➜ ....

vacaciones
alternativas
.com

ARGENTINA

Casa rural en Río Negro, Bariloche, Argentina

Alojamiento para 5 personas. No se puede fumar.
3 dormitorios.
2 baños completos. Wifi. Se admiten **mascotas**.

Por qué nos encanta nuestra casa

Está situada al lado de un lago.
En **plena** naturaleza.
Ideal para aquellos visitantes que necesiten relajarse y disfrutar de la tranquilidad.

Casa rural en la península de San Pedro, a 25 km de la ciudad de San Carlos de Bariloche. Tiene dos plantas. En la planta baja hay un salón con chimenea, una cocina y un baño. En la segunda hay tres dormitorios y un baño. Excelentes vistas panorámicas de la **sierra**, lago y bosques. Se pueden hacer muchas actividades guiadas, ya que se organizan durante todo el año **jornadas** de senderismo, pesca, montañismo, rafting, etc. Si estás **estresado** y necesitas un lugar tranquilo, esta es tu casa.

Me gusta · Reservar

Casa de campo en Misiones, Puerto Iguazú, Argentina

Alojamiento para 4 personas.
No se puede fumar. Dos dormitorios.
1 baño completo y un aseo. Se admiten mascotas.

Por qué nos encanta nuestra casa

Está muy cerca de las cataratas de Iguazú.
Zona rural, tranquila y relajada.
Amplio jardín con piscina. Zona **pintoresca**.

Nuestra casa tiene una planta. Tiene todas las **comodidades**: televisión, conexión a Internet, lavadora… La cocina da al jardín. Aunque es pequeña, es muy **luminosa** y **acogedora**. Hay un baño con bañera de hidromasaje y dos habitaciones amuebladas. A pocos kilómetros de las Cataratas de Iguazú, en una zona ideal para todo tipo de excursiones. La casa dispone de una piscina privada donde los **huéspedes** pueden refrescarse y relajarse al final del día. En otras palabras, nuestra casa es ideal para aquellos que quieran conocer Argentina en plena naturaleza, sin sufrir los **agobios** de una gran ciudad.

Me gusta · Reservar

11 Tatiana se ha registrado en *vacacionesalternativas.com* porque quiere unas vacaciones diferentes. Elige la oferta que te parezca más apropiada para ella y coméntala con tu compañero/a. Justifiquen su respuesta.

OCIO Y VIAJES

tatiana@ocio.org | ********

| INICIO | CONTACTO | SERVICIOS | PAÍSES | BUSCAR |

vacaciones
alternativas
.com

Tatiana
Busco un lugar en Argentina donde pueda relajarme y desconectar de las prisas de la gran ciudad. Quiero una casa que esté cerca de la naturaleza para hacer actividades de senderismo. Ideal cerca del agua. La casa no tiene que ser muy grande, solo vamos dos personas, pero es imprescindible que tenga conexión a Internet, ya que estoy preparando mi tesis.
Responder · Comentar · Contactar 16 de septimebre, 10:38

12 Ahora es tu turno. Ofrece tu casa en la red siguiendo el modelo de los anuncios anteriores. Ten en cuenta los aspectos positivos y a qué tipo de turistas puede interesar.

Casa en ....

....

....

....

<u>Por qué nos encanta nuestra casa</u>

....

....

....

....

....

....

Me gusta · Reservar

1. THE INDICATIVE AND SUBJUNCTIVE AFTER *QUE* AND *DONDE*

■ Relative clauses are phrases that clarify or describe the person or object you are talking about. That person or object is substituted by the relative pronoun **que** (for people and things) or **donde** (for places). Note that in Spanish **que** is used to replace the relative pronouns *that*, *which*, and *who* in English.

LAS ORACIONES DE RELATIVO

• Nombre + **que** / **donde** + indicativo

*Ana es **una muchacha** que **estudia** conmigo en la universidad.*

*Este es **el restaurante** donde **comemos** todos los domingos.*

• Nombre + **que** / **donde** + subjuntivo

*Busco **una muchacha** que **hable** ruso para poder practicar.*

*Quiero ir a **un restaurante** donde **pueda** comer una buena paella.*

■ Las oraciones de relativo sirven para identificar o describir algo o a alguien. Ese algo o alguien se llama **antecedente**.

• Si el antecedente es conocido por el hablante, el verbo va en **indicativo**.

• Si el antecedente es desconocido por el hablante, el verbo va en **subjuntivo**.

 Alberto es de Guadalajara y dirige una agencia de modelos. Carlos es coordinador de los desfiles de Expo-Moda y está preocupado porque necesita urgentemente una serie de modelos en su desfile. Lee los textos e indica los adjetivos que corresponden solo a los modelos que quiere Carlos, y en el otro, los que definen a los modelos que ha encontrado Alberto.

De: carlos@expomoda.mx.org   Para: alberto@supermodelos.com

Alberto:

Te necesito. Nos faltan dos modelos para el desfile. Te doy los detalles:

Necesito un muchacho que no sea demasiado joven, de unos 29-30 años, moreno, con aspecto latino, atlético y que tenga el pelo no muy corto y rizado. Necesito alguien que sepa bailar capoeira. Es para el desfile de la nueva colección de Cynthia Gómez. Ya sabes que es muy exigente y perfeccionista. Quizá está disponible el muchacho que desfila todos los años en el D.F. con el lunar en la cara.

Si puedes, consígueme también una modelo que no esté muy delgada, que sea rubia y que tenga cara angelical. ¡Ah! Y con los ojos verdes. No hace falta que sea alta, pero que le gusten los helados.

Tendrá que comer varios durante el desfile.

Ya sabes, la ropa de Héctor Mijangos es la más fresca.

Espero tu respuesta.

Abrazos.

De: alberto@supermodelos.com   Para: carlos@expomoda.mx.org

Carlos:

Me pides imposibles, siempre en el último minuto. A ver, tengo dos modelos disponibles. Uno es Paul, que es un muchacho muy simpático, moreno, mide 1,78 y está bastante fuerte, pero no baila capoeira. También tengo a Guiseppe que tiene los ojos azules, es moreno, atlético, baila capoeira y mide 1,95. En cuanto a la muchacha, tengo a Alicia que tiene los ojos grandes, pero son azules. No tengo a nadie en estos momentos que tenga los ojos verdes.

Alicia está disponible y no tiene problema en comer helados durante el desfile, aunque solo le gustan los helados que no llevan azúcar y de sabor a fresa.

Ya sabes que algunos modelos son muy caprichosos.

Espero tus noticias.

Saludos.

Las características de...

...los modelos que necesita Carlos	...los modelos que ha encontrado Alberto

2 Vuelve a leer los correos entre Carlos y Alberto y subraya las oraciones de relativo que encuentres. En estas oraciones, el verbo que acompaña está unas veces en indicativo y otras en subjuntivo. ¿Por qué? Clasifica las frases en su columna correspondiente y reflexiona. Coméntalo con tu compañero/a.

indicativo	subjuntivo

3 Trabajen ahora en parejas. Cada uno de ustedes asumirá un papel determinado. Lean sus personajes y sigan las instrucciones.

> **Alumno A**
>
> • Eres Pepe, director de la Semana de la Moda de México. Eres muy perfeccionista, te gusta que todo salga excelente. Sabes que Margarita, directora de la Agencia Miss Latinoamérica, es un poco desorganizada, así que le escribes un correo electrónico muy serio, formal y con toda la información bien detallada sobre lo que quieres.

> **Buscas:**
>
> – Una modelo para un desfile estilo dominicano (define sus características físicas).
> – Una firma de zapatos especializada en desfiles de moda con gran variedad de modelos.
> – Un presentador-director del desfile con mucha experiencia y voz muy masculina.

> **Alumno B**
>
> • Eres Margarita, directora de la agencia Miss Latinoamérica. Eres extrovertida, odias los formalismos y te encanta exagerarlo todo. Recibes el correo electrónico de Pepe, director de la Semana de la Moda de México, y haces lo que puedes para que esté contento; aunque no encuentras exactamente lo que él quiere, le ofreces otras alternativas.

> **Ofreces:**
>
> – Una modelo rubia, de piel muy clara, pero muy versátil (define su aspecto físico).
> – Una firma de zapatos especializada en botas de todo tipo: de montar a caballo, de pescar, de esquiar…
> – Un presentador-director amigo tuyo con una voz un poco especial (decide cómo es la voz).

● ● ●	ALUMNO ....
De:	Para:

4 Ahora que cada uno leyó el correo del otro, llámense por teléfono, definan sus posturas y lleguen a un acuerdo.

5 ¿Cuál de estas cosas, lugares y personas te gustaría cambiar? Describe cómo es, con todo detalle, lo que tienes y lo que te gustaría tener.

Quiero cambiar de casa, de carro, de estudios o trabajo, de ciudad, de…

¿Cómo quiero que sean mi nueva casa, mi nuevo carro y mis nuevos estudios o mi nuevo trabajo?

Modelo:

Tengo un apartamento pequeño que no tiene aire acondicionado y vivo en una ciudad donde hace mucho calor, demasiado. Además, mi apartamento está lejos del centro y a mí me encanta salir y caminar por la ciudad, y si es por el centro, mejor.

¿Qué tipo de casa buscas?

Busco una casa que sea grande, que tenga aire acondicionado, que sea céntrica, que esté pintada toda de rosa, que esté cerca del metro y, por supuesto, que sea baratísima, ¡claro!

2. INDEFINITE PRONOUNS AND ADJECTIVES

Indefinite words refer to people and things that are unknown or undefined. In Spanish, indefinite words can function as pronouns or adjectives and have corresponding affirmative and negative forms. Remember, use the subjunctive after **que** when asking whether something or someone exists, or when saying that something or someone doesn't exist.

■ **Adjetivos**

• Concuerdan con el sustantivo al que acompañan.

	EXPRESAN EXISTENCIA	EXPRESAN INEXISTENCIA
Singular	algún / alguna	ningún / ninguna
Plural	algunos / algunas	ningunos / ningunas

*Tengo **algunos** libros que te gustan.*   *No hay **ningún** muchacho de Francia.*

■ **Pronombres**

• Algunos indefinidos tienen la función de pronombres y son invariables.

	EXPRESAN EXISTENCIA		EXPRESAN INEXISTENCIA	
Personas	alguien	alguno	nadie	ninguno / ninguna
Cosas	algo		nada	

– ¿**Alguien** ha visto la película?   – ¿Quieres **algo** de comer?
– No, **nadie**.   – No quiero **nada**, gracias.

6 🗣 **En parejas, expliquen por turnos las diferencias en estas frases.**

a. No hay nadie en la habitación. / No hay nada en la habitación.

b. Algo se mueve en la ventana. / Alguien se mueve en la ventana.

c. Algún restaurante de la ciudad sirve comida colombiana. / Ningún restaurante de la ciudad sirve comida colombiana.

d. Alguna tienda vende ropa de marca japonesa. / Ninguna tienda vende ropa de marca japonesa.

7 🗣 **Completa las siguientes frases. Después, intercambien sus ideas y preguntas en grupos pequeños. ¿Quién ha tenido las experiencias más extrañas? ¿Y las más cómicas?**

Modelo: No hay ninguna mascota que sea más cariñosa que mi tarántula.

> Nunca he visto a nadie…

> Conozco a alguien que…

> ¿Hay algún lugar en el mundo que…?

> ¿Hay alguna comida que…?

> No hay nadie que…

> ¿Conoces a alguien que…?

> ¿Conoces a alguien que…?

8 Lee la conversación de Olga y Sara y complétala con el indefinido apropiado en cada caso. ¿Sabes de qué país hablan?

Sara: En septiembre tomo un mes de vacaciones y, la verdad, es que tengo ganas de ir a Centroamérica o a Sudamérica. ¿Conoces (a) .... zona en la que no haya que recorrer muchos kilómetros y en la que haya mucha variedad de paisajes? No sé, (b) .... que no sea muy caro.

Olga: El año pasado fui, a través de una agencia de viajes, a recorrer una de las zonas más alucinantes de Centroamérica. ¡No hay (c) .... en el mundo que se le parezca! No solo es única por la diversidad de paisajes, sino por la fuerza de sus culturas indígenas que mantienen sus lenguas y costumbres de siglos y siglos. Visité los volcanes –¡todavía activos!–, las playas tropicales, la ciudad de Tikal, Corcovado, uno de los parques naturales más salvajes de la zona, y muchas cosas más… Te podría hablar horas de (d) .... de los momentos que viví allí.

Sara: Suena bien. Oye, ¿y sabes si hay (e) .... dirección en Internet que te ofrezca información de esa zona en general?

Olga: Sí, hay muchas, pero esta está bastante bien, copia: *www.turismocr.com*

9 Ahora piensa en tus vacaciones ideales. Te damos algunas ideas. Usa tu imaginación siguiendo este modelo.

Modelo: *Busco un lugar donde/que...*

DESCRIPCIÓN DEL LUGAR	ALOJAMIENTO	TIPO DE TURISMO	GASTRONOMÍA
ciudad, pueblo, cerca del mar, en la montaña, en el desierto, tranquilo, bullicioso, turístico…	hotel grande, casa rural, cabaña, tienda…	turismo de aventura, cultural, combinación…	comida mediterránea, asiática, mexicana, árabe…

OTROS	GENTE	ACTIVIDADES	PAISAJE
tiempo de duración, servicios…	solo, con mi pareja, en grupo turístico, con amigos, de intercambio…	deportes, leer, comer, salir por la noche, hacer muchas visitas en grupo…	con ruinas, monumentos, en medio de un bosque, junto a una montaña…

10 Muestra a tu compañero/a la descripción de lo que buscas. ¿Conoce algún lugar así?

3. VERBS OF EMOTION WITH SUBJUNCTIVE AND INFINITIVE

■ In contrast to other uses of the subjunctive, the situations described in the subordinate clause after verbs of emotion refer to something that is real or experienced. This reality, however, causes an emotional reaction in the speaker. The speaker uses the subjunctive to convey its emotional impact on him or her.

• Cuando el sujeto de la oración principal y el de la subordinada es el mismo, se usa el infinitivo:

Me irrita/molesta/fastidia/alegra/hace feliz/sorprende
Me da vergüenza/miedo/envidia/pena
No soporto/Odio
Es una pena/intolerable
Estoy triste/cansado(a)/aburrido(a)/contento(a) + de

+ infinitivo / nombre *(noun)*

Me molesta tener que viajar con mucho equipaje.
Me da vergüenza hablar en público.
Estoy cansado de estudiar tanto.

• Cuando el sujeto es diferente, el verbo va en subjuntivo:

Me irrita/molesta/fastidia/alegra/hace feliz/sorprende
Me da vergüenza/miedo/envidia/pena
No soporto / Odio
Es una pena/intolerable
Estoy triste/cansado(a)/aburrido(a)/contento(a) + de

+ ***que*** + subjuntivo

Me molesta que haya que viajar con tanto equipaje.
Me da vergüenza que la gente me mire cuando hablo en público.
Estoy cansado de que tengamos que estudiar tanto.

11 ¿Qué sentimientos expresan las personas de estas fotos? Coméntalo con tu compañero/a.

12 **Completa las frases siguiendo el modelo.**

Modelo: No soporto que el hotel me asigne una habitación con vista al estacionamiento.

a. Me hace feliz que… ....

b. Me irrita que… ....

c. Me da envidia que… ....

d. Me da pena que… ....

e. Me da vergüenza que… ....

13 🎧 19 **En el programa de radio ¿Cómo se siente?, un reportero salió a la calle para hablar con la gente. Escucha los diálogos y completa cómo se siente cada una de las personas entrevistadas.**

DIÁLOGO 1. .... ☐

DIÁLOGO 2. .... ☐

DIÁLOGO 3. .... ☐

DIÁLOGO 4. .... ☐

DIÁLOGO 5. .... ☐

a. No le gusta ir al dentista.

b. Le hace feliz tener buena salud.

c. Le da vergüenza ser impuntual.

d. Le da pena que la gente cercana no tenga trabajo.

e. Le fastidia que su hermano no le deje el coche.

14 👥 **Mira la siguiente lista y marca qué es lo que más odias, te molesta, te fastidia o te irrita. Después de completarlo, comenten con su compañero/a y compartan sus respuestas. ¿Tienen coincidencias?**

a. .... que toquen mis cosas.

b. .... que la gente esté mirando el celular mientras hablo.

c. .... que la gente diga mentiras.

d. .... que la gente coma palomitas en el cine.

e. .... que la gente no respete las colas.

f. .... que me interrumpan cuando hablo.

g. .... que la gente llegue tarde.

h. .... que no funcione Internet cuando más lo necesito.

i. .... que haya demasiados comerciales en la tele.

j. .... que haga mal tiempo el día que tengo planeado salir fuera.

15  **Hagan ahora una lista similar con las cosas o las acciones que les despiertan sentimientos positivos.**

Modelo: *Me encanta que haga buen tiempo el fin de semana.*

MORE IN ELETECA: EXTRA ONLINE PRACTICE

PRONUNCIACIÓN Y ORTOGRAFÍA Acentuacion (3): la tilde diacrítica

1 **Fíjense en las siguientes oraciones detenidamente. Presten atención a las palabras que están en negrita. ¿Qué diferencia encuentras entre ellas?**

a. **El** conductor paró de un frenazo el autobús.
Me lo dijo **él**.

b. **Si** llueve, no iremos al zoo.
Me respondió que **sí**.

> **La tilde diacrítica**
> ■ La tilde diacrítica sirve para diferenciar dos palabras que se escriben igual pero que tienen diferente significado.

2 **Observa estos otros ejemplos y escribe en cada caso su función gramatical: adjetivo, pronombre, nombre, preposición, conjunción o verbo.**

a. ¿Dónde has puesto **tu** abrigo? ➡ ....
Tú siempre dices la verdad. ➡ ....

b. Te invito a cenar a **mi** casa. ➡ ....
¿Tienes algo para **mí**? ➡ ....

c. **Te** he comprado un par de zapatos. ➡ ....
Voy a pedirme una taza de **té**. ➡ ....

d. Compré una chaqueta **de** cuero. ➡ ....
Dice que le **dé** 1000 euros. ➡ ....

e. **Sé** que tienes razón. ➡ ....
Luis **se** afeita por las mañanas. ➡ ....

f. Quiso convencerlo, **mas** fue imposible. ➡ ....
Habla un poco **más** alto. ➡ ....

3 🎧 **20** **Escucha el dictado y cópialo en tu cuaderno.**

MORE IN ELETECA: EXTRA ONLINE PRACTICE

PARA ORGANIZAR EL DISCURSO

■ Fíjate en la función de los siguientes **conectores** y trata de incorporar algunos en tu ensayo y presentación oral:

- Para añadir información: *además*, *también*, *igualmente*...

- Para intensificar un punto: *encima*, *es más*...

- Grado máximo de intensificación: *más aún*, *incluso*, *hasta*...

ENSAYO PERSUASIVO

Tema curricular: Las identidades personales y públicas.

Tema del ensayo: ¿Piensas que la moda influye negativamente en la imagen que tienen los jóvenes de sí mismos?

FUENTE 1 - LECTURA

1 **Lee este artículo sobre los estereotipos y el papel de los medios de comunicación en promocionarlos.**

Consumo

Después de realizar un estudio de ocho de las principales revistas juveniles que existen en el mercado español, la Unión de Consumidores de Extremadura (UCE) ha concluido que el 90 % de estas publicaciones van dirigidas al público femenino y el principal mensaje que se envía es: hay que consumir.

Además, en estas revistas se ofrece una imagen estereotipada de las mujeres que no reflejan la realidad de las adolescentes. Presentan una adolescente preocupada únicamente de su imagen, por los muchachos y por temas frívolos como la vida de los famosos. Ser guapa, comprar las últimas tendencias de ropa y maquillaje, ser popular, estar en el grupo de la gente "guay", conseguir al muchacho más guapo y producir envidia entre las enemigas es el objetivo por el que las muchachas deben luchar. Sin duda, esta imagen de la mujer invita al consumismo y al sexismo.

La doctrina se puede resumir en: "hay que comprar cosas guays para ser guay" y "hay que gustarle a ellos para ser feliz". Para conseguir todo esto, las revistas les dicen a sus lectoras cómo deben maquillarse, actuar, hablar y, por supuesto, qué tienen que comprar.

La UCE advierte que este tipo de mensajes puede influir negativamente en las lectoras al ver que no cumplen con el perfil de "supermujer" que se muestra.

Siempre se habla de mujeres guapas que consiguen todo lo que quieren y esto puede producir ansiedad e inseguridad entre las adolescentes.

El estudio también critica que casi no hay secciones dedicadas a la cultura, la formación, el deporte, el medioambiente o consultorios serios, con expertos, para tratar temas de psicología, complejos, trastornos alimenticios o educación sexual, temas sobre los que los jóvenes buscan respuestas.

Tampoco tratan valores como el respeto, la solidaridad o el esfuerzo personal.

El estudio recomienda mejorar y corregir el contenido de estas revistas, en ocasiones totalmente inadecuado para el público objetivo, puesto que influyen en la conducta de las jóvenes y en los hábitos que adquieren.

(Extraído de *Cómo llegar a ser una superwoman*, UCE)

FUENTE 2 - GRÁFICO

2 **Este gráfico representa los resultados de una encuesta global realizada por la Asociación Nacional de Cirugía Plástica (ISAPS, por sus siglas en inglés).**

Los países en los cuales se produjeron el mayor número de cirugía plástica en los años 2011 y 2014
% del total de la población mundial

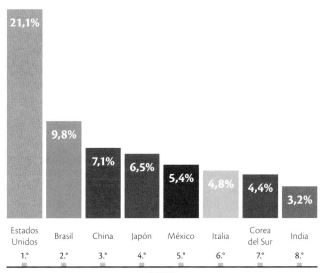

Estados Unidos	Brasil	China	Japón	México	Italia	Corea del Sur	India
21,1%	9,8%	7,1%	6,5%	5,4%	4,8%	4,4%	3,2%
1.°	2.°	3.°	4.°	5.°	6.°	7.°	8.°

2011

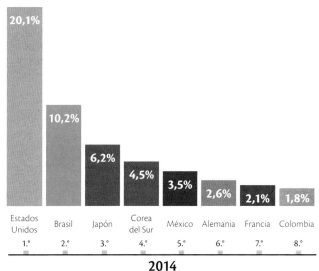

Estados Unidos	Brasil	Japón	Corea del Sur	México	Alemania	Francia	Colombia
20,1%	10,2%	6,2%	4,5%	3,5%	2,6%	2,1%	1,8%
1.°	2.°	3.°	4.°	5.°	6.°	7.°	8.°

2014

(*http://www.isaps.org/news/isaps-global-statistics*)

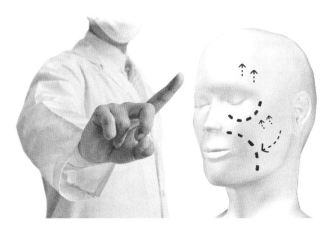

En 2014, las mujeres tuvieron más de 17 millones de intervenciones de cirugía plástica, un 86,3 % del total. Los hombres tuvieron más de 2,7 millones de intervenciones de cirugía plástica, un 13,7 % del total.

FUENTE 3 - AUDICIÓN

3 🎧 **21** Esta grabación trata el tema de la imagen personal y los cambios extremos. Fue extraída de un encuentro entre estudiantes universitarios de la Universidad Sergio Arboleda en Bogotá, Colombia. Escucha la opinión de una estudiante de la Escuela de Comunicación Social y Periodismo.

4 Ahora escribe un ensayo persuasivo haciendo referencia a las tres fuentes.

PRESENTACIÓN ORAL

Tema curricular: Las identidades personales y públicas.

Tema del ensayo: ¿Por qué crees que hablar de los estereotipos se hace casi siempre de forma negativa?

5 En tu presentación, compara tus observaciones de las comunidades en las que has vivido y en lo que has estudiado sobre la cultura hispana. Reflexiona también sobre los estereotipos que se usan para hablar de tu nacionalidad (y de otras) y cómo te sientes cuando se dice algo negativo.

6 Presenta tu discurso a la clase.

MÓNICA MOLINA
MÚSICA Y MODA

¿QUIÉN ES MÓNICA MOLINA?

1. Observa la imagen y elige la respuesta correcta.

a. Es una cantante y actriz española nacida en una familia de grandes artistas.

b. Es una modelo de alta costura nacida en una familia de actores españoles.

SU TRABAJO

2.  **22 Escucha la biografía de Mónica Molina y marca la respuesta adecuada. ¿Verdadero o falso?**

	V	F
a. Mónica habla en sus canciones del océano Atlántico.	☐	☐
b. Su familia está formada por grandes artistas españoles.	☐	☐
c. Fue modelo antes que cantante.	☐	☐
d. En su disco *Vuela* recuerda las canciones de su padre.	☐	☐

3. En esta personal entrevista, Mónica habla sobre sus gustos en la moda. Lee las preguntas y relaciónalas con las respuestas. Trabaja con tu compañero/a.

1. ¿Influye su trabajo en su forma de vestir?

2. ¿Cómo definiría su estilo?

3. ¿Le interesa la moda?

4. ¿Y qué considera que le sienta bien?

5. ¿Se le da demasiada importancia a la moda?

6. ¿Qué destacaría de su manera de vestir?

7. ¿Qué prenda no puede faltar en su armario?

8. ¿Cuáles son sus diseñadores favoritos?

9. ¿Posee alguna prenda a la que tenga un cariño especial?

10. ¿Y alguna prenda o accesorio que le dé suerte?

11. ¿Le cuesta mantener ordenado el armario?

12. ¿Qué opina del gusto de los españoles al vestir?

a. ◯ No, no creo en eso. Me hace mucha gracia que alguien se aferre a un objeto para sentirse seguro. Me alegro de no ser supersticiosa.

b. ① Sí, creo que tiene que haber cierta armonía entre lo que haces y la forma de vestir. Con la música que interpreto no tendría sentido ir con un top enseñando el ombligo. Lo que me gusta es que la ropa no destaque demasiado, que no sea más importante que mis canciones.

c. ◯ Tenía unos pantalones cortos de cuando era pequeñaja, unos de esos que se ponían en verano, de explorador. Pero estaban tan rotos que este verano en Ibiza mi madre me dijo: "O los tiras o no entras en casa". Y, claro, los tiré.

d. ◯ Romántico y clásico, pero sin esa cosa rancia que se asocia con esa palabra. Soy muy discreta y sencilla.

e. ◯ Me encanta Roberto Torreta. Es el diseñador del que más prendas tengo porque creo que representa mi estilo a la perfección y trabaja muy bien el cuero. De los diseñadores internacionales, me gustan Armani y Prada, pero se pasan demasiado con los precios.

f. ◯ Pantalones vaqueros y un par de botas.

g. ◯ Los vestidos me favorecen mucho. De pequeña los odiaba a muerte y ahora no me los quito de encima.

h. ◯ Que donde haya una prenda negra ahí estoy yo, aunque intento vestir con colores más atrevidos porque, de repente, me veo con más luz. De pequeña sí que tenía muchas manías. Me vestía solo de grises y azules marinos, y tenía una falda escocesa que me ponía casi todos los días. ¡Mi madre no sabía qué hacer conmigo!

i. ◯ La gente más pudiente es parecidísima vistiendo, con personalidad cero. Las pijas son todas iguales. Creo que la gente joven, la de clase media, es la más estilosa y divertida, la que es más capaz de innovar. El estilo es algo que se tiene o no se tiene, no se puede comprar.

j. ◯ Pienso que tiene importancia, pero también creo que la gente se ciega y, al final, van todos iguales.

k. ◯ Me gusta, pero no estoy a la última. No vivo para eso, aunque sé perfectamente lo que me sienta bien.

l. ◯ Sí, pero no porque sea desordenada, sino al contrario, soy bastante ordenada y en cuanto dejo un par de jerséis mal, ya me parece un desastre. Pero intento dejar bien las cosas.

COMPRAS

🛍 **La calle Fuencarral**, situada en pleno corazón de Madrid, se ha convertido en uno de los puntos de referencia para amantes de la moda joven y moderna. Es una de las zonas más visitadas de la ciudad, tanto por turistas como por locales. Hay grandes firmas, marcas clásicas, pero también pequeños comercios y nuevos diseñadores que luchan por su espacio frente a las multinacionales. Fuencarral no es solo moda, en sus alrededores hay también restaurantes de diseño, tiendas de cómics, galerías de arte, tiendas de tatuajes y de decoración. Con tan variada oferta, los amantes de las compras tienen en ella su plan ideal, que bien puede terminar en sus también numerosos y variados cafés y bares.

(Adaptado de *http://www.esmadrid.com/compras-madrid*)

4. Busca en Internet fotos, videos o más información sobre la calle Fuencarral.

MÚSICA

😊 A **Enrique Iglesias** la música le viene de familia. Su padre, Julio Iglesias, cosechó numerosos éxitos primero en España, y después, en Latinoamérica y en el resto del mundo. De él comentan que lo tuvo muy fácil, pues ya contaba con el apellido. Pero lo cierto es que Enrique Iglesias consiguió mantenerse en el mercado musical a lo largo de los años y sus discos siempre son sinónimo de éxito.

"Bailando" es solo una muestra. Un trabajo que no ha dejado de sonar desde que se publicó y que transmite la frescura y alegría de la música pop latina.

5. Busca y escucha en Internet la letra de "Bailando". ¿Te atreves a cambiar la letra por una canción que se titule "Comprando"? Utiliza el léxico que has aprendido en esta unidad.

1 🎧 **23** **¿Conoces a Antonio Machado? ¿Qué sabes de él? Escucha la conversación entre dos estudiantes de español y completa esta información.**

– Antonio Machado es uno de los (a) .... de la literatura española.

– Escribió versos que los españoles se (b) .... de memoria y se (c) ....

– A través de sus poemas luchó por la (d) .... y la (e) ....

– Fue un hombre que amó mucho su (f) ....

2 **Aquí tienes más datos sobre la biografía de Machado. Ordénalos cronológicamente. ¿Qué parte de su biografía te llama más la atención?**

a. ☐ El año de la muerte de su mujer publicó *Campos de Castilla*. En esta obra reflexiona sobre la decadencia de España y la esperanza de un futuro mejor.

b. ☐ Tras unos días de enfermedad, murió en Colliure, un pueblo francés cercano a la frontera, en 1939. En el bolsillo de su chaqueta se encontraron sus últimos versos. Su tumba es un símbolo de la causa republicana y un lugar de peregrinación para muchos españoles de izquierdas.

c. ☐ Durante la guerra civil española (1936-1939) apoyó al gobierno de la II República, frente a Franco, en varios artículos de prensa. Tuvo que cruzar la frontera de Francia en medio del éxodo de medio millón de exiliados.

d. ☐ Consiguió el puesto de profesor de francés en el instituto de Soria en 1907. En esta ciudad conoció a Leonor, con quien se casaría dos años después. Él tenía 34 años y ella solo 15.

e. ☐ Viajó con 24 años a París, donde vivía su hermano Manuel, también poeta. Allí conoció a Oscar Wilde, a Pío Baroja y a Rubén Darío, del que fue gran amigo toda su vida.

f. ☐1☐ Nació en Sevilla, en 1875, en el seno de una familia liberal, pero se trasladó con ocho años a Madrid, donde completó su formación en la célebre Institución Libre de Enseñanza.

g. ☐ La muerte de su esposa Leonor a los dos años de casarse, en 1912, hundió al poeta en una gran depresión. Pidió el traslado a Baeza, en Andalucía, y se dedicó a la enseñanza y a los estudios.

h. ☐ A su vuelta de Madrid entabló amistad con Juan Ramón Jiménez y, en 1903, publicó *Soledades*, su primer libro de poemas. Son poemas de tono simbolista sobre el paso del tiempo, la pérdida de la juventud, la muerte y los sueños.

3 Las siguientes palabras aparecen en un poema de Machado. Relaciónalas con su significado.

1. Huellas.
2. Senda.
3. Pisar.
4. Estelas.

a. Camino muy estrecho.
b. Rastro que deja en el mar un barco.
c. Poner el pie en algo.
d. Rastro que queda en la tierra al caminar.

4 🎧 24 **Lee y coloca las palabras de la actividad anterior. Después, escucha y comprueba.**

Campos de Castilla

Caminante, son tus (a) ....
el camino y nada más;
caminante, no hay camino,
se hace camino al andar.

5 Al andar se hace camino
y al volver la vista atrás
se ve la (b) .... que nunca
se ha de volver a (c) ....

10 Caminante no hay camino
sino (d) .... en la mar.

(*Campos de Castilla*, Antonio Machado)

5 Relaciona estas ideas con cada uno de los párrafos anteriores.

a. ☐ Machado intenta decir aquí que nuestra vida es algo que nosotros debemos construir y resolver, pero una vez que ya hicimos algo, no lo podemos cambiar y nos tenemos que atener a las consecuencias, nos guste o no.

b. ☐ En estos versos el autor intenta decir que uno puede intentar seguir el camino de otro, pero nunca va poder copiarlo. Las huellas que deja un barco representan el camino que nunca se ha de poder seguir.

c. ☐ Se refiere a que la vida no está escrita, que la vida es un sendero sin recorrer, el cual nosotros debemos caminar, descubrir y crear. Serán nuestras decisiones las que determinen el rumbo que este camino tomará.

6 Ahora que ya conoces el significado de cada párrafo, ¿cuál de estas reflexiones sobre el poema te parece más lógica?

a. ☐ El camino es nuestra vida y nosotros somos los caminantes que debemos construirla con nuestros pasos.

b. ☐ El caminante está cansado y no quiere mirar atrás porque no le gusta lo que ha visto.

7 ¿Cómo crees que será tu viaje/camino en la vida? ¿Qué cosas verás? Crea ahora un poema.

El camino...

¿QUÉ HE APRENDIDO?

1 **Busca la palabra que no pertenece a este grupo**

diseñador ○ desfile ○ marca ○ desplazamiento ○ clásico

2 **Explica a tu compañero/a el significado de la palabra intrusa.**

....

3 **Completa las frases.**

a. No conozco a nadie que… ....

b. ¿Sabes si hay algún/a…? ....

c. Busco un viaje que… ....

d. En mi armario no hay ningún… ....

4 **Imagina que vas de vacaciones a México. Escribe brevemente qué tipo de alojamiento buscas, dónde quieres ir y qué cosas quieres hacer.**

....

....

5 **Escribe junto a estas palabras el sentimiento positivo o negativo que te produce y el grado de intensidad.**

a. Los exámenes. ➡ ....

b. Los parques de atracciones. ➡ ....

c. La moda. ➡ ....

d. Las vacaciones. ➡ ....

e. Visitar museos. ➡ ....

f. Los días sin sol. ➡ ....

6 **Describe esta imagen y opina sobre su estilo.**

MORE IN ELETECA: EXTRA ONLINE PRACTICE

	Sí	No
1. …expresar e intensificar gustos y aversiones.	☐	☐
2. …expresar sentimientos en indicativo y en subjuntivo.	☐	☐
3. …hablar de la existencia de algo conocido y no conocido.	☐	☐
4. …usar vocabulario relacionado con la moda y las vacaciones.	☐	☐

De vacaciones

el agobio *strain, burden*
el alojamiento *lodging, accomodation*
la casa rural *country house, cottage*
la comodidad *convenience*
el desplazamiento *trip, journey*
el destino *destination*
la escalada *climb*
el gasto *expense*
el huésped *guest, lodger*
la jornada *day trip*
el montañismo *mountain climbing*
el paisaje *scenery, landscape*

el parque de atracciones *amusement park*
la pesca *fishing*
la prisa *rush, hurry*
el senderismo *hiking*
la sierra *mountain range*

Verbos

ahorrar *to save*
dar envidia *to envy*
dar miedo *to fear*
dar pena *to feel shame, sadness*
dar vergüenza *to be embarrassed*
desconectar *to disconnect*
exagerar *to exagerate*
fastidiar *to irritate, annoy*

fijarse en *to pay attention to*
hacer feliz *to make happy*
irritar *to irritate*
molestar *to bother, annoy*
odiar *to hate*
perderse *to lose oneself*
soportar *to put up with*
sorprender *to surprise*

Conectores del discurso

además *besides, in addition*
encima *not only that*
es más *furthermore*
hasta *even*
igualmente *equally, by the same token*
incluso *even, including*
más aún *even more*

La moda

el adelanto *advance*
el aparador *store window*
la calidad *quality*
el corbatín *bow tie*

el desfile *fashion show, parade*
desfilar *to parade, walk in file*
el/la diseñador/a *designer*
el escote *neckline*
la etiqueta *label, tag*
la firma *business*
la gorra *cap*
las joyas *jewelry*

la marca *brand*
la mascota *pet*

la prenda *article of clothing*
la temporada *season*

Descripciones

acogedor/a *cozy*
amplio/a *spacious*
amueblado/a *furnished*
clásico/a *classic*
combinado/a *matched (as in goes together)*
deslavado/a *faded, washed out*
estampado/a *print*

estresado/a *stressed*
luminoso/a *bright (with light)*
pintoresco/a *colorful, picturesque*
pleno/a *in the middle of*

Palabras y expresiones

algo *something, anything*
alguien *someone, anyone*
algún (+ nombre masc. sing.) *some, any*
alguno/a/os/as *some, any*
nada *nothing, not anything*
nadie *no one, not anyone*
ningún (+ nombre masc. sing.) *none, not one*
ninguno/a/os/as *none, not one*

UNIDAD 4

POR UN FUTURO

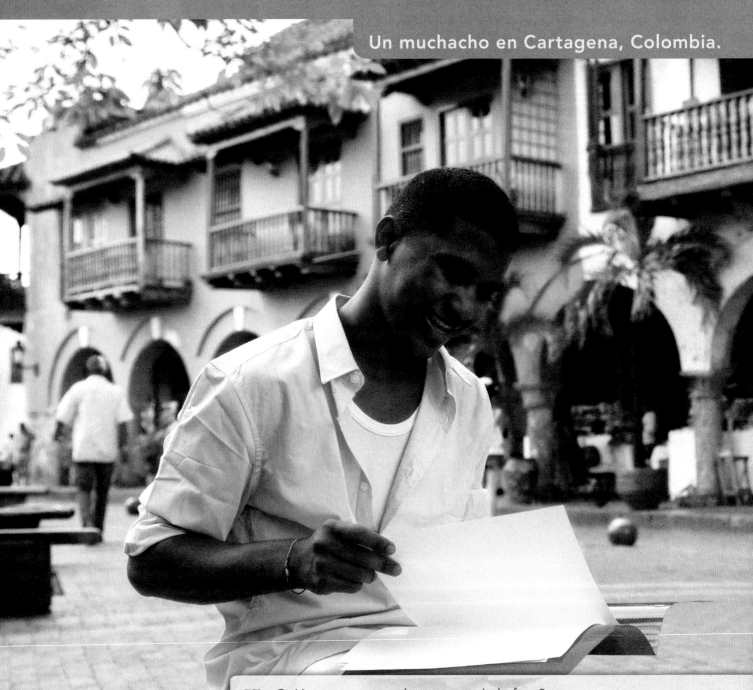

Un muchacho en Cartagena, Colombia.

≫ ¿Quién crees que es la persona de la foto?

≫ ¿Por qué crees que está contento?

≫ ¿Para qué crees que se está preparando?

≫ ¿Cómo te sentirías tú en esa situación?

In this unit, you will learn to:

- Talk about professional profiles and career opportunities
- Express the cause and purpose of actions
- Talk about events that have already occurred or usually occur
- Describe events that are factual or unknown

Using

- *Por* and *para*
- Subjunctive and indicative after *cuando*
- Subjunctive and indicative after other conjunctions of time

APRENDE HACIENDO

- Contemporary Life: Education and Careers
- Beauty and Aesthetics: Visual and Performing Arts

UN POCO DE LITERATURA

- *Lituma en los Andes*, de Mario Vargas Llosa

SABOR HISPANO

- Mujeres trabajadoras y latinas

SESIÓN DE CINE

HABANA BLUES

→UNA PELÍCULA de Benito ZAMBRANO.

VIVIR es ELEGIR.

1 Miren atentamente la imagen. ¿Dónde están las personas que aparecen en ella? Justifiquen su respuesta.

2 Escucha y lee las siguientes entrevistas a Miguel y a Ana, dos jóvenes asistentes a la conferencia anterior.

Entrevista 1

Reportera: Buenas tardes, nos encontramos en la salida de una interesante conferencia a la que han asistido numerosas personas. Hay aquí estudiantes que vinieron **para** conocer cuáles serán las perspectivas cuando se gradúen, y profesionales que vinieron **a** analizar el panorama laboral. Aquí tenemos a un joven asistente. Soy Marta Lagos, de Canal 13. ¿Podrías hablarnos un poco de ti y de por qué has asistido a esta conferencia?

Miguel: Sí, por supuesto. Me llamo Miguel Carrasco y tengo 25 años. Hace ya tres años que terminé la carrera de Ciencias Químicas. He venido **a** ver si hay algún curso con el que mejorar mi perfil profesional **para** conseguir un trabajo cuando salga alguna oferta.

Reportera: ¿Y lo hay?

Miguel: Sí, la verdad es que sí. Yo estudié Químicas **por** vocación, porque a mí siempre me habían atraído las ciencias. Mi sueño es ser un gran científico y cuando trabaje en un laboratorio poder hacer algún descubrimiento importante. La información de esta conferencia ha sido muy útil, porque me ha convencido de la necesidad de complementar mi formación con cursos especializados y aprender idiomas. He venido a buscar información y la he conseguido.

Reportera: Vaya, pues sí que te vemos contento **por** haber venido. Muchas gracias y buena suerte.

Miguel: Gracias a ustedes.

Entrevista 2

Reportera: Aquí tenemos a otra joven asistente. Por favor, ¿unas palabras **para** el Canal 13? ¿Podrías hablarnos un poco de ti y de por qué has asistido a esta conferencia?

Ana: Bueno, me llamo Ana Jiménez y tengo 23 años. Este año he terminado mis estudios de Bellas Artes y **por** tener más información, quería conocer nuevos cursos **para** complementar mi formación y tener así mejores perspectivas de trabajo.

Reportera: ¿Y qué te ha parecido la conferencia?

Ana: Pues me ha parecido muy interesante. La verdad es que yo he salido muy contenta, porque nos han explicado, con datos muy claros, qué es lo que pide realmente el mercado laboral en cuanto a formación y qué hacer **para** estar al día. Cuando organicen otra también vendré, porque aportan muchas ideas nuevas.

Reportera: Muchas gracias, Ana, **por** darnos tu opinión. Y a ustedes también muchas gracias.

3 **Completa la información del cuadro.**

	Estudios realizados	Motivo por el que asiste	Resultados de su experiencia
Miguel			

Ana

4 **Contesta las preguntas sobre la conferencia y fíjate en los usos de *por, para* y *a*. Comprueba tus respuestas con tu compañero/a.**

a. ¿Para qué medio de comunicación trabaja la reportera?

b. ¿Para qué vinieron muchos estudiantes a la conferencia?

c. ¿A qué vinieron muchos profesionales?

d. ¿Por qué estudió Miguel Ciencias Químicas?

e. ¿Por qué le da las gracias la reportera a Ana?

¡AHORA TÚ!

5 **Escribe un diálogo similar siguiendo las instrucciones. Después, represéntalo con tu compañero/a.**

1. Saluda y pregunta al entrevistado/a si puedes hacerle unas preguntas.

2. Contesta al saludo y acepta responder.

3. Pregunta por la asistencia a la conferencia.

4. Responde que estás buscando trabajo.

5. Pregunta si consiguió su objetivo.

6. Responde que sí, porque explicaron lo que pide el mercado laboral.

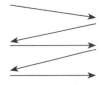

COMUNICA

EXPRESSING PURPOSE

- Para **expresar la finalidad** o el propósito de una acción, se usa:

  - *Para* + infinitivo, cuando el sujeto de las dos oraciones es el mismo:

    (Yo) Hago este curso para (yo) mejorar mi currículum.

  - *Para que* + subjuntivo, cuando los sujetos son diferentes:

    (Yo) Vengo a la reunión para que el director de Recursos Humanos (él) me oriente sobre el trabajo.

  - *A fin de* (*que*), *con el fin de* (*que*) tienen los mismos usos que la preposición *para*, pero se utiliza en contextos formales:

    La compañía ha solicitado una reunión a fin de/con el fin de hacer reestructuraciones.

  - *A* (*que*) se usa cuando está precedido de un verbo de movimiento (*ir, venir, entrar, salir, subir…*):

    Subió a ver al director del Departamento Financiero (+ infinitivo, cuando el sujeto de las dos oraciones es el mismo).

    He venido a que me paguen la nómina de este mes (+ subjuntivo, cuando los sujetos son diferentes).

  - *Por* + infinitivo, puede expresar finalidad:

    Juan lo hizo por quedar bien con el jefe.

---

1 Lee la siguiente información y construye oraciones que expresen finalidad.

Modelo: Mi madre ha empezado a ir a la universidad. Quiere encontrar un trabajo mejor.
          Mi madre ha empezado a ir a la universidad para encontrar un trabajo mejor.

a. Viví en Bogotá. Quería aprender español. ....

b. Están ahorrando. Desean comprarse una casa. ....

c. Voy a diferentes conferencias. Tengo muchas ganas de aprender cosas nuevas. ....

....

d. La reunión se organizó ayer. El objetivo era decidir la reestructuración del Departamento de Recursos

Humanos. ....

2 La directora de una empresa está entrevistando a tres personas para un puesto. Selecciona el perfil más adecuado y justifica tu elección usando expresiones de finalidad. Coméntalo en grupos pequeños. ¿Coinciden todos?

Vamos a tener una fusión de empresas y habrá muchas transformaciones. Necesito a una persona dinámica, intuitiva, discreta, honesta, curiosa y eficaz en el trabajo. Tiene que ser muy puntual y no tener absentismo laboral.
Quiero a alguien productivo, que quiera evolucionar y que esté motivado.

Soy una persona muy dinámica y activa, pero no me gustan mucho los cambios. En algunas ocasiones llego tarde, pero siempre cumplo con mi trabajo.

1. Antonio Pereyra

En la otra empresa en la que estuve no falté nunca a trabajar. Me encantan los retos (*challenges*). Soy muy productiva y me encanta esta empresa, porque creo que puedo evolucionar. Es la razón por la que estoy muy motivada para trabajar aquí.

2. Verónica Molina

Estoy encantada de tener esta entrevista. Creo que puedo estar muy bien en un departamento en el que pueda estar en mi escritorio con mis papeles y si necesita en algún momento alguna información confidencial sobre mis compañeros, no dudaré en contársela.

3. Luisa Ojeda

3 Observa las siguientes imágenes. ¿Qué sentimientos te sugieren? Construye frases usando el conector causal *por*. ¿Qué imagen es la que representa mejor cómo te sientes cuando piensas en la carrera que quieres seguir? Coméntalo con tu compañero/a.

■ Para **expresar la causa o el motivo de una acción**, se usa la preposición ***por***:

Me acosté tarde por ir al concierto.   *Por culpa del proveedor, los materiales no llegaron a tiempo.*

  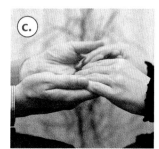 

4 Realiza el siguiente cuestionario a tu compañero/a.

■ ¿Qué crees que vas a estudiar o ser en el futuro?

■ ¿Por qué elegiste ese ámbito y para qué?

■ ¿Qué cualidades hay que tener para realizar su profesión con éxito?

COMUNICA

REFUTING THE CAUSE OF AN INCIDENT OR SITUATION

■ Cuando queremos negar algo **para dar una opinión nueva o explicar algo** con más detalle, se usa:

- Hecho o situación + **no es que** + subjuntivo, **sino que** + indicativo

  ≫¿No crees que Sonia es demasiado exigente en su trabajo?

  ≫ No. Sonia no es que sea exigente, sino que es perfeccionista.

■ Cuando queremos negar algo **para indicar que la verdadera causa es otra**, se usa:

- Hecho o situación + **no porque** + subjuntivo, **sino porque** + indicativo

  ≫¿Qué te parece si tomamos un café dentro de unos minutos?

  ≫ No, gracias. No porque no quiera, sino porque tengo que trabajar.

5 👥 🎧 ²⁶ **Escucha la conversación y decide si estas frases son verdaderas (V) o falsas (F).**

	V	F
a. El muchacho cree que su trabajo es difícil.	☐	☐
b. La muchacha quiere ayudarle pero no puede.	☐	☐
c. Ellos piensan que su jefe es muy estricto.	☐	☐
d. En la empresa hay mucho trabajo.	☐	☐
e. El muchacho no tiene relación directa con el jefe.	☐	☐
f. La muchacha le da un consejo de amiga.	☐	☐

6 👥 **Relaciona las expresiones del recuadro con la terminación más apropiada para conseguir frases con sentido. Después, completa con la forma del verbo adecuada. Trabaja con tu compañero/a.**

> **1.** Estoy cansada,…   **3.** Salgo solo los fines de semana,…
>
> **2.** Como poco,…   **4.** Nunca voy de vacaciones al extranjero,…

a. ☐ pero no porque no .... (querer) entre semana, sino porque no .... (tener) tiempo libre.

b. ☐ no es que no .... (tener) ganas, que tengo muchas, sino que no .... (tener) dinero suficiente.

c. ☐ no es que no me .... (gustar) comer, sino que .... (tener) poco apetito.

d. ☐ no porque .... (trabajar) mucho, sino porque .... (estar) enferma.

7  Lee la siguiente conversación entre unos jóvenes que hablan sobre las dificultades de aprender una lengua y complétala con las negaciones y explicaciones lógicas. Trabaja con tu compañero/a y representen la conversación en grupos pequeños. ¿Coinciden en sus respuestas?

Amelia: ¡Madre mía! Acabo de empezar a estudiar inglés y me parece muy difícil.

Antonio: Yo estudié inglés en la escuela y no es que sea difícil, sino que (**a**) ....

Eduardo: Sí, es verdad. A veces pensamos que es imposible estudiar un idioma pero, en realidad, no es porque (**b**) ...., sino porque nos estresamos con algunas dificultades.

Amelia: ¿Estudian algún otro idioma aparte del inglés?

Antonio: Pues no, la verdad.

Eduardo: ¿No te apetece?

Antonio: No es porque no me apetezca, sino que (**c**) .... ¿Y qué piensan que es lo más difícil de aprender un idioma?

Amelia: La gramática, sin duda.

Eduardo: Bueno, depende. Yo creo que la gramática no es que sea difícil, sino que (**d**) ....

Amelia: Para mí el vocabulario es lo más fácil, tengo muy buena memoria.

Antonio: Bueno, pero eso no es suficiente. No porque (**e**) .... vas a aprender a usarlas correctamente, también tienes que conocer el contexto en que se usan, por ejemplo.

Amelia: Bueno, lo que está claro es que cada uno tiene su propia experiencia.

8  Tu compañero/a te va a hacer algunas proposiciones. Recházalas justificándote.

Modelo: **E1:** ¿Por qué no vienes con nosotros a Buenos Aires?
 E2: No, gracias. No porque no pueda, sino porque ya estuve el verano pasado.

Alumno A	Alumno B
1. ¿Por qué no te inscribes en una escuela privada?	1. ¿Por qué no haces un curso de computación?
2. Anda, ayúdame a resolver este problema de matemáticas.	2. Yo que tú pediría un aumento de sueldo.
3. ¿Y si vas a la biblioteca a estudiar?	3. ¿Qué tal si hablamos con la directora de Recursos Humanos?
4. Yo que tú enviaría el currículum vítae a esa multinacional.	4. ¿Me ayudas a traducir este párrafo?
5. ¿Por qué no pones un negocio de plomería? Seguro que ganas una fortuna.	5. ¿Vamos a hacer puente este año en diciembre?

01:16:37 - 01:20:50

Título: Habana Blues.

Año: 2005.

País: Cuba y España.

Género: Drama.

Director: Benito Zambrano.

Intérpretes:
Alberto Yoel,
Roberto San Martín,
Tomás Cao,
Marta Calvo,
Roger Pera,
Yailene Sierra.

Premios: Dos Premios Goya (2005) al mejor montaje y mejor banda sonora.

SINOPSIS

Ruy y Tito, amigos de infancia, son dos jóvenes músicos cubanos que luchan diariamente para sobrevivir. Para poder comer se tienen que buscar la vida en lo que sale, graban maquetas para darse a conocer y trabajan en la organización de un primer concierto. A pesar de los innumerables obstáculos, la ilusión y el humor mantienen viva la esperanza de convertirse en estrellas de la música. Tito vive con su abuela, una gran dama de la música, tan elegante como única. Ruy está casado con Caridad y aunque tienen dos hijos y todavía se aman, la vida inestable de Ruy, tanto económica como personalmente, los tiene al filo (*edge*) de una ruptura anunciada. Un buen día, una pareja de productores españoles, que ha descubierto el talento de Ruy y Tito, les proponen una oferta internacional. De pronto, los dos músicos se verán inmersos en un serio dilema. ¿Estarán dispuestos a dejar sus profundas relaciones atrás para abrazar su sueño?

⚠ ¿SABÍAS QUE...?

- La mayor parte del reparto son actores cubanos desconocidos.
- La mayoría de los temas son las canciones de los mismos grupos que participan en el film.
- Es una película muy humana, que habla del amor, la amistad, la lucha para lograr cualquier cosa, por conquistar tus sueños.
- La película no olvida uno de los temas más terribles que sufre la sociedad cubana: la huida de cubanos a tierras "más prósperas".

ANTES DE VER LA SECUENCIA

1 👥 La película *Habana Blues* se desarrolla en Cuba. ¿Qué sabes de este país? ¿Cómo es su gente? ¿Cómo es la economía en este país? Habla con tus compañeros.

2 Una productora española ha viajado a Cuba en busca de nuevos talentos y ha ofrecido a los músicos un trabajo que parece no ser muy bueno. Define con tus palabras lo que es un *contrato basura*.

3 A continuación tienes el testimonio de diferentes personas que tienen este tipo de contrato. Lee los testimonios y decide qué persona podría decir las frases.

● ○ ○   FORO: CONTRATACIÓN Y EMPLEO

#Ignacio, 36 años. Licenciado en Biología
Para cubrir gastos hay que trabajar en lo que salga. Me da igual el lugar en el que trabajar: no tengo problema en moverme y en hacer lo que sea. He trabajado de mesero, de guardia de seguridad, en una granja, de modelo… Todo *en negro* y con contratos basura.

#Marina, 48 años. Licenciada en Bellas Artes y especializada en maquillaje de efectos especiales
Intercalo empleos de mesera, cuidadora de niños y dependienta con trabajos ocasionales en mi campo, muchas veces sin cobrar.

#Raúl, 37 años. Licenciado en Historia del Arte
He trabajado con contratos temporales de teleoperador, recepcionista de hotel o dependiente de tienda.

#Lucía, 38 años. Formación profesional en artes gráficas
He recurrido al autoempleo: vendo panes y postres caseros y ecológicos a pequeñas colectividades.

(Adaptado de *http://www.rtve.es/noticias/20141023.html*)

	Ignacio	Marina	Raúl	Lucía
a. Yo alguna vez he trabajado en mi profesión sin cobrar.	○	○	○	○
b. Como no tengo ningún trabajo, hago diferentes cosas en casa y luego las vendo.	○	○	○	○
c. A veces he trabajado sin contrato y me han pagado.	○	○	○	○
d. Tengo que hacer cualquier cosa para pagar las cantidades de dinero que debo mensualmente.	○	○	○	○
e. Yo he trabajado vendiendo cosas por teléfono.	○	○	○	○

4 🔲▶️ **Contesta verdadero (V) o falso (F) a las siguientes afirmaciones mientras ves la secuencia.**
00:09 - 01:13

	V	F
a. El contrato durará más de tres años.	☐	☐
b. Si los músicos deciden dar un concierto, deben tener la aprobación de la productora.	☐	☐
c. La productora comprará una casa para cada uno de los miembros del grupo musical.	☐	☐
d. El primer año cobrarán un porcentaje de los beneficios de cada concierto.	☐	☐
e. El beneficio por cada concierto subirá durante los siguientes años.	☐	☐
f. Cobrarán por derechos de autor desde el primer año.	☐	☐

5 🔲▶️ **Durante la reunión con la productora se producen argumentos a favor y en contra de firmar el contrato. Clasifica las siguientes frases escribiendo si son a favor o en contra.**
01:14 - 03:56

	A favor	En contra
Modelo: Nadie se llena los bolsillos con mi trabajo.	☐	☑
a. El que no quiera que lo exploten que no firme.	☐	☐
b. Ni tan siquiera podemos negociar los derechos editoriales.	☐	☐
c. Lo importante es fijarse en las posibilidades que abre el contrato.	☐	☐
d. Se están aprovechando de nosotros.	☐	☐
e. Para mí, es una oportunidad que no puedo rechazar.	☐	☐
f. Aceptaría ese contrato aunque no me pagaran.	☐	☐
g. Es mejor que no tener nada.	☐	☐
h. ¿Quieren que trabajemos para ustedes por una miseria?	☐	☐

6 Completa el contrato que tendrán que firmar con las palabras del recuadro.

> manutención ○ dieta ○ 60% ○ Habana Blues Band ○ exclusividad ○ un disco
> grabación y marketing ○ rendimiento ○ tres años ○ 25%

> **Primero.–** El presente contrato tiene por objeto la realización de la actuación del grupo musical **(a)** .... durante el término de **(b)** ....
> **Segundo.–** La productora musical tendrá la **(c)** .... de absolutamente todas las actuaciones y desarrollo profesional de los músicos y cantantes del grupo Habana Blues Band.
> **Tercero.–** La productora musical se hará cargo de la **(d)** .... básica de los artistas durante los primeros seis meses del contrato que consiste en alojamiento y una **(e)** .... para gastos.
> **Cuarto.–** El grupo musical Habana Blues Band cobrará un porcentaje del beneficio de los conciertos del **(f)** .... el primer año, e irá subiendo cada año hasta llegar al **(g)** ....
> **Quinto.–** El grupo musical no cobrará derechos de autor *(royalties)*, y los beneficios íntegros de esta modalidad irán a la productora musical hasta tanto no estén cubiertos los gastos de **(h)** ....
> **Sexto.–** La productora garantiza **(i)** .... al año para el grupo y uno individual dependiendo del **(j)** .... de cada uno en la compañía.

7 Con tu compañero/a, contesten a las siguientes preguntas.

a. ¿Cuáles son las razones que crees que llevan a los protagonistas a salir de Cuba?
b. ¿Crees que aceptarías un contrato basura?
c. ¿Es necesario aceptar cualquier tipo de trabajo para lograr conseguir tus objetivos?

8 Imaginen que son los músicos y se reúnen para discutir las condiciones del contrato. Dividan la clase en dos grupos y argumenten posiciones a favor y en contra, tratando de convencer al otro grupo.

1 Clasifica las siguientes palabras en la columna que corresponda.

> geografía ○ guitarrista ○ cartelera ○ contaminación ○ experimento ○ química ○ poesía ○ músico ○ rodaje ○ medioambiente ○ físico ○ literatura ○ filósofo ○ matemáticas ○ flora ○ historiador ○ actor ○ laboratorio ○ canción ○ novela ○ película ○ concierto ○ director de cine ○ naturaleza

 Letras   **Música**   **Cine**   Ciencias **ambientales**   Ciencias en **general**

2 Con tu compañero/a, clasifiquen las palabras anteriores según se refieran a disciplinas o a personas.

Disciplinas	Personas

3 ¿Qué características deben tener las personas que se dedican a estas profesiones? Pueden buscar información y consultar el diccionario.

Modelo: Un músico debe conocer todas las técnicas de su instrumento, saber improvisar y tener un buen oído.

4 Todas las palabras que aparecen a continuación tienen relación con el mundo profesional. Relaciónalas con su definición correspondiente.

1. Comité de empresa. ... ☐
2. Nómina. .... ☐
3. Departamento financiero. .... ☐
4. Contrato. .... ☐
5. Departamento de Recursos Humanos. ... ☐
6. Coordinador. .... ☐
7. Plantilla. .... ☐

a. Sector de la empresa que se ocupa de la administración general de los recursos de la empresa.

b. Sector de la empresa que se ocupa de la gestión y organización del personal.

c. Persona dentro de una empresa que se ocupa de planificar y organizar determinadas tareas.

d. Conjunto de trabajadores de una empresa.

e. Acuerdo legal que se establece entre empleador y empleado.

f. Cantidad de dinero que recibe regularmente una persona por el trabajo realizado en una empresa.

g. Grupo de representantes sindicales (*union*) de los trabajadores dentro de una empresa.

5 Ahora, agrupa las palabras anteriores en la categoría más adecuada. Trabaja con tu compañero/a.

Sectores de la empresa	Empleados	Documentos legales	Representantes sindicales

6 Sustituye las palabras destacadas en las siguientes frases por sus sinónimos.

> graduación ○ comité de empresa ○ sueldos ○ compañía ○ plantilla ○ horas extras

a. Me han llamado para trabajar en una **empresa** de telefonía celular. ....

b. Si trabajo más tiempo del que está en mi contrato, me pagan **horas adicionales**. ....

c. El grupo de **representantes sindicales** está intentando una subida de salario. ....

d. Para trabajar en ese puesto te exigen una **carrera universitaria** en Comunicación Social. ....

e. En nuestra empresa pagan muy buenos **salarios**. ....

f. La empresa quiere recortar **personal** en algunos departamentos para reducir gastos. ....

7 👥 🎧 27 Una persona del comité de empresa habla con un trabajador para obtener información. Completa las respuestas. Después, escucha la entrevista y comprueba.

1. ¿En qué departamento trabajas?

En el de...
a. ☐ Currículums.
b. ☐ Recursos Humanos.
c. ☐ Nóminas.

2. ¿Y qué carrera tienes?

Soy graduado en...
a. ☐ Administración de Empresas.
b. ☐ Medioambiente.
c. ☐ Leyes.

3. ¿Quién es el responsable de tu departamento?

Es el...
a. ☐ vigilante de seguridad.
b. ☐ director de horas extras.
c. ☐ director de Recursos Humanos.

4. ¿Tienes un buen salario?

No voy a hacer comentarios sobre mi...
a. ☐ currículum.
b. ☐ plantilla.
c. ☐ sueldo.

5. ¿Cuántas horas trabajas a la semana?

40 horas y los sábados hago...
a. ☐ salario.
b. ☐ horas extras.
c. ☐ contrato.

6. ¿Cuántos trabajadores son en plantilla?

Quince trabajadores. Bueno, dieciséis si incluimos al..., que cuida la empresa por la noche.
a. ☐ vigilante de seguridad.
b. ☐ director.
c. ☐ secretario.

8 👥 **Lean atentamente esta carta y digan de qué tipo es, según su contenido.**

Susanna Riolocci   Dr. D. Salustiano Maruenda
Paseo Luis Cortés, 12   Instituto Mexicano de Investigaciones Cinematográficas y
37008 Salamanca   Humanísticas
Correo electrónico: susan@lmail.es   Aldama, 180
                                          Col. Centro
                                          Morelia, Michoacán, México

Salamanca, 21 de mayo

Estimado Sr. Don Salustiano Maruenda:

1   Me dirijo a usted con el objeto de **solicitar** una plaza en el Máster Profesional de Dirección
Cinematográfica que usted dirige, tras la **finalización** de mis estudios de Cinematografía y Artes
Audiovisuales en la Universidad Pontificia de Salamanca, pues deseo **ampliar** mi formación.

2   Respecto a mis estudios, he obtenido una **calificación** media de notable a lo largo de los cuatro
cursos de la carrera. He de **destacar**, entre mis logros, el premio al Mejor Corto Documental que conseguí
el pasado año en el concurso de cortos de mi facultad.

3   Mi objetivo con respecto a este máster es **profundizar** en los aspectos artísticos y técnicos de
la dirección cinematográfica y **formarme** en la dirección de obras audiovisuales, así como conocer el
método y técnica de los procesos de preparación, rodaje y posproducción que llevan a cabo tanto los
propios directores como el resto de miembros del equipo de dirección.

4   Usted es todo un referente en este campo y, por eso, he decidido solicitar la plaza en este máster
que usted dirige. A pesar de que todavía mi experiencia en dirección es
muy corta, sé que este máster me puede **aportar** los conocimientos y la
técnica necesarios para **iniciar** mi carrera profesional.

5   Por último, deseo comunicarle que estoy a su entera disposición
para una entrevista personal, si usted lo considera oportuno.

6 Agradeciendo de antemano su atención, y en espera de su respuesta,
atentamente,

Susanna Riolocci

a. ☐ Es una carta de reclamación.   **d.** ☐ Es una carta de presentación.

b. ☐ Es una carta de motivación.   **e.** ☐ Es una carta de agradecimiento.

c. ☐ Es un currículum vítae.   **f.** ☐ Es una carta de disculpa.

9 **Busca en el texto anterior la palabra destacada para estos sinónimos.**

a. Acrecentar. ➡ ....   **d.** Educarme. ➡ ....   **g.** Proporcionar. ➡ ....

b. Ahondar. ➡ ....   **e.** Nota. ➡ ....   **h.** Recalcar. ➡ ....

c. Comenzar. ➡ ....   **f.** Pedir. ➡ ....   **i.** Terminación. ➡ ....

10 🗣 **Ahora, lean la información y comprueben la respuesta de la actividad 8.**

Los tipos de cartas que pueden acompañar al currículum vítae son:

- **La carta de presentación** acompaña al currículum vítae para solicitar un puesto de trabajo específico. Se centra en mostrar la cualificación de quien la escribe y su potencial de contribución a la empresa. Su objetivo es atraer la atención de la persona que la lee para que, con esta primera impresión, piense que el currículum que acompaña la carta es el más adecuado para cubrir el puesto de trabajo que se ofrece.

- **La carta de motivación** suele enviarse con el currículum vítae como consulta sobre posibilidades de empleo, prácticas profesionales, plazas de máster o becas de estudio. Se centra en resaltar el interés que tiene la persona que la escribe por realizar esa práctica profesional o ese curso, y en los beneficios que tal experiencia le producirá en cuanto a formación o ideas para futuros proyectos. Su objetivo es despertar el interés del receptor *(recipient)* por nuestras aspiraciones.

11 🗣 **Lean las siguientes situaciones y decidan qué tipo de carta requeriría cada una de ellas.**

a. Has leído una oferta de empleo en el periódico *El País* para profesores de lenguas extranjeras y decides contestar, puesto que esta es tu profesión.

b. En un tablón de la facultad has visto información sobre un curso de especialización en fotografía digital, con plazas limitadas, y te gustaría hacerlo.

c. Has terminado tus estudios y necesitas experiencia. Escribes a una empresa conocida del sector para obtenerla.

d. Deseas cambiar de trabajo porque quieres mejorar tus condiciones y ganar prestigio, así que te diriges a una empresa de mayor proyección internacional para conseguirlo.

12 **Subraya las palabras clave de cada párrafo de la carta de la actividad 8 y resúmelo en una frase con tus propias palabras. Fíjate en el ejemplo.**

Párrafo	Resumen
1	Susana escribe a don Salustiano Maruenda para solicitar una plaza en su máster sobre Dirección Cinematográfica para ampliar sus estudios.
2	
3	
4	
5	
6	

13  Vuelve de nuevo a la carta de la actividad 8. Busca las siguientes frases e intenta deducir su significado por el contexto. ¿Qué palabras se podrían poner en lugar de las que aparecen en negrita? Trabaja con tu compañero/a.

a. Entre mis **logros**. ➡ ....

b. Deseo ampliar mi **formación**. ➡ ....

c. Usted es todo un **referente** en este campo. ➡ ....

d. **Aportarme**. ➡ ....

e. **Iniciar** mi carrera profesional. ➡ ....

f. Que **llevan a cabo**. ➡ ....

g. Agradeciendo **de antemano**. ➡ ....

h. Estoy a su **entera** disposición. ➡ ....

14 Aquí tienes algunos cursos de posgrado que ofrecen en diferentes universidades. Elige uno de ellos, piensa en los requisitos que debes cumplir para acceder y escribe una carta de motivación solicitando el curso.

TÉCNICAS DE EDICIÓN DIGITAL

El curso capacita para conocer y poner en funcionamiento todo el proceso de creación y producción de libros, tanto en papel como en formato EPUB, pensados de acuerdo con los estándares de la edición digital, que respondan a las necesidades de todo tipo de lectores. Desarrolla la capacidad de asociar conocimientos de las diferentes parcelas de la cadena del libro, y a hacerlo en contextos colaborativos y flexibles.

DIRECCIÓN Y GESTIÓN DE CALIDAD

Este programa capacita para realizar auditorías y aplicar técnicas de calidad, tanto básicas como avanzadas. A partir de un enfoque basado en la mejora continua, se provee a los alumnos de todos los elementos necesarios para la implantación de sistemas integrados de gestión, calidad, medioambiente y prevención de riesgos laborales, y se forma para realizar una evaluación individual de la empresa u organización.

MÁSTER UNIVERSITARIO DE NUTRICIÓN Y SALUD

Este máster proporciona una formación integral en diferentes aspectos del ámbito de la alimentación y de la nutrición, y abarca cuestiones bioquímicas, fisiológicas, dietéticas y tecnológicas, orientado hacia una especialización profesional en el ámbito sanitario o de la salud pública mediante el uso de la nutrición como herramienta terapéutica para el tratamiento de la enfermedad, o como herramienta preventiva para el mantenimiento de la salud.

COMMUNITY MANAGER

El curso ofrece la posibilidad de profundizar, desde una dimensión teórico-práctica, en las redes sociales. Por un lado, permite conocer las bases de entornos *online* colaborativos y sociales para entender las dinámicas participativas que en ellos se desarrollan. Por otro, permite adquirir habilidades para el diseño y planificación eficaz de acciones comunicativas en *social media* y, de manera específica, para la gestión y mejora de las comunidades virtuales.

(Adaptado de *estudios.uoc.edu/es/masters-posgrados-especializaciones/*)

 MORE IN ELETECA: EXTRA ONLINE PRACTICE

GRAMÁTICA

1. *POR* AND *PARA*

- You have already learned that **por** and **para** can both mean for. Remember that **para** is used to express purpose or the objective of an action while **por** expresses cause or motive.

  Contrataron al candidato por tener un buen expediente. (cause, motive)

  Contrataron al candidato para tener un equipo más joven y dinámico. (purpose, objective)

- The following formula may help you determine when to use **por** instead of **para**:

  If you can replace *for* with *out of* or *because of* ➡ use **por**

  *Hago ese tipo de trabajo **por** el dinero. I do that type of work for (because of) the money.*

  *Trabajo los fines de semana **por** necesidad. I work on the weekends out of necessity.*

POR	PARA
Causa	**Finalidad**
*Le despidieron del trabajo **por** su falta de puntualidad.*	*¿**Para** qué carrera te estás preparando?*
(a)	(h) ....
Localización espacial indeterminada	**Destino o destinatario**
*Esta tarde daré un paseo **por** el centro. Voy a mirar aparadores y compraré alguna camiseta.*	*Voy **para** la estación.*
(b)	(i) ....
Tiempo aproximado	**Plazo de tiempo**
*¡Estoy cansado de la gran ciudad! **Por** unos meses me iré a vivir al campo.*	*Quiero el trabajo hecho **para** mañana.*
(c)	(j) ....
Precio	**Capacidad**
*Los productos de nuestra empresa son muy accesibles. **Por** poco dinero puedes comprarlos en las tiendas.*	*Esta sala de conferencias tiene una capacidad **para** 100 personas.*
(d)	(k) ....
Cambio	
*En el aeropuerto puedes cambiar dólares **por** euros.*	
(e)	
(f)	
Medio	
*Puedes ir a Sevilla **por** tren o por avión.*	
(g)	

Opinión

Para mí, los estudios y el trabajo son lo más importante en la vida.

(l) ....

1 Lee los comentarios que escribieron Ana y Miguel en un foro después de asistir a la conferencia. Fíjate en las diferentes frases que contienen las preposiciones *por* y *para*, y completa el cuadro anterior con ejemplos de este texto.

○○○   La conferencia de la Universidad de Valencia

T_Fernandez   * * * * * * *

 Toñi Fernández. Hola, foreros. Quería preguntar si alguien ha ido a la conferencia sobre perspectivas profesionales que se ha celebrado en el auditorio de la Universidad Literaria de Valencia, para que nos diga qué tal ha estado…
Me gusta · Comentar · 1 de noviembre, 23:25

 Ana Jiménez. ¡Hola, Toñi! Nunca había ido a una conferencia de este tipo, pero la verdad es que me ha dado mucho que pensar. Al principio no me hacía mucha gracia ir porque pensaba que me dirían lo de siempre, pero no, ha sido muy útil. También te dan un paquete informativo por asistir, así que merece la pena.
Me gusta · Comentar · 2 de noviembre, 09:12

 Miguel Carrasco. Hola a todos. Yo también asistí y para mí, todo estaba muy bien organizado. El auditorio tenía una capacidad para 200 personas. Estaba lleno. Además, había otra sala contigua donde ofrecieron un aperitivo de clausura para todos los asistentes.
Me gusta · Comentar · 2 de noviembre, 09:14

 Toñi Fernández. ¿Y costaba algo?

Me gusta · Comentar · 2 de noviembre, 09:36

 Ana Jiménez. Nada. Bueno, tenías que solicitar plaza por Internet, pero era gratis. También se podía comprar una papeleta por 10 euros. Con ella participabas en una rifa de un premio de 100 euros que podías cambiar por libros escritos por los panelistas de la conferencia. La recaudación iba íntegramente destinada a financiar proyectos de investigación.
Me gusta · Comentar · 2 de noviembre, 10:11

 Miguel Carrasco. También el lugar de la conferencia era muy agradable. En una pausa pudimos dar un paseo por el campus y hablar con otros asistentes.
Me gusta · Comentar · 2 de noviembre, 11:02

 Toñi Fernández. Entonces, ¿me recomiendan que asista a la próxima que se organice?

Me gusta · Comentar · 2 de noviembre, 11:02

 Ana Jiménez. Mucho, yo te recomiendo que no te la pierdas. A mí me ayudó muchísimo a tomar decisiones sobre mi futuro profesional. Oí comentar que por el verano les gustaría organizar la conferencia en Granada o Salamanca. Seguro que anunciarán las solicitudes para finales de marzo.
Me gusta · Comentar · 2 de noviembre, 11:02

 Toñi Fernández. Hombre, Salamanca y Granada son otra opción interesante. Bueno, muchas gracias por la información.
Me gusta · Comentar · 2 de noviembre, 11:02

2 👥 **Relaciona las dos columnas usando *por* o *para*. Trabaja con tu compañero/a.**

Modelo: Hicieron una nueva carretera que pasará **por** delante de mi casa.

1. Hicieron una nueva carretera que pasará… ☐
2. El tren que sale… ☐
3. El profesor quiere el trabajo terminado… . ☐
4. Prefiero hablar… ☐
5. Compré el carro… ☐
6. Volveré a visitarte… ☐
7. La falda que me regalaste la cambié… ☐
8. Esta pizza es… ☐
9. … mí,… ☐

por
para

a. Skype porque es gratis.
b. 10 000 dólares. ¡Un chollo!
c. delante de mi casa.
d. verano, pero todavía no sé la fecha exacta.
e. el inglés es la lengua del futuro.
f. Cartagena va con retraso.
g. ocho personas.
h. una talla más grande.
i. el próximo lunes.

3 👥 **A continuación tienen el principio de una historia. En parejas, continúenla utilizando las preposiciones *por* y *para* con el máximo número posible de usos que han visto. Después, lean sus historias al resto de la clase. ¿Quién ha utilizado mejor las preposiciones *por* y *para*?**

*Juan y Carmen se conocieron una tarde de invierno paseando **por** la playa. Carmen estaba de vacaciones con unos amigos y Juan trabajaba en un café cercano. Él se paró **para** preguntarle…*

2. SUBJUNCTIVE AND INDICATIVE AFTER *CUANDO*

■ The conjunction **cuando** can be followed by the subjunctive or the indicative depending on whether the action has taken place.

• Para expresar una acción en el presente o acciones habituales, se usa:

Cuando + **presente**

Cuando envío mi currículum a una empresa, siempre incluyo una carta de motivación.

• Para expresar una acción en el pasado, se usa:

Cuando + **imperfecto / pretérito**

Cuando asistía al curso de edición digital, tomaba muchos apuntes.
Cuando fui a la conferencia en la universidad, di un paseo por el campus.

• Para expresar una acción en el futuro, se usa:

Cuando + **presente de subjuntivo** + **futuro / imperativo**

Cuando seas jefe de la empresa, tendrás muchas responsabilidades.
Cuando vuelvas de la conferencia, llámame.

4 Completa las frases con la forma correcta de los verbos.

a. Mañana, cuando .... (llegar, tú) a México, llámame, por favor.

b. Cuando .... (tener) hambre, abro el refrigerador y como cualquier cosa.

c. Cuando .... (estudiar) en la universidad, conocí a mi novio.

d. Cuando .... (ir) en el carro, escucho música.

e. Cuando .... (ser) un anciano, viviré en el campo.

f. Cuando .... (terminar, ellos) la universidad, empezaron a solicitar puestos.

5 👥 Clasifica las oraciones de la actividad anterior según su significado. Después, añade frases originales para cada caso y compártelas con tu compañero/a.

Acciones habituales	Acciones referidas al pasado	Acciones que todavía no se han producido

6 Observa las siguientes imágenes y construye frases con *cuando*.

7 👥 A continuación, tenemos la estructura de una canción famosa titulada *Resistiré*, del grupo español el Dúo Dinámico. Inventa con tu compañero/a tu propia versión de la canción siguiendo la misma estructura y expresando acciones en el futuro.

Cuando ....,
cuando ....,
cuando ....,
y la noche no me deje en paz.

Cuando ....,
cuando ....,
cuando ....,
y me pongan contra la pared.

Resistiré, erguido (standing upright) frente a todos,
me volveré de hierro (steel) para endurecer la piel,
aunque los vientos de la vida soplen fuerte,
soy como el junco (reed), que se dobla, pero siempre
sigue en pie.

Resistiré, para seguir viviendo,
soportaré los golpes y jamás me rendiré,
y aunque los sueños se me rompan en pedazos,
resistiré, resistiré...

Cuando ....,
Cuando ....,
Cuando ....,
y no reconozca ni mi voz.

Cuando ....,
Cuando ....,
Cuando ....,
o si alguna vez me faltas tú.

8 👥 Busquen esta canción en Internet y también la versión de Toño Rosario. ¿Cuál les ha gustado más? ¿Les recuerda a otra canción popular en inglés? Compárenla con la que inventaron ustedes.

GRAMÁTICA

■ The following expressions refer to when an action takes place and most can followed by a verb in the subjunctive or indicative.

- *al cabo de*   · *en cuanto*
- *antes de*   · *hasta que*
- *cada vez*   · *mientras*
- *desde*   · *nada más*
- *después de*   · *tan pronto como*

> **Recuerda:**
> La mayoría de estas expresiones se construyen con **subjuntivo** si expresan futuro y el sujeto de las dos oraciones es diferente.

> ! **Antes de** y **después de** se construyen con infinitivo, si el sujeto de las dos oraciones es el mismo, y con **que** + subjuntivo, si el sujeto de las dos oraciones es diferente.

9 Observa las expresiones temporales y lee los ejemplos. Después, completa el cuadro con el tipo de acción temporal que describe.

LAS ORACIONES TEMPORALES

▨ (a) Acción simultánea
- **Mientras** + acontecimiento + acontecimiento
  Mientras esperaba tomé un café.
- Acontecimiento + **mientras tanto** + acontecimiento
  Fernando prepara la cena, mientras tanto, yo pongo la mesa.

▨ (b) ....
- **Siempre / Cada vez / Todas las veces que**
  Cada vez que me visita, me invita a comer.

▨ (c) ....
- **Nada más** + infinitivo
  Nada más llegar a la oficina, empezó a trabajar.
- **En cuanto / Tan pronto como**
  En cuanto recibí la noticia, la llamé por teléfono.

▨ (d) ....
- **Desde que**
  Desde que llegó, está muy triste.

▨ (e) ....
- **Hasta que**
  Te esperaré aquí hasta que termines.

▨ (f) ....
- **Antes de**
  Antes de abrir la puerta, mira quién llama.

▨ (g) ....
- **Después de**
  Después de que termines el examen, nos iremos a la playa.

▨ (h) ....
- **Al / A los / Al cabo de** + cantidad de tiempo
  Al año, dejó de estudiar y se puso a trabajar.
- Cantidad de tiempo + **después / más tarde**
  Se conocieron en abril y tres meses después se casaron.

- Acción simultánea.
- Acción inmediatamente posterior a otra.
- Límite de una acción.
- Acción que sucede siempre que se realiza otra acción.

- Comienzo de una acción.
- Período de tiempo que separa dos sucesos.
- Acción posterior a otra.
- Acción anterior a otra.

10 Completa las frases con la forma verbal adecuada según el conector temporal que aparece y el tiempo (presente, pasado o futuro) que indican las oraciones.

a. Tan pronto como .... (llegar, ustedes) de la escuela, la abuela les preparaba la merienda.

b. Por favor, llámanos siempre que .... (tener, tú) cualquier problema. No te preocupes.

c. Antes de .... (salir), tienes que haber terminado las tareas.

d. Te esperaré aquí hasta que .... (terminar, tú).

e. Haz la comida mientras yo .... (poner) la mesa.

f. Nuria llegó a Barcelona en 1995. Al cabo de tres años, ... (volver) a su pueblo.

g. Nada más .... (terminar) las vacaciones, tendrán que preparar los exámenes.

h. Estuve preocupada desde que Luis .... (irse) hasta que .... (volver) de su viaje al Himalaya. Es que a mí estas expediciones me parecen peligrosas.

11 Reelabora las frases, como en el ejemplo.

Modelo: **Mientras.** Estudiaba en la universidad. Al mismo tiempo trabajaba en una gestoría.
   Mientras estudiaba en la universidad trabajaba en una gestoría.

a. Mientras tanto ➡ Yo hablaba por teléfono. Alberto trabajaba en la computadora.

....

b. Cada vez ➡ Tengo frío. Me pongo un abrigo de lana.

....

c. Nada más ➡ Volvió Lucas. Encontró a los ladrones en la casa.

....

d. En cuanto ➡ Los ladrones lo vieron. Salieron corriendo.

....

e. Desde que ➡ Aclararon el problema. Son muy amigos.

....

f. Hasta que ➡ No saldrás al parque. Harás la tarea.

....

g. Al cabo de ➡ Se volvieron a encontrar. Esto ocurrió 10 años después.

....

12 Ustedes son tres amigos muy diferentes, y con objetivos completamente distintos, que tienen que ponerse de acuerdo para realizar diferentes actividades. Hablen e intenten llegar a un acuerdo, si es posible.

Alumno A

Tú quieres:

• Ir al cine.

• Salir con unos amigos.

• Acostarte en el sillón y ver la tele.

• Descansar en el sofá.

GRAMÁTICA

Alumno B

Tú quieres:

- Preparar un proyecto para una empresa.
- Levantarte pronto para hacer deporte.
- Enviar currículums para encontrar trabajo.
- Elaborar una carta de motivación.

Alumno C

Tú quieres:

- Ir a una conferencia.
- Aprender otro idioma.
- Ir al teatro.
- Ir un fin de semana a la playa.

13 Tu amigo/a necesita que le expliques detalladamente los pasos que debe seguir para encontrar un trabajo. Escríbele una carta diciéndole lo que tiene que hacer en cada momento, usando los conectores que acabas de aprender.

- Enviar el currículum.
- Confirmar el envío.
- Solicitar una entrevista.
- Tener la entrevista:
  - amabilidad
  - seriedad
  - disponibilidad (*availability*)
  - interés
  - agradecimiento
- Esperar la respuesta.

Modelo: En cuanto envíes el currículum, confirma por teléfono que lo han recibido...

MORE IN ELETECA: EXTRA ONLINE PRACTICE

PRONUNCIACIÓN Y ORTOGRAFÍA Las grafías *g/j*

1 👥 **Escucha con atención las palabras que va a decir tu profesor/ra y completa la tabla con ejemplos de las normas ortográficas correspondientes a las grafías *g/j*.**

La letra *j*

■ Se escribe con *j*:

• el pretérito de *decir, traer* (y sus derivados).

Ejemplos: ....

• el pretérito de los verbos terminados en *–ducir* (y sus derivados).

Ejemplos: ....

• las palabras que terminan en *–aje, –eje, –jería, –jero, –jear*.

Ejemplos: ....

La letra *g*

■ Se escribe con *g*:

• las palabras que terminan en *–gen, –gente, –gencia*.

Ejemplos: ....

• las palabras con empiezan por *geo–*.

Ejemplos: ....

• el grupo *güe, güi*.

Ejemplos: ....

2 **Lee el siguiente texto y complétalo con *g* o *j*.**

El carro fantasma

El (a) ori......en de esta historia es una noche oscura en la que Isaac, que era (b) ......eólogo, estaba solo en un camino pidiendo que alguien lo llevara. De pronto apareció un vehículo que se detuvo. Isaac (c) di......o: "Buenas noches" y se (d) introdu......o en el coche, pero nadie contestó. Sintió un poco de (e) ver......enza, pero (f) dedu......o que el conductor sería tímido y no quiso mirarlo para no molestar. Unos minutos después, miró al asiento del conductor. Se dio cuenta entonces de ¡que no había nadie!

El pobre hombre, con mucho miedo, abrió su puerta, saltó al camino y corrió hasta el próximo pueblo. Entró en un bar a calmar sus nervios y empezó a contar lo que le había ocurrido.

Unos minutos después, entraron dos hombres en el bar muy cansados y escucharon la historia. Uno le dijo al otro:

– Mira, ahí está el (g) persona......e que se subió al coche mientras nosotros (h) empu......ábamos.

3 🎧 ²⁸ **Escribe las frases del dictado y cópialas en tu cuaderno.**

MORE IN ELETECA: EXTRA ONLINE PRACTICE

PARA ORGANIZAR EL DISCURSO

■ Fíjate en la función de los siguientes **conectores discursivos** y trata de incorporar algunos en tu ensayo y presentación oral:

- Para comenzar el discurso o texto escrito: **según**, **para empezar**…

- Para argumentar nuestras ideas o añadir una consecuencia: **por esa razón**, **así que**, **de esta manera**…

- Para aclarar información: **es decir**, **o sea**…

ENSAYO PERSUASIVO

Tema curricular: Las familias y las comunidades.

Tema del ensayo: ¿Crees que es mejor elegir una carrera por sus mayores posibilidades de empleo o porque le gusta a uno de verdad?

FUENTE 1 - LECTURA

1 **Lee la siguiente noticia que Universia, Red de Universidades de Iberoamérica, publica en su página web.**

• Las seis carreras con mayor demanda •

El sueño financiero de cualquier persona es hacer lo que más le gusta mientras le pagan por ello. Sin lugar a dudas es aconsejable que, a la hora de elegir tu carrera, optes por un área de estudio que te apasione, ya que deberás pasar años estudiando y luego deberás dedicarte a ello el resto de tus días. Pero, además, averigua si esos profesionales son muy demandados. Optar por una carrera acorde con tu perfil y que te apasione es lo primero que debes tener en cuenta. Luego, manejar por lo menos dos idiomas además del materno, tener conocimientos tecnológicos e informáticos y facilidad para adaptarte a los cambios, te hará destacar en el mercado laboral, incluso cuando tengas poca experiencia.

Tener un título universitario no te garantizará tener un puesto en una empresa importante si no eres responsable, buen colega y no amas lo que haces. Por lo general, los empleadores también valoran a los empleados que saben expresar sus ideas, tienen habilidades directivas, capacidad para coordinar equipos y no tienen inconvenientes a la hora de viajar.

Carreras más demandadas

En las universidades de Medicina, Diseño, Periodismo, Psicología y Derecho fue donde se registró la mayor demanda de grados de parte de estudiantes. Sin embargo, se demandan profesionales del ámbito de las telecomunicaciones, técnicos comerciales, ingenieros de calidad y responsables de compra.

Se estima que las opciones académicas de grado más demandadas sean las siguientes:

1. **Ingeniería ambiental, informática y telemática.** Cada vez más personas tienen un *smartphone* y los adeptos a la descarga de aplicaciones aumentan, pero todavía escasean los profesionales en este sector de actividad. En otras áreas tampoco abundan los ingenieros ambientales y expertos en telemática.
2. **Biotecnólogos o terapeutas ocupacionales.** La esperanza de vida ha aumentado y por eso se necesitan especialistas en el área sanitaria que puedan atender a las personas de tercera edad.
3. **SEO** (Optimización en motores de búsqueda). Estos son los especialistas en mercadeo en Internet y profesionales de información multimedia. Su objetivo es obtener un mejor posicionamiento en las páginas de resultados.
4. ***Community Managers* y defensores de pacientes.** En estos casos no alcanza con estudiar, lo más importante es tener un perfil profesional.
5. **Psicólogos u orientadores.** Su demanda se debe a que cada vez más firmas requieren de ellos para tomar decisiones.
6. **Diseño asistido por computadora.** Ante el avance tecnológico, en el área de las artes los más demandados serán quienes se dediquen al diseño por computadora.

FUENTE 2 - GRÁFICO

2 Estos gráficos representan las cinco carreras mejor remuneradas según el estudio del Instituto Mexicano para la Competitividad (IMCO) y las peor pagadas en México.

RÁNKING DE LAS CARRERAS MEJOR PAGADAS

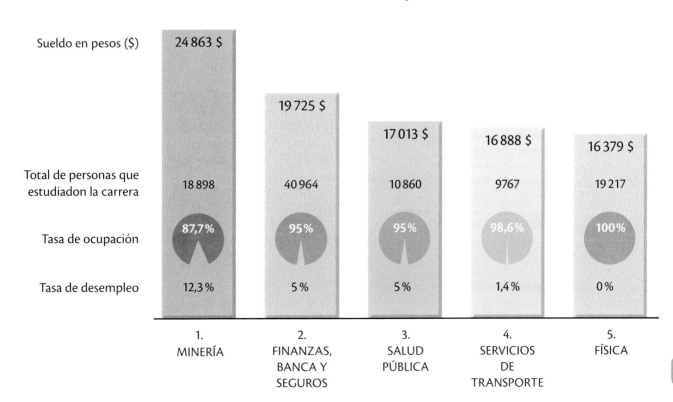

	1. MINERÍA	2. FINANZAS, BANCA Y SEGUROS	3. SALUD PÚBLICA	4. SERVICIOS DE TRANSPORTE	5. FÍSICA
Sueldo en pesos ($)	24 863 $	19 725 $	17 013 $	16 888 $	16 379 $
Total de personas que estudiadon la carrera	18 898	40 964	10 860	9767	19 217
Tasa de ocupación	87,7 %	95 %	95 %	98,6 %	100 %
Tasa de desempleo	12,3 %	5 %	5 %	1,4 %	0 %

RÁNKING DE LAS CARRERAS PEOR PAGADAS

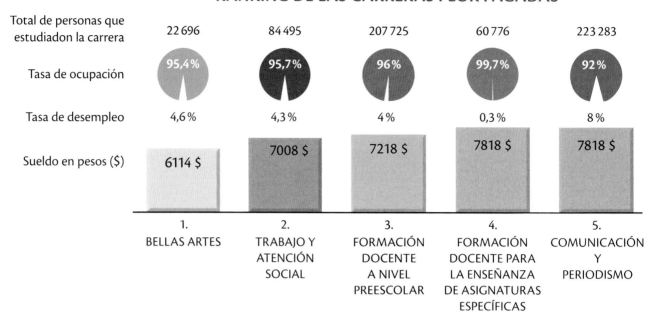

	1. BELLAS ARTES	2. TRABAJO Y ATENCIÓN SOCIAL	3. FORMACIÓN DOCENTE A NIVEL PREESCOLAR	4. FORMACIÓN DOCENTE PARA LA ENSEÑANZA DE ASIGNATURAS ESPECÍFICAS	5. COMUNICACIÓN Y PERIODISMO
Total de personas que estudiadon la carrera	22 696	84 495	207 725	60 776	223 283
Tasa de ocupación	95,4 %	95,7 %	96 %	99,7 %	92 %
Tasa de desempleo	4,6 %	4,3 %	4 %	0,3 %	8 %
Sueldo en pesos ($)	6114 $	7008 $	7218 $	7818 $	7818 $

FUENTE 3 - AUDICIÓN

3 🎧 **29** Esta grabación trata el tema de la vocación y los motivos que precipitan el cambio de carrera. Está tomada de una entrevista en el Diario de Argentina.

4 Ahora escribe un ensayo persuasivo haciendo referencia a las tres fuentes.

PRESENTACIÓN ORAL

Tema curricular: La belleza y la estética.
Tema del ensayo: ¿Cómo se valoran las carreras en Bellas Artes en tu comunidad a diferencia de las carreras en las ciencias y la tecnología?

5 En tu presentación, debes comparar las perspectivas profesionales que prevalecen en tu comunidad con lo que sabes o has estudiado sobre la cultura hispana.

6 Presenta tu discurso a la clase.

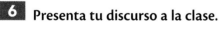

MUJERES TRABAJADORAS
Y LATINAS

¿QUÉ OPINAS?

1. **Contesta a estas preguntas.**

a. ¿Qué te sugiere la foto?

b. ¿Cuál crees que es la situación de la mujer en los países de habla hispana?

c. ¿Conoces a mujeres de tu alrededor que tienen una vida interesante?

d. ¿Qué mujeres latinas conoces? ¿Por qué?

LA MUJER LATINA ACTUAL

2. **Lee el siguiente texto sobre el papel de la mujer en Latinoamérica e intenta resumirlo con tus palabras.**

La situación de las mujeres en Latinoamérica cambió en los últimos años. Muchas más mujeres viven actualmente en grandes metrópolis, como São Paolo, Buenos Aires y México D.F., que en las zonas rurales. En los últimos veinte años, el número de mujeres en la administración política de sus países creció considerablemente, y el número de senadoras, jueces, alcaldesas y presidentas de Estado es sorprendente.

Pero este aumento de la participación laboral de la mujer coexiste con un número creciente de mujeres que viven en condiciones de pobreza, trabajando en la economía informal, como vendedoras ambulantes, lavanderas y sirvientas.

Esta variación, no solo económica sino también sociocultural, hace que no podamos hablar de un solo tipo de mujer latinoamericana. Una venezolana tendrá problemas para comunicarse con una brasileña, puesto que hablan distintos idiomas, pertenecen a grupos raciales y étnicos diferentes y tienen referencias culturales muy dispares. Una ejecutiva de Buenos Aires tendrá muy poco en común con una campesina de Perú. Por lo tanto, la historia de las latinoamericanas debe hacerse a partir de la plena conciencia de esta herencia y diversidad múltiple.

3. Busca en el *texto anterior* un sinónimo de estas palabras.

a. Colaboración. ➡ .... **c.** Evolucionó. ➡ .... **e.** Diferentes. ➡ ....

b. Trabajadoras. ➡ .... **d.** Incremento. ➡ .... **f.** Ciudades. ➡ ....

MUJERES LATINAS CON HISTORIA

4. 🎧 30 **¿Cuál crees que fue la vida de estas mujeres luchadoras? Escucha sus vidas y señala qué características pertenecen a cada una.**

1. Líder indígena de Ecuador. .... ⬜

2. Inmigrante mexicana en los EE. UU. .... ⬜

3. Luchó por la defensa de los derechos indígenas. .... ⬜

4. Fue detenida y encarcelada. .... ⬜

5. Es un verdadero ejemplo de lucha para su comunidad. ⬜

6. Sus primeros años en el nuevo país se caracterizaron por la soledad y la desesperación. .... ⬜

7. Fundó escuelas bilingües. .... ⬜

8. Trabajó en el servicio doméstico y como maquiladora. .... ⬜

9. Al final consiguió la residencia y vive felizmente. ⬜

10. Activista de los derechos humanos en Argentina. ⬜

11. Asesinaron a su hijo y a su nuera. .... ⬜

12. Lucha por encontrar a su nieta, sea como sea. ..... ⬜

María González

Yuriana Montufar

Marcia Fabiani

5. **¿Qué tres temas de la historia de Latinoamérica se relacionan con las vidas de estas tres mujeres? Puedes buscar información en libros o Internet.**

MUJERES LATINAS Y FAMOSAS

EN EE.UU.

Thalía Sodi

♫ MÚSICA

Cantante, actriz y empresaria mexicana. Posee una línea de cosméticos, de ropa y publicación propia.

Jessica Alba

🎥 CINE

Actriz de cine y televisión de padre mexicano. Es cofundadora de The Honest Company, una firma de productos sostenibles y naturales.

💰 EMPRESARIA ▶

Vicepresidenta y directora de Fusiones y Adquisiciones de la compañía Coca-Cola Company desde 2003. Aunque ha nacido en Miami es hija de inmigrantes cubanos.

Marie D. Quintero-Johnson

Demi Lovato

♫ MÚSICA

Actriz, cantante y compositora estadounidense de origen mexicano y español. Su carrera profesional comenzó desde muy joven en Disney Channel. Desde el 2009 ha ganado 81 premios de música de 157 nominaciones.

⚖ POLÍTICA ▶

Miembro de la Cámara de Representantes de Estados Unidos desde 1993 por California. Es miembro del Partido Demócrata y de origen mexicano.

Lucille Roybal-Allard

Sonia Sotomayor

◀ ⚖ POLÍTICA

Juez Asociada en la Corte Suprema de los Estados Unidos, hija de padres puertorriqueños.

6. 👥 **Elige a uno de los personajes anteriores y escribe cómo creen que es su vida. Después, preséntenla a la clase. Busquen en Internet la biografía del personaje que eligieron y compárenla con la que hicieron.**

1 👥 **Lee la biografía de Mario Vargas Llosa. ¿Qué cosas no conocías de él? ¿Estás de acuerdo con sus palabras iniciales? ¿Cómo las interpretas? En parejas, busquen argumentos a favor y en contra de esta afirmación.**

"La literatura crea una fraternidad dentro de la diversidad humana y eclipsa las fronteras que erigen entre hombres y mujeres la ignorancia, las ideologías, las religiones, los idiomas y la estupidez".

Mario Vargas Llosa nació en Arequipa, Perú, en 1936. Al año siguiente, su familia se trasladó a Cochabamba, Bolivia, donde vivió buena parte de su niñez. Regresó a Perú a los nueve años y continuó sus estudios hasta graduarse en Letras. Posteriormente obtuvo el doctorado en Filosofía y Letras en la Universidad de Madrid.

Se inició en la escritura desde muy temprano. A los dieciséis años escribió *La huida del Inca*, una obra de teatro. A partir de 1951 comenzó su actividad periodística en la prensa y revistas peruanas. En 1959 se trasladó a Europa donde se estableció por varios años en Madrid, Londres, París y Barcelona.

Además de la novela, Vargas Llosa ha cultivado el ensayo y el teatro.

En 1988 fundó el Movimiento Libertad y se postuló a la presidencia del Perú en 1990, pero fue derrotado. En 1990 recibió la nacionalidad española. Desde 1994 es miembro de la Real Academia Española de la Lengua.

La trayectoria intelectual de Vargas Llosa lo ha hecho merecedor de numerosas distinciones otorgadas por prestigiosas instituciones de varios continentes, como el Premio Nobel de Literatura, el Premio Miguel de Cervantes y el Premio Planeta. Entre sus numerosas obras destaca *La fiesta del Chivo*, *Lituma en los Andes*, *La tía Julia y el escribidor* y *La ciudad y los perros*.

2 **Vas a leer un fragmento de su obra *Lituma en los Andes*. Antes de leer, relaciona las siguientes palabras del texto con su sinónimo.**

1. A la intemperie. .... ☐
2. Pernoctar. .... ☐
3. Cuneta. .... ☐
4. Lona. .... ☐
5. Pellejo. .... ☐
6. Llantas. .... ☐
7. Como la palma de su mano. ☐
8. Prendedor. .... ☐
9. Aprendiz. .... ☐

a. Tela gruesa.
b. Adorno para recoger el pelo.
c. Persona que aprende un nuevo oficio.
d. Perfectamente.
e. Ruedas.
f. Piel.
g. Borde del camino.
h. Al aire libre.
i. Pasar la noche.

3 🎧 **31 Lee y escucha este fragmento literario del autor.**

Lituma en los Andes

Lo que al muchacho le gustaba más que nada era la vida a la intemperie que llevaban, sin horarios ni rumbos predeterminados, a merced del mal o buen tiempo, de las ferias y fiestas del santo patrono, de los encargos que recibían y de las averías del camioncito, factores que decidían su diario destino, sus itinerarios, las noches que pernoctaban en cada lugar. Don Pericles tenía una casa quinta, estable, sin
5 ruedas, en Pampas, que compartía con una sobrina casada y con hijos. Cuando estaban allí, Casimiro se alojaba en la casa como si fuera de la familia. Pero la mayor parte del tiempo vivía en las cunetas de los caminos por los que pasaban o en el camión, en el que, entre carga y protegido por una gruesa lona, se había construido un refugio con pellejos de vaca. Si había lluvia, se tumbaba a dormir debajo del camión. El negocio no era gran cosa, por lo menos no para Pericles y Casimiro, pues todas las ganancias se las
10 tragaba el camión al que siempre había que estarle comprando repuestos y haciéndole reencauchar las llantas, pero era suficiente para ir viviendo. En los años que pasó junto a don Pericles, Casimiro llegó a conocer como la palma de su mano todo el centro de los Andes, sus villorrios, sus comunidades, sus ferias, sus abismos y valles y, asimismo, todos los secretos del negocio: dónde comprar el mejor maíz y dónde llevar los hilos y agujas, dónde esperaban las lámparas, y qué cintas, prendedores, collares y pulseras
15 atraían de manera irresistible a las muchachas.

Don Pericles lo trató al principio como a un aprendiz, luego como a un hijo, por fin como a un socio. A medida que envejecía y el muchacho se hacía hombre, el peso del trabajo se fue desplazando a él hasta que, con el paso de los años, Casimiro era ya el único que manejaba y el que decidía las compras y las ventas; Don Pericles pasó a ser el director técnico de la sociedad.

(Texto adaptado de la novela *Lituma en los Andes*, Mario Vargas Llosa)

4 **¿Cuál de estos cuatro títulos elegirías para el fragmento del texto literario que acabas de leer?**

☐ El comerciante de la empresa. ☐ El vendedor ambulante.

☐ El artesano del mercado. ☐ El conductor del camión.

5 **Contesta a las preguntas.**

a. ¿Qué tipo de texto es el que has leído? ....

b. ¿Cuál es el tema que se trata? ....

c. ¿Qué opinas? ¿Te gustó? ....

d. Haz un resumen del texto.

....

....

....

e. Describe a los personajes que aparecen: ¿Cómo eran? ¿Qué cosas les gustaban hacer? ¿En qué trabajaban? ¿Qué relación tenían los dos?

....

....

....

1 Escribe frases con *por* y *para* que expresen precio, cambio, medio, tiempo aproximado, localización espacial indeterminada, destino, plazo de tiempo y opinión.

....
....
....

2 Construye frases con estas palabras.

a. Compañía. ➧ ....
b. Comité de empresa. ➧ ....
c. Graduación. ➧ ....
d. Sueldos. ➧ ....

3 Explica estas palabras a tu compañero/a.

> nómina ○ horas extras ○ Departamento de Recursos Humanos
> Departamento Financiero ○ contrato ○ coordinador

4 Construye frases temporales con *cuando, mientras, desde que, hasta*, etc., donde aparezcan las siguientes palabras.

> geografía ○ contaminación ○ experimento ○ concierto ○ cartelera ○ músico ○ Matemáticas

Modelo: Te esperaré hasta que termines las tareas de Matemáticas.

....
....
....

5 Escribe una pequeña carta de presentación para una empresa.

....
....
....

6 De acuerdo a lo que has aprendido, ¿cuáles son las carreras con más futuro?

MORE IN ELETECA: EXTRA ONLINE PRACTICE

AHORA SOY CAPAZ DE...

	Sí	No
1. ...expresar la causa y la finalidad.	☐	☐
2. ...escribir una carta de motivación.	☐	☐
3. ...escribir una carta de presentación.	☐	☐
4. ...hablar sobre una conferencia.	☐	☐

Desarrollo profesional

el aprovechamiento *use (beneficial)*

la carrera *degree, major*

la carta de motivación *letter of intent*

la carta de presentación *cover letter*

el currículum *resume*

la formación profesional *professional training*

el logro *achievement*

el mercado laboral *job market*

el referente *mentor*

el reto *challenge*

la vocación *vocation*

El trabajo de empresa

el comité de empresa *committee of workers that discusses company relations*

el contrato *contract*

el/la coordinador/ra *manager, organizer*

el Departamento Financiero *Finance Department*

el Departamento de Recursos Humanos *Human Resources Department*

las horas extras *overtime*

la nómina *pay slip*

la plantilla *staff, workforce*

el sueldo *salary*

Verbos

ampliar *to expand, increase*

aportar *to provide*

capacitar *to train, teach skills*

conseguir *to obtain*

cumplir *to accomplish, fulfill*

destacar *to stand out*

formarse *to train, educate (oneself)*

iniciar *to start, begin*

orientar *to guide, direct*

profundizar *to go in depth*

solicitar *to apply for, request*

Disciplinas y profesiones

la Administración y Dirección de Empresas *Business Administration*

las Ciencias Ambientales *Environmental Science*

las Ciencias de la Educación *Education (major)*

el Derecho *Law*

el/la filósofo/a *philosopher*

el/la físico/a *physicist*

el/la historiador/a *historian*

la Ingeniería Civil *Civil Engineering*

el/la ingeniero/a industrial *industrial engineer*

las letras *language arts*

Palabras y expresiones

el asistente *attendee*

calificación *grade*

respecto a *regarding*

ser un referente para alguien *to be a mentor*

Expresiones de tiempo

a fin de (que) *in order to*

al cabo de *after + a period of time*

antes de *before*

cada vez *each time*

con el fin de (que) *as long as*

desde *since*

después de *after*

en cuanto *as soon as*

hasta que *until*

mientras *while*

nada más *as soon as*

tan pronto como *as soon as*

Conectores del discurso

así que *consequently, so much so*

de esta manera *in this way*

es decir *that is to say, meaning*

o sea *that is, in other words*

para empezar *for starters, to start with*

por esa razón *for that reason, that's why*

según *according to*

UNIDAD 5

CON AYUDA

Señor en una residencia de ancianos.

>> ¿Dónde crees que está este señor?

>> ¿En qué está pensando?

>> ¿Qué tipo de servicios sociales necesitan las personas de su edad?

>> ¿Qué servicios hay en tu comunidad? ¿Colaboras en alguna?

162

SESIÓN DE CINE

In this unit,
you will learn to:

▪ Talk about the benefits of travel and volunteering

▪ Describe what precautions to take when traveling

▪ Comment on social and health issues worldwide

▪ Confirm or refute information

▪ Express agreement and disagreement with other opinions

Using

- Impersonal expressions with subjunctive and indicative
- Present perfect subjunctive
- Pronoun *se*

APRENDE HACIENDO

- Science and Technology: Health Care and Medicine
- Contemporary Life: Volunteerism

UN POCO DE LITERATURA

- *El árbol de la ciencia*, de Pío Baroja

SABOR HISPANO

- La medicina tradicional indígena

1 ¿Qué es la ruta Quetzal? ¿Qué sabes de ella? Si no la conoces, fíjate en estas imágenes y en lo que te sugieren. Habla con un compañero/a.

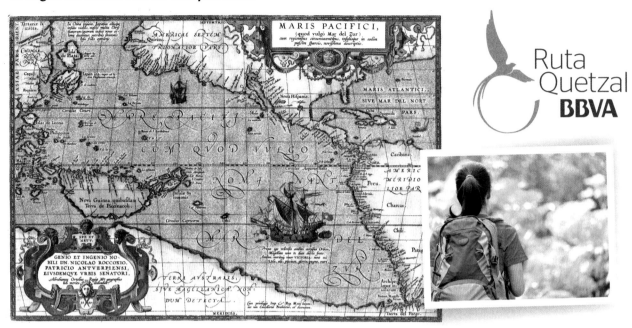

2 32 Escucha y lee la conversación. Después, comprueba tus hipótesis anteriores.

Locutor: Buenas tardes, y bienvenidos de nuevo a nuestro programa. Un día más estamos con ustedes para contarles todos los detalles sobre la actualidad cultural. Y el tema de hoy es un tema apasionante. Les hablaremos de la ruta Quetzal, de su historia y de sus protagonistas. Tengo a mi lado a una de las participantes de la ruta Quetzal de este año, Rosa de la Torre. Rosa, ¿por qué vas participar en este viaje?

Rosa: Hola, buenas tardes. Bueno, como saben, el Banco Bilbao Vizcaya Argentaria es el patrocinador de la ruta Quetzal y ofrece unas becas a los mejores estudiantes de los diferentes países hispanos que deseen participar en esta expedición. Mi profesor me habló de esto, me propuso solicitar la beca y así lo hice. Trabajé mucho y la conseguí.

Locutor: ¿Qué es exactamente la ruta Quetzal?

Rosa: Bueno, es un poco difícil para mí explicarlo en pocas palabras, pero lo intentaré. La ruta Quetzal es un proyecto que se inició con el objetivo de hacer más fuertes los lazos de unión entre Latinoamérica, España y otros países. Pretende dar a conocer a la juventud la historia, la cultura y las peculiaridades de los diferentes pueblos que forman Latinoamérica.

Locutor: ¿Y cómo se desarrolla el proyecto?

Rosa: Pues se realiza viajando por esos lugares. Intentamos cumplir con la visión del gran viajero y explorador Miguel de la Quadra-Salcedo, que dice que solo viajando y estando en contacto con otras culturas se pueden comprender y conocer mejor.

Locutor: Rosa, tú tienes tan solo 17 años. ¿Piensas que estás preparada para la experiencia?

Rosa: ¡Espero que sí! Es verdad que soy muy joven. Pero esta es, en general, la edad de los participantes. De hecho, es un viaje con fines educativos. Un viaje de conocimiento, pero también, como dicen los participantes de otras ediciones más antiguas, para motivarte a elegir una carrera con la que puedas ayudar a la sociedad en el futuro.

Locutor: Es verdad que puede ayudarte mucho.

3 Escribe una definición para las siguientes palabras que han aparecido en el texto.

a. Ruta. ➡ ....

b. Patrocinador. ➡ ....

c. Beca. ➡ ....

d. Explorador. ➡ ....

e. Ediciones. ➡ ....

4 🎧 33 Lee las preguntas y contesta las que ya sabes por la conversación anterior. Después, escucha la continuación del programa y contesta.

a. ¿Es verdad que este proyecto está patrocinado por un banco?

b. ¿Qué visión tenía el explorador Miguel de la Quadra-Salcedo?

c. ¿Cuáles son los objetivos de este viaje?

d. ¿Quién puede formar parte de él?

e. ¿Cuál fue el tema del viaje en el año 92?

f. ¿Se dice a dónde viajaron los expedicionarios?

g. ¿Cuál es el tema de la ruta Quetzal de este año?

h. ¿A dónde viajarán los expedicionarios?

¡AHORA TÚ!

5 👥 Escribe un diálogo similar siguiendo las instrucciones. Después, representa la conversación con tu compañero/a.

1. Llama a un amigo/a que va a colaborar con una organización benéfica en otro país. Salúdalo.

2. Responde y dile que te alegras de saber de él/ella.

3. Pregúntale qué va a hacer allí.

4. Dile con qué organización te vas, a qué lugar y de qué manera vas a ayudar allí.

5. Pregunta cómo conoció esa organización para saber cómo puedes ayudar tú también.

6. Infórmale y anímale. Despídete.

COMUNICA

■ Para **mostrar acuerdo o desacuerdo** con las opiniones de otros, se usa:

• **Yo (no) estoy de acuerdo con** +	esa idea	
	Luis	**porque**...
	lo de + nombre o infinitivo / **que** + subjuntivo	

Yo no estoy de acuerdo con lo de privatizar la sanidad pública.

• **Yo creo que lo de** + nombre o infinitivo + indicativo

Yo creo que lo de donar sangre a menudo es fundamental.

• **Yo no creo que lo de** + nombre o infinitivo + subjuntivo

Yo no creo que lo de privatizar la sanidad pública mejore los servicios.

■ Para mostrar que estamos **parcialmente de acuerdo**, se usa:

• Sí, (estoy de acuerdo)		
claro,	**pero**	+ opinión
por supuesto,	**sin embargo**	
desde luego,		
tienes razón,		

Las ONG ayudan muchísimo a los países más necesitados.

Sí, estoy de acuerdo, pero tendríamos que ayudar todos mucho más.

> **Recuerda:**
>
> Para dar una opinión, se usa:
> • **Creo que / Me parece que** + indicativo
> • **No creo que / No me parece que** + subjuntivo
> • **Para mí** + opinión

■ Para mostrar que estamos **totalmente en desacuerdo**, casi enfadados, se usa:

• Pues yo no pienso **así, ¿eh?**
• **Ni hablar,** eso no es así.
• **No tienes ni idea** de lo que estás diciendo.
• Pues yo no estoy **para nada** de acuerdo.
• **¡Pero tú qué dices!**

1 🎧 **34** **Vas a escuchar a diferentes personas que hablan sobre la inmigración. Escucha las reacciones a las opiniones y pon un ✓ en la columna que tú creas. Pon especial atención en la entonación y la forma de decirlo.**

	1	2	3	4	5
Acuerdo total.	○	○	○	○	○
Acuerdo parcial.	○	○	○	○	○
Desacuerdo.	○	○	○	○	○

2 👥 **Haz una valoración sobre los siguientes temas y actividades. Después, intercambia las valoraciones que has hecho con tu compañero/a. Si no estás de acuerdo con sus opiniones, niégaselas y da tu opinión.**

a. Ayudar a la gente que lo necesita. ➡ Es una obligación social.

b. Los vegetarianos.

c. Organizar actividades para niños hospitalizados.

d. La donación de sangre.

e. Hacer camping.

f. Colaborar con una ONG.

g. Conocer las prácticas de primeros auxilios.

h. Tener mascotas en casa.

i. Las organizaciones mundiales como la Cruz Roja.

j. Internet.

Modelo: E1: Para mí, ayudar a la gente que lo necesita es una obligación social.

E2: Yo estoy de acuerdo, pero creo que el gobierno está obligado a ayudar también.

3 👥 **¿Has trabajado alguna vez de voluntario/a? ¿Se fomenta en tu país este tema? ¿En qué organizaciones sí participarías y en cuáles no? ¿Por qué? Vamos a hacer un debate a partir de la siguiente afirmación:**

"El voluntariado es un fenómeno que está de moda; los jóvenes lo practican porque queda bien y está bien visto por los demás".

4 👥 **Lleguen a un acuerdo entre todos y escriban en un póster sus conclusiones. Cuelguen el resultado en la pared de la clase.**

Modelo: En primer lugar, todos hemos estado de acuerdo con que nuestra comunidad no ofrece suficientes programas de voluntariado, sin embargo...

CONFIRMING AND REFUTING INFORMATION

■ Para **confirmar una realidad**, es decir, que algo es cierto y está demostrado, se usa:

- **Es evidente/obvio/cierto/verdad…** + **que** + indicativo

  Es evidente que se había informado antes de viajar.

- **Está claro/demostrado…** + **que** + indicativo

  Está claro que no llevó todo lo que necesitaba.

■ Para **desmentir la información dada**, se usan las expresiones anteriores, en su forma negativa, seguidas de subjuntivo.

- **No es cierto/verdad…** + **que** + subjuntivo

- **No está claro/demostrado…** + **que** + subjuntivo

  No es verdad que *tengas que vacunarte para entrar en el país.*

  No está claro que *se pueda viajar a Colombia sin visado.*

5 **A continuación tienen el comentario que publica Antonio Suárez en su blog a la vuelta de su viaje a Colombia. ¿Qué pueden decir de su experiencia? Usen expresiones como** *Es evidente que…, Está demostrado que…*

Modelo: Es evidente que le gustó mucho el café de Colombia.

Es verdad que la gente es muy atenta.

●●●   El blog de Antonio

El blog de Antonio

 inicio | archivos | viajes | 🔍 buscar

Viajes 📍 Colombia

Acabo de llegar de mi viaje a Colombia donde estuve un par de meses como voluntario y me gustaría compartir con todos mi experiencia, por si alguien está interesado en visitar ese maravilloso país. Aterricé en Bogotá y lo primero que hice fue tomarme un café. Están muy orgullosos de su producto estrella y no es para menos, la verdad. Nunca he tomado un café tan bueno. Después, me dirigí a un punto de información turística y me atendieron muy bien, la gente es muy atenta. Me dijeron que tenía que probar su plato típico: el ajiaco. Es un plato muy sencillo: una sopa de pollo con tres clases distintas de papas y condimentado con guascas. Tenían razón, estaba riquísimo.

De la parte cultural destaco la ruta que hice de santuarios religiosos. Colombia es un país católico y me encantó el recorrido. Visité el santuario del Divino Niño, el santuario de la Virgen de Guadalupe, el santuario del Señor de los Caídos y otros más.

Si lo que te interesa es la naturaleza, no puedes perderte la Amazonía. Es la zona más verde del país. Yo fui con un guía especializado. Visitar esta zona es impresionante, pero moverse por la selva no es tan fácil como pueda parecer.

El último día me quedé descansando en el hotel y después salí a pasear por los alrededores. Así pude pasar tiempo observando a la gente. Fue muy agradable conversar largo y tendido con los trabajadores del hotel y los tenderos de la calle.

6 👥 **Vuelve a leer el blog de Antonio y confirma o desmiente la siguiente información con tu compañero/a. ¿Están de acuerdo?**

a. Bogotá es la capital de Colombia.

b. Los colombianos toman mucho café.

c. Guascas es una especia aromática.

d. La comida colombiana es muy picante.

e. Antonio no es católico.

f. Hay muchas iglesias en Colombia.

g. La Amazonía está cerca de Bogotá.

h. A Antonio le gustan las aventuras.

7 **Lee estas recomendaciones si quieres ir a Bogotá y, después, elabora un texto similar para turistas que quieran visitar tu ciudad.**

COLOMBIA

Si estás preparando un viaje a la capital de Colombia y te preguntas qué ver en Bogotá surge un problema: la lista de cosas que ver en Bogotá puede llegar a ser interminable. La ciudad alberga una gran cantidad de rincones, museos, miradores, etc.

Es cierto que el centro histórico de La Candelaria es sin lugar a dudas de las primeras cosas que visitar en Bogotá. El barrio conserva las casas y edificios de la época colonial.

Si hablamos de los museos que hay en Bogotá es obvio que uno es especialmente conocido y característico: el Museo Botero, donado por el artista a la ciudad. Allí se pueden admirar muchas de sus pinturas. También son interesantes el Museo del Oro y el Museo Nacional de Colombia, donde se guardan muchas piezas precolombinas.

Pero unos de los sitios que ver en Bogotá más curiosos es el cerro de Monserrate. Se puede subir en teleférico para disfrutar de las vistas de la ciudad no solo al llegar arriba, sino durante todo el trayecto.

Y si estás cansado del ritmo de la ciudad, siempre puedes salir a dar un paseo a las afueras, como en Páramo de Sumapaz y respirar la paz de sus alrededores. Las vistas de los Andes o una ruta por sus espacios naturales son también imprescindibles entre las cosas que hacer en Bogotá.

Si ya has visitado los lugares de mayor interés y tienes suficiente energía, está claro que una noche de salsa puede ser un buen plan. La noche de la capital colombiana es de lo más animada.

(Adaptado de *http://www.minube.com/que_ver/colombia/bogota/bogota*)

Si estás preparando un viaje a...

8 👥 **Muestren sus textos a sus compañeros y confirmen o desmientan la información sobre la ciudad.**

00:07:18 - 00:12:03

Título: El viaje de Carol.

Año: 2002.

País: España y Portugal.

Género: Drama.

Director: Imanol Uribe.

Intérpretes:
Clara Lago,
Juan José Ballesta,
Álvaro de Luna,
María Barranco,
Carmelo Gómez,
Rosa María Sardà,
Alberto Jiménez,
Lucina Gil,
Daniel Retuerta,
Andrés de la Cruz.

SINOPSIS

Carol, una niña de 12 años, de madre española y padre norteamericano, viaja por primera vez a España en la primavera de 1938 en compañía de su madre (Aurora). Separada de su padre, piloto en las Brigadas Internacionales al que ella adora, su llegada al pueblo de su madre transforma un entorno familiar lleno de secretos. Con un carácter rebelde, se opone a los convencionalismos de un mundo que le resulta desconocido. La complicidad con Maruja, las lecciones de vida de su abuelo Amalio y su especial afecto por Tomiche le abrirán las puertas a un universo de sentimientos adultos que harán de su viaje un trayecto interior desgarrador *(heartbreaking)*, tierno, vital e inolvidable.

 ¿SABÍAS QUE...?

• La niña de la película (Clara Lago) fue nominada al Goya a la mejor actriz revelación y desde entonces se convirtió en una de las actrices más populares de España.

• El director, Imanol Uribe, es también guionista de la película junto a Ángel García Roldán.

• Está basada en la novela *A boca de noche* de Ángel García Roldán.

• La película obtuvo tres nominaciones a los Premios Goya.

ANTES DE VER LA SECUENCIA

1 👥 **Con tu compañero/a, contesten a estas preguntas.**

a. ¿Alguna vez te has cambiado de ciudad?

b. ¿Prefieres ciudades grandes o pequeñas para vivir?

c. Si pudieras viajar al pasado, ¿a qué época te trasladarías? ¿Por qué?

2 Carol acaba de llegar desde Nueva York a un pequeño pueblo de España. ¿Qué cosas crees que puede echar de menos alguien que deja de vivir en una gran ciudad?

....
....
....

3 En esta imagen aparecen la madre y el abuelo de Carol. ¿Cómo crees que son? ¿Qué tipo de vida tienen?

....
....
....
....

4 En la siguiente imagen, Carol se encuentra con unos niños del pueblo. ¿Por qué crees que los mira de ese modo?

....
....
....
....

5 La película transcurre en España durante 1938. ¿Qué cosas piensas que todavía no existían en ese año?

....
....
....
....

SESIÓN DE CINE

6 🎞️ **Carol recorre el jardín de la casa de sus abuelos y descubre algo. Mira la escena y responde a**
01:05 - 02:42 **las preguntas.**

a. ¿Qué tipo de personas ve? ....

b. ¿Cuántas son? ....

c. ¿Cómo son? ....

d. ¿Dónde están? ....

e. ¿Qué crees que están haciendo? ....

7 🎞️ **Aurora, la madre de Carol, se encuentra con una vieja amiga. Completa el diálogo de este**
03:34 - 04:26 **encuentro.**

Maruja: ¡Aurorita!

Aurora: ¡Maruja!

Maruja: ¡Aurora!

Aurora: ¡Maruja!

Maruja: (a) .... que te vea, ¡qué guapa! Estás (b) ....

Aurora: No, tú sí que no has cambiado nada. Ven, te voy a (c) .... a mi hija.

Maruja: Buenas tardes, don Amalio.

Amalio: Buenas tardes, Maruja.

Aurora: Esta es Carol.

Maruja: (d) .... de conocerte Carol, soy Maruja. Pero bueno, es (e) .... que tú.

Aurora: No. Maruja primero fue mi maestra y, después, mi mejor amiga.

Amalio: Lo siento, pero nos esperan en Villablanca.

Maruja: Bueno, por mí no se (f) ...., ya tendremos tiempo de (g) ...., ¿no?

Aurora: Sí.

8 🎞️ **En esta escena los tres protagonistas van cantando una canción infantil. Es una canción**
04:27 - 05:01 **donde se dicen mentiras. Complétala con las palabras del recuadro.**

> mar o despacio o contar o liebres
> sardinas o monte

Ahora que vamos (a) ....,
vamos a (b) .... mentiras, tralará.

Por el (c) .... corren las (d) ....,
por el (e) .... las (f) ....…

172

DESPUÉS DE LA SECUENCIA

9 Carol llega a una nueva casa y no tiene amigos. Habla con tu compañero/a y comparen sus respuestas

	Mi respuesta	La respuesta de mi compañero/a
a. ¿Crees que es difícil hacer amigos en una nueva ciudad? ¿Por qué?		
b. ¿Recuerdas cómo te hiciste amigo/a de tu mejor amigo/a?		
c. Si te encuentras ahora en situación parecida, ¿qué haces para conocer a gente nueva?		

10 El abuelo de Carol le da a Aurora una carta. La carta es de su esposo, que es piloto en las Brigadas Internacionales. ¿Sabes qué era eso? Busca información en Internet y escribe un breve resumen.

11 Has escuchado al final de la escena a los protagonistas cantando una canción infantil española. ¿Recuerdas alguna canción para niños que cantabas cuando eras pequeño/a? Trata de traducirla al español y escríbela. Trabaja con tu compañero/a.

1 Lee un artículo publicado por la Cruz Roja peruana. Haz una lista con las palabras que no conozcas y búscalas en el diccionario. Después, con tus propias palabras, escribe su definición.

Cruz Roja

Una voluntaria o voluntario de la Cruz Roja peruana es una persona natural que acepta los principios fundamentales y expresa su deseo de **prestar servicio** voluntario de forma regular u ocasional.

Ser voluntaria o voluntario de la Cruz Roja es un distintivo de identidad; así, el identificarse como voluntaria o voluntario de la Cruz Roja peruana significa representar un **conjunto** de cualidades y principios singulares que nos caracterizan y marcan a nivel mundial. Esto se desarrolla a través de las siguientes acciones:

ACCIONES SOCIALES

Con estas acciones los voluntarios y las voluntarias contribuyen a **mejorar** las condiciones de vida de personas mayores, jóvenes, niños y niñas, también de quienes cuentan con **habilidades** especiales o quienes se encuentran **albergadas** u hospitalizadas, preocupándonos así en su **asistencia** personal y **necesidades** emocionales.

ACCIONES PARA LA PROMOCIÓN DE LA SALUD

Contribuir a mejorar la **calidad de vida** de personas en condiciones de vulnerabilidad, a través de la difusión de hábitos **saludables** y prácticas de **primeros auxilios**. Para esto nuestros voluntarios y voluntarias realizan las siguientes acciones:

- Difusión y promoción de la **salud materna**, del **recién nacido** y del niño.
- Promoción de la **higiene**.
- Prevención del VIH/sida, su estigma y discriminación.
- Promoción de la **donación** voluntaria **de sangre**.
- **Seguridad vial**.
- **Salud pública**, en general, con enfoque en promoción de la salud.
- Desarrollo de infraestructura y equipamiento de servicios básicos de salud (**botiquines comunales**).

Si deseas ser parte del voluntariado, escríbenos ya:
http://www.cruzroja.org.pe/#!voluntariado/cg2x

Término	Definición
Prestar servicio.	Ayudar como voluntario en algún tipo de trabajo benéfico.

2 👥 Relaciona las actividades con el proyecto correspondiente.

	Salud pública	Seguridad vial	Salud materna	Botiquín comunal
a. Entregar un paquete de medicamentos a una comunidad para que empiecen a implementar su propia farmacia.	☐	☐	☐	☐
b. Viajar con un equipo de profesionales de medicina a diferentes pueblos rurales y ayudar en la visita de los pacientes.	☐	☐	☐	☐
c. Colaborar con la asistencia y cuidado de las mujeres rurales que están embarazadas.	☐	☐	☐	☐
d. Recolectar firmas de personas que se comprometen a ser más prudentes en el tránsito.	☐	☐	☐	☐

3 👥 **¿Qué otras actividades puedes añadir para prestar servicio en cada uno de estos proyectos? Trabaja con tu compañero/a y preparen una lista para compartir con la clase.**

COLABORAR   DONAR   CUIDAR   CONTRIBUIR   DAR   REALIZAR

4 **Lee este artículo sobre otros servicios que realiza la Cruz Roja y completa con el siguiente vocabulario.**

desintoxicación o movilidad o domicilio o formación o mayores

Personas (a) .... Este sector de la población es uno de los que más preocupa a Cruz Roja. Por ello, hay proyectos en marcha de ayuda a (b) ...., viviendas tuteladas, etc.

Drogadictos. Atención en cárceles, centros de (c) .... y apartamentos de reinserción.

Refugiados e inmigrantes. A estos grupos se les proporciona asistencia sanitaria y social (alojamientos y manutención, clases de español y (d) ....).

Niños y jóvenes con dificultades sociales. Actividades para niños hospitalizados, hogares tutelados para menores, talleres para jóvenes…

Personas con (e) .... **reducida**. Colaboran en facilitarles el transporte adaptado, ayuda a domicilio y participación en actividades de ocio.

5 🎧 35 Escucha las declaraciones de diversos voluntarios y anota en el siguiente cuadro dónde trabajan y por qué han decidido dedicar su tiempo libre a estas actividades.

	Nombre	Lugar de trabajo	Motivo
a.			
b.			
c.			
d.			

6 👥 Lee las palabras y marca qué cualidades son necesarias para ser voluntario/a en un proyecto solidario. Explica las razones.

○ sensible	○ creador/ra	○ perfeccionista	○ vulnerable
○ conciliador/ra	○ activo/a	○ perseverante	○ tradicional
○ frío	○ contradictorio/a	○ sociable	○ atormentado/a
○ pesimista	○ inquieto/a	○ abierto/a	○ optimista
○ oportunista	○ diplomático/a	○ comunicador/ra	○ metódico/a

7 👥 Y tú, ¿qué cualidades crees que te pueden servir para prestar servicio voluntario? Coméntalas con tu compañero/a e incluye algunos ejemplos.

8 👥 Son muchas las organizaciones, nacionales e internacionales, que ofrecen empleo para trabajar como cooperante o voluntario remunerado. Con tu compañero/a, investiguen sobre una de las siguientes Organizaciones No Gubernamentales (ONG) y preparen una descripción de los servicios que prestan y los tipos de trabajo que ofrecen.

9 ¿A qué tipo de actividades solidarias preferirías dedicarte? Haz una lista y explica tus razones.

10 ¿Has estado alguna vez en Colombia? Si no es así, ¿qué dificultades crees que pueden tener los turistas que viajan a este país? ¿Qué precauciones se deben tomar?

11 Lee ahora esta ficha de información sobre Colombia para los visitantes de otros países y confirma si las suposiciones que has hecho son correctas.

COLOMBIA

DOCUMENTOS: Los visitantes procedentes de Australia, de Nueva Zelanda, de la mayoría de los países europeos y de Estados Unidos no necesitan visado si permanecen menos de 90 días en el país en calidad de turistas. Los viajeros de otras nacionalidades deben consultar con el consulado colombiano la situación de los visados antes de partir.

VACUNAS: No se exige ninguna vacuna para entrar en Colombia.

DIVISAS: Los visitantes extranjeros pueden sacar divisas sin restricción.

TRANSPORTE: Hay 74 aeropuertos, de los cuales cinco son internacionales: Bogotá, Medellín, Cali, Barranquilla y Cartagena. El sistema montañoso dificulta el transporte por carretera. Las principales ciudades están conectadas por buenas vías; en regiones más apartadas de las principales rutas puede haber tramos en estado deficiente, sobre todo en épocas de lluvia. Para recorridos terrestres se puede optar por tours organizados por las agencias de viajes, servicio público de autobuses intermunicipales o renta de automóviles.

SALUD: Problemas más comunes: mal de altura, trastornos estomacales, malaria en algunas zonas de selva, dengue… Se sugiere abstenerse de consumir agua de los grifos; lo óptimo es tomarla embotellada. Urgencias médicas y servicios de salud: la red de atención en salud preventiva y curativa en Colombia es bien completa, pues los servicios médicos de urgencias son de calidad y cuentan con especialistas en los diferentes campos de la medicina durante las 24 horas del día. Es importante tener un seguro de asistencia internacional; cuando tenga una urgencia procure recurrir a la Cruz Roja o a clínicas privadas. Los centros de salud y hospitales públicos pueden ser utilizados en casos de extrema necesidad.

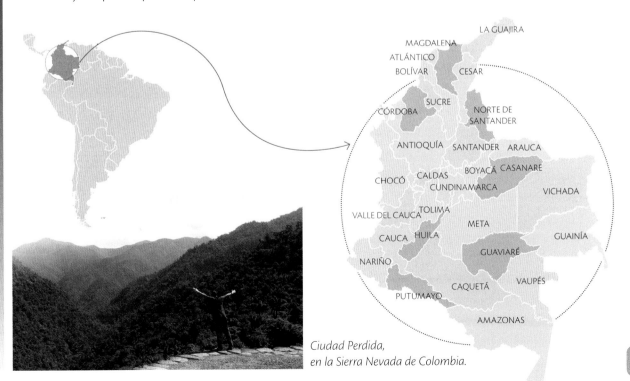

Ciudad Perdida,
en la Sierra Nevada de Colombia.

12 Vuelve a leer el texto anterior y escribe la misma información con tus palabras.

Documentos:

Vacunas:

Divisas:

Transporte:

Salud:

13 Lee este nuevo texto y marca si las afirmaciones son verdaderas (V) o falsas (F).

Precauciones para el viajero

La finalidad de un botiquín de viaje no es ni más ni menos que proporcionar "primeros auxilios" y evitar que las heridas y los síntomas leves pasen a ser mayores.

En el botiquín estándar para el viajero no debería faltar agua oxigenada, alcohol, algodón, gasas esterilizadas, tijeras, termómetro, curitas *(band-aids)* y aspirinas o antiinflamatorios.

Estos elementos deberían ser suficientes para asistirte en caso de que te sientas mal durante un viaje corto. Sin embargo, si realizas un viaje largo, te recomendamos visitar a tu médico para consultarle las vacunas necesarias u otro tipo de medicamentos.

Los síntomas y malestares más comunes que suelen presentarse durante un viaje son: fiebre, náuseas, diarrea o dolores de cabeza. Por supuesto, en caso de que los síntomas persistan, lo mejor es visitar a un médico lo más rápido posible. Hay otros elementos que debes llevar por precaución, como repelente de insectos o protector solar.

Por último, hay que tener en cuenta algunos consejos para evitar problemas de salud comunes durante un viaje, como por ejemplo, tratar de alimentarse de forma sana, mantenerse hidratado consumiendo agua potable y descansar lo necesario.

(Texto adaptado de *http://www.viajeros.com/articulos/1028-que-llevar-en-el-botiquin-basico*)

	V	F
a. Las vendas no deberían faltar en ningún botiquín.	○	○
b. No es necesario visitar a un médico antes de viajar.	○	○
c. Si persiste la fiebre durante varios días, es aconsejable que visites a un médico.	○	○
d. Es importante beber mucha agua aunque comas mal.	○	○

14 Escribe ahora tu opinión sobre el tema anterior. ¿Estás de acuerdo? ¿Hay algo más que debamos llevar en nuestra maleta antes de salir de viaje? Usa las expresiones que has aprendido en la sección *Comunica*.

15 Sofía, una muchacha de Colombia, viene a pasar unas vacaciones a tu ciudad. Tiene preguntas sobre el hotel y escribe un correo a la agencia de viajes, pidiéndole información. Según los datos que tienes del artículo anterior, ¿qué preguntas crees que va a hacer Sofía? Escribe algunas para cada requisito según la perspectiva de Sofía.

REQUISITOS
- Hospital cercano.
- Seguro de asistencia internacional.
- Aire acondicionado.
- Agua embotellada.
- Mosquitero.
- Uso de tarjeta de crédito dentro del hotel y cambio de moneda.
- Excursiones organizadas por el hotel y medios de transporte.

● ○ ○   MODELO

Para:

¿Hay un hospital cerca del hotel? ¿A cuántos kilómetros? ¿Es privado o público? ¿Qué necesito llevar si tienen que atenderme allí?

● ○ ○

Para:

16 👥 Intercambia tus preguntas sobre tu ciudad con tu compañero/a y contéstale a las suyas.

GRAMÁTICA

■ Impersonal expressions are used to express an opinion, make a value judgement, and confirm what is true about something that happens or has happened. Impersonal expressions can be followed by the subjunctive or indicative.

■ Para **hacer valoraciones**:

- **Me parece** / **Es** + adjetivo
- **Me parece** / **Está** + adverbio ⎤ + **que** + subjuntivo
- **Es un/una** + sustantivo ⎦

  Me parece increíble que la gente no se informe antes de viajar.

  Está mal que los turistas no se relacionen con la gente del lugar.

  Es una pena que tengas que viajar sola.

■ Para **confirmar** lo evidente, una realidad:

- **Es cierto/evidente/verdad/indudable**... + **que** + indicativo
- **Está claro** + **que** + indicativo

  Es indudable que viajar nos abre los ojos a otras realidades.

  Está claro que tenemos que informarnos antes de hacer un viaje.

1 Clasifica la siguiente lista de expresiones según confirmen una realidad o emitan un juicio de valor.

Es difícil	Es indiscutible	Es mejor	Es obvio	Está comprobado
Es fundamental	Es innegable	Es muy triste	Es probable	Está demostrado
Es horrible	Es bueno	Es necesario	Es seguro	Está visto
Es importante	Es malo	Es normal	Es una vergüenza	No es justo

Confirmar una realidad	Emitir un juicio de valor

2   👥 **Relaciona para formar frases con sentido. Después, compara tus frases con las de tu compañero/a. ¿Están de acuerdo?**

1. Les parece fantástico… ☐

2. Es horrible… ☐

3. Es verdad… ☐

4. Me parece interesante… ☐

5. Creo que es urgente… ☐

6. Está claro… ☐

7. Me parece increíble… ☐

8. Nos parece fatal… ☐

a. que haya tanta necesidad en las grandes ciudades y que se haga tan poco para disminuirla.

b. que hagan experimentos con animales.

c. que haya castigos más duros contra las personas que manejan bajo los efectos del alcohol.

d. que la inestabilidad política es el principal culpable de la pobreza mundial.

e. que la seguridad vial empieza a ser un tema muy preocupante.

f. que en la oficina solo se use papel reciclado.

g. que los gobiernos se tomen en serio el tema de la protección de los niños y adolescentes migrantes.

h. que todavía haya países con bombas nucleares.

3   👥 **Lee los siguientes titulares y los subtítulos de noticias tomadas de periódicos hispanos. Haz una valoración sobre los temas usando las expresiones aprendidas. Comparte tus opiniones con tus compañeros.**

Hay seis hogares que albergan a 85 menores en condiciones de vulnerabilidad

Los hogares son un espacio institucional transitorio para las niñas, niños y adolescentes para los que se busca garantizar la protección integral de sus derechos. Negligencia familiar, maltrato y abusos son las causas más comunes.

(*www.diariosanrafael.com.ar*, Argentina)

Ana, una joven invidente*, se enfrenta a la exigente ruta Quetzal

Ana se ha enfrentado a la ruta Quetzal, una exigente travesía entre Colombia y España. Su objetivo: demostrar a la sociedad que los invidentes también pueden llevar un estilo de vida perfectamente normal.

(*www.iberoamerica.net*, España)

*Ciego/a, que no ve.

GRAMÁTICA

Proyecto de ley busca obligar a conductores ebrios* a prestar servicio social

El proyecto señala que todo conductor que sea sorprendido en estado de ebriedad será retenido hasta que se le pase el efecto del alcohol y, posteriormente, deberá prestar servicio social, además de las sanciones contempladas en el reglamento de tránsito.

(*www.panamaluz.com*, Panamá)

*borrachos, bebidos.

Cruz Roja Venezolana dictará un curso vacacional de primeros auxilios

Este curso va dirigido a jóvenes entre 12 y 15 años de edad e incluirá consideraciones generales sobre las emergencias básicas y la atención primaria, conducta ante una emergencia y signos vitales, entre otros temas.

(*www.cruzrojavenezonalana.org*, Venezuela)

2. PRESENT PERFECT SUBJUNCTIVE

- The present perfect subjunctive is used to express feelings and opinions about something that has already occurred. As with all perfect tenses, the present perfect subjunctive is formed with **haber** and the past participle.

PRESENTE PERFECTO DE SUBJUNTIVO

	−AR	−ER	−IR
haya			
hayas			
haya	trabaj**ado**	com**ido**	viv**ido**
hayamos			
hayáis			
hayan			

Me parece fantástico que hayan ido de vacaciones a Colombia.

- Este tiempo tiene los mismos valores que el presente perfecto de indicativo; cuando el verbo principal pide subjuntivo, utilizamos el presente perfecto de subjuntivo.

≫ *¿Has mandado tu solicitud al director?*
≫ *Sí, lo he hecho esta mañana.*
≫ *Ah, pues me parece importante que lo hayas mandado.*

- Para **expresar extrañeza**:
  - ***¡Qué raro/extraño*…**
  - ***Me parece raro/extraño*…** + *que* + subjuntivo
  - ***Me extraña*…**

  Me parece rarísimo que no haya llamado.
  ¡Qué raro que no haya ido a la fiesta!

182

4  Reacciona expresando extrañeza.

Modelo: Eva ha llegado tarde hoy a clase.
    Me extraña que **haya llegado** tarde, siempre es muy puntual.

a. Mi madre no me ha llamado.

b. Siempre dejo las llaves encima de la mesa y no están, ¿las has visto?

c. Me acaba de llamar Pepe y me ha dicho que no viene a la fiesta.

d. ¿Sabes? Tere y Gonzalo se han ido de vacaciones al desierto de Atacama.

e. He ido a ver a tu hermana, ¿sabes que le han regalado un gato?

f. Me he apuntado a un gimnasio y voy a ir todos los días.

5 Estás chateando con tus amigos. ¡Cuántas cosas les han pasado! Responde rápidamente a sus preocupaciones con una expresión de extrañeza u otra expresión impersonal.

Skype

 # Luisa ¡Qué desesperación! Llevo toda la tarde buscando mi celular, ¿dónde estará? He buscado por todas partes, hasta en el cuarto de baño.
 # Tú ¡Qué extraño que lo hayas perdido! ¡Si estás todo el día con él!

 # Jorge Pues yo estaba en casa esperando una llamada muy importante de mi trabajo. Como no llamaban me fui a duchar, y justo cuando salgo, veo que tengo una llamada perdida… Y lo malo es que no sé de quién era…
 # Tú ....

 # Alberto ¡Vaya día! Yo esta mañana me he quedado encerrado en el ascensor. Lleva varios días sin funcionar, pero ayer noche había un cartel que decía: FUNCIONA.
 # Tú ....

 # Luisa ¿Sabes que Juan ya ha recibido noticias de la beca? Parece que han anunciado los ganadores, pero yo no he podido ir a clase y no sé si me lo han concedido o no. Para un día que no voy a clase… ¡Qué rabia!
 # Tú ....

 # Jorge ¿Ya han llegado tus amigos del viaje? Como les retrasaron el vuelo…
 # Tú ....

 # Alberto Por cierto, fuimos a comprar el regalo de cumpleaños de Ángela. No sé si le va a gustar. Es tan rara…
 # Tú ....

 # Carmen Tengo que hablar con Manuel. Lo he estado buscando por toda el campus pero me han dicho que estaba en clase… Cuando he vuelto, ya se había ido a otra clase… Siempre que lo necesito nunca está.
 # Tú ....

GRAMÁTICA

The pronoun **se** in Spanish has several functions. How many do you recognize?

- **Reflexivo.** Se usa el pronombre **se** para conjugar los verbos reflexivos en las terceras personas del singular y del plural. Estos verbos comunican que la acción desempeñada sobre el sujeto recae sobre sí mismo (*lavarse, vestirse, parecerse...*):
  Desde que vive en Buenos Aires se levanta muy temprano.

- **Pasivo.** Se usa **se** + verbo en tercera persona del singular o del plural, y equivale a una oración pasiva cuando consideramos que referirse al sujeto activo no es importante: *se alquila, se vende, se explica, se sabe...* en lugar de *es alquilado, es vendido, es explicado, es sabido...*:
  En España se baila flamenco.

- **Recíproco.** Se usa el pronombre **se** para expresar una acción de intercambio mutuo (*escribirse, verse, comunicarse, hablarse...*):
  Como viven lejos, se comunican poco.

- **Objeto indirecto.** Usamos **se** en lugar de *le* o *les* para referirnos al objeto indirecto cuando en la oración hay también otro pronombre de objeto directo (*lo, la, los, las*):
  Este restaurante se lo recomendé a mi hermano cuando viajó a Lima.

6 Señala a qué uso de *se* corresponde cada frase: reflexivo, pasivo, recíproco u objeto indirecto.

a. En mi casa la salsa de tomate se hace con mucho ajo. ➜ Modelo: pasivo

b. Carlos y Francisco no se hablan desde hace mucho tiempo. ➜

c. ≫ ¿Le has dicho a Marisa que mañana no hay clase?
   ≫ No, lo siento, no se lo he dicho. ➜

d. Después de veinte años, Paula y Juan se vieron, pero no se reconocieron. ➜

e. Los niños se han resfriado a causa de tantos cambios de temperatura. ➜

f. Se cree que la crisis económica terminará pronto. ➜

7 Observa las siguientes imágenes y descríbelas usando *se* recíproco en frases afirmativas y negativas. Después, compártelas en grupos pequeños. ¿Cuántas versiones diferentes han conseguido?

8 👥 **La próxima edición de la ruta Quetzal ya está en marcha. Lee la información e indica las funciones de los pronombres *se* resaltados. Después, compara tus respuestas con tu compañero/a.**

PUBLICADA LA LISTA DE TRABAJOS RECIBIDOS PARA OPTAR A SER UNO DE LOS 200 EXPEDICIONARIOS

Ya queda menos para saber quiénes serán los seleccionados que (a) **se** embarcarán en una nueva edición de esta expedición que ofrece la oportunidad de viajar, descubrir otras culturas y conocer a jóvenes de otros países latinoamericanos a lo largo de una ruta por América y España. Este año, la ruta (b) **se** desarrollará del 19 de junio al 23 de julio.

Como novedad, el programa Ruta BBVA, CERMI y la Fundación ONCE han creado este año la Embajada de la Discapacidad, a través de la cual (c) **se** abre la participación a dos jóvenes con discapacidad que hayan superado el proceso de preselección.

Tras haber concluido el periodo de inscripción y finalizado el envío de los proyectos y trabajos, queda ahora esperar a la primera quincena de marzo para conocer a los afortunados que, finalmente, (d) **se** convertirán en expedicionarios.

Estos van a ser seleccionados por una comisión elegida por la Universidad Complutense de Madrid, que tiene la responsabilidad de seleccionar los mejores trabajos presentados y, posteriormente, realizar las comprobaciones que crea necesarias, mediante llamada telefónica o videoconferencia, para probar la autoría de los documentos presentados antes de realizar la selección definitiva de candidatos.

Vista aérea del río Amazonas.

Cañón del Colca.

Una vez que (e) **se** sepa quiénes serán los participantes, (f) **se** les citará para que (g) **se** conozcan y tengan un primer contacto antes del viaje. (h) **Se** hará entonces una foto de grupo para la prensa y para las familias de los estudiantes. (i) **Se** la enviarán después de la expedición.

EN BUSCA DE LAS FUENTES DEL AMAZONAS

Ya (j) **se** conoce la temática de esta vigésimo novena edición, que viajará a Perú para descubrir las fuentes del río Amazonas, y la historia y las formas de vida del cañón del Colca. Además, los expedicionarios estudiarán las culturas prehispánicas de Paracas y Nazca.

(Adaptado de *www.injuve.es/cooperación/noticia/ruta-quetzal-2014*)

9 Contesta a estas preguntas sobre las cosas que haces para los demás usando *se lo, se la, se los, se las.* Después, comparte tus respuestas en grupos pequeños. ¿Con quién tienes más en común?

a. ¿Donas la ropa que no usas a alguna organización benéfica? Si no, ¿qué haces con ella?

b. ¿A qué grupo de tu comunidad o escuela le prestas servicio durante el año?

c. ¿A quién de tus compañeros de clase le recomendarías hacer la Ruta Quetzal? ¿Por qué?

d. ¿A qué candidato de las próximas elecciones (presidenciales, municipales o de tu escuela) le piensas dar tu apoyo? ¿Por qué?

e. ¿A qué persona en tu vida le prestas más horas al día?

DONACIONES

10 Busca un/a compañero/a de diferente nacionalidad o que viene de otra parte del país. Habla con él/ella sobre las costumbres de cultura o zona según el modelo, y completa el cuadro con la información.

Costumbres	Mi zona/familia	La zona/familia de mi compañero/a
• Freír los alimentos con mantequilla.	☒	☑
En mi familia no se fríen los alimentos con mantequilla, se fríen con aceite de oliva. ¿Y en la tuya?		
• Celebrar los 15 años de edad.	☐	☐
• Comer alimentos picantes.	☐	☐
• Viajar mucho al extranjero.	☐	☐
• Asistir a eventos culturales, como el teatro y exposiciones de arte.	☐	☐
• Intercambiar regalos el 25 de diciembre.	☐	☐
• Reciclar papel, vidrio y aluminio.	☐	☐
• Apreciar los deportes.	☐	☐

Costumbres	Mi zona/familia	La zona/familia de mi compañero
• Organizar actividades para despertar conciencia contra el cáncer de mama.	☐	☐

• Otras: ....
.... ☐   ☐
....

11 Comparte con el resto de la clase la información de la actividad anterior. ¿Qué te llama más la atención?

MORE IN ELETECA: EXTRA ONLINE PRACTICE

PRONUNCIACIÓN Y ORTOGRAFÍA Las consonantes oclusivas: sonidos /k/ y /g/

1 🎧 36 Escucha y repite estas dos series de palabras: la primera con el sonido /k/ y la segunda con el sonido /g/.

Palabras con /k/				Palabras con /g/			
cuco	caro	cloro	crema	gato	guisante	guerra	airbag
frac	koala	queso	oca	desagüe	regla	globo	tango

- El sonido /k/ se corresponde con las grafías: *ca, co, cu, que, qui* y *k*.
- El sonido /g/ se corresponde con las grafías: *ga, go, gu, gue, gui, güe* y *güi*.

2 🎧 37 Marca la palabra que escuches.

a. ☐ gallo / ☐ callo   c. ☐ guita / ☐ quita   e. ☐ gama / ☐ cama   g. ☐ gasa / ☐ casa
b. ☐ goma / ☐ coma   d. ☐ gana / ☐ cana   f. ☐ guiso / ☐ quiso   h. ☐ bloc / ☐ blog

3 Observa las palabras y complétalas con las grafías *c, q* o *k*.

a. __étchup   d. __oche   g. __ung-fu   j. __asa
b. __ueso   e. __árate   h. __ilo   k. __una
c. __oala   f. __uiero   i. __uemar   l. tan__ue

MORE IN ELETECA: EXTRA ONLINE PRACTICE

PARA ORGANIZAR EL DISCURSO

■ Fíjate en la función de los siguientes **conectores** y trata de incorporar algunos en tu ensayo y presentación oral. Equivalentes a **porque**:

- **Debido a**
  A causa de + nombre / *que* + indicativo ➡ Se usan en un contexto más formal, muchas veces en lengua escrita.

  Se canceló la póliza de seguro debido a que no la habían pagado.

- **Como** + indicativo ➡ Se usa al principio de la oración para indicar la causa de la oración principal.

  Como puedes imaginar, la crisis no tiene una solución fácil.

- **Puesto que**
  Dado que + indicativo ➡ Indican que la causa es conocida por los interlocutores.
  Ya que Pueden ir delante o detrás de la oración principal.

  Puesto que no trabajas a jornada completa, no vas a poder recibir beneficios.

ENSAYO PERSUASIVO

Tema curricular: La ciencia y la tecnología.

Tema del ensayo: ¿Piensas que hay más ventajas en la sanidad pública o privada?

FUENTE 1 - LECTURA

1 **Lee los siguientes textos sobre la Seguridad Social en México.**

LA SEGURIDAD SOCIAL

La Constitución Política de 1917 establece: "Se considera de utilidad social el establecimiento de cajas de seguros populares de invalidez, de vida, de cesación involuntaria del trabajo y de otras con fines análogos para lo cual el gobierno deberá difundir la previsión popular".

Hay diversas instituciones como: el Instituto Mexicano del Seguro Social (IMSS) que provee servicios de salud a empleados en el sector privado y sus familias, y el Instituto de Seguridad y Servicios Sociales de los Trabajadores del Estado (ISSSTE), que atiende las necesidades sociales y de cuidado a la salud de los empleados por el estado y sus familias.

El **Instituto Mexicano del Seguro Social (IMSS)** y el **Instituto de Seguridad y Servicios Sociales de los Trabajadores del Estado (ISSSTE)** son los instrumentos básicos de la seguridad social. Se financian con contribuciones provenientes de los patrones, el Estado y los propios trabajadores.

Su misión es brindar servicios de salud y seguridad social a la población que cuente con afiliación. Brinda asistencia a la salud, asistencia médica, protección de los medios de subsistencia y servicios sociales necesarios para el bienestar individual.

Seguro Popular. El Gobierno mexicano continúa los esfuerzos para ampliar el acceso a los servicios de salud y hacerlos universales. En 2003 se creó el Seguro Popular para proporcionar servicios médicos al 50% de la población que no tenía ninguna protección. Está diseñado específicamente para personas de bajos recursos que no tienen empleo o que trabajan por su cuenta, generalmente en el sector informal, y quienes no tienen acceso a los servicios médicos proporcionados por otras instituciones. El seguro, financiado en gran parte por los gobiernos federal y estatal, proporciona servicios médico-quirúrgicos, farmacéuticos y hospitalarios. Todos los mexicanos y mexicanas que no están cubiertos por las otras instituciones tienen el derecho de afiliarse, ya sea de forma gratuita o mediante una cuota que se fija de acuerdo a las posibilidades económicas de cada persona.

LA MEDICINA PRIVADA

Un sinnúmero de doctores prestan sus servicios en forma privada y hay 3000 hospitales privados con excelentes instalaciones y servicios. Las personas que pueden pagar prefieren recurrir a la medicina privada. El costo de la atención médica privada puede ser muy alto, por lo que se recomienda a los visitantes a México adquirir una póliza que los cubra durante su estancia en el país, ya que su cobertura normal puede no extenderse a México.

FUENTE 2 - GRÁFICO

2 **En este gráfico se muestra la tendencia que ha tenido la afiliación** *(membership)* **de 2000 a 2013 en instituciones de seguridad social y de salud en México.**

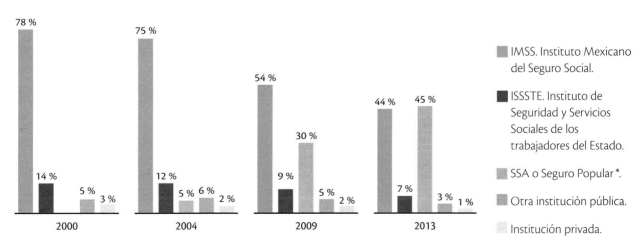

PORCENTAJE DE AFILIACIÓN A INSTITUCIONES DE SEGURIDAD POPULAR Y DE SALUD POR TIPO DE INSTITUCIÓN 2000-2013

- ■ IMSS. Instituto Mexicano del Seguro Social.
- ■ ISSSTE. Instituto de Seguridad y Servicios Sociales de los trabajadores del Estado.
- ■ SSA o Seguro Popular *.
- ■ Otra institución pública.
- ■ Institución privada.

*El Seguro Popular entra en vigor a partir de 2004.

(Instituto Nacional de Estadística y Geografía (INEGI), BOLETÍN DE PRENSA NÚM. 155/14 *http://www.inegi.org.mx/est/contenidos/proyectos/encuestas/hogares/modulos/eness/eness2013/doc/eness132014_04.pdf*)

FUENTE 3 - AUDICIÓN

3 🎧 38 Vas a escuchar a un funcionario de la Secretaría de Salud, a un derechohabiente (persona que tiene el derecho a recibir servicios del Instituto Mexicano del Seguro Social) y a una ejecutiva de una aseguradora privada. Hablan sobre la seguridad social pública y los seguros privados.

4 Ahora escribe un ensayo persuasivo haciendo referencia a las tres fuentes.

PRESENTACIÓN ORAL

Tema curricular: La vida contemporánea.
Tema del ensayo: ¿Qué tipo de actividades solidarias se valoran en tu comunidad?

5 En tu presentación, compara tus observaciones de las comunidades en las que has vivido y en lo que has estudiado sobre la cultura hispana. Reflexiona sobre los diferentes puntos de vista. Incluye tus razonamientos y una conclusión.

6 Presenta tu discurso a la clase.

LA MEDICINA
TRADICIONAL INDÍGENA

¿QUÉ ES LA MEDICINA ALTERNATIVA?

1. Elige la respuesta correcta.

a. Medicinas relacionadas con lo sagrado.

b. Enfoque que considera al ser humano como un conjunto.

c. Terapias basadas únicamente en plantas medicinales.

2. **¿Qué diferencias crees que existen entre la medicina tradicional y la moderna?**

LA MEDICINA TRADICIONAL INDÍGENA

3. Lee el siguiente texto que habla de la medicina tradicional indígena y relaciona cada párrafo con la imagen que le corresponde de la siguiente página.

a. La medicina tradicional indígena es el conjunto de creencias, prácticas y recursos para prevenir, curar o mantener la salud individual y colectiva. Tiene su origen en las culturas prehispánicas, aunque con el tiempo ha ido tomando diferentes influencias (española, africana, moderna…).

b. Esta medicina se basa en una visión del universo como una totalidad interconectada. El ser humano es cuerpo y mente en equilibrio consigo mismo y con el universo al que está conectado. La enfermedad se produce por la ruptura de ese equilibrio y puede ser debida a factores sociales, individuales, espirituales, alimenticios, movimientos bruscos…

c. Quienes tratan estas enfermedades son los curanderos, hierberos, parteras, hueseros, sobadores, rezanderos, viboreros, etc., que basan sus prácticas en esta cosmovisión del sistema indígena tradicional y son respetados por la comunidad.

d. Los curanderos hacen el diagnóstico del paciente a través de diversos métodos: un diálogo con el paciente y la observación detallada de él y de su entorno, la interpretación de los sueños, limpias, masajes, el pulso o diálogo con la sangre, etc. En ocasiones, un procedimiento puede ser para diagnosticar y curar al mismo tiempo (las limpias o los masajes, por ejemplo). También existen muchos procedimientos preventivos que se encargan de evitar, controlar y eliminar los mecanismos que rompen este equilibrio.

e. Los recursos terapéuticos que se aplican son variados: plantas medicinales, animales medicinales, amuletos, minerales, hidroterapia, lugares sagrados, mandas (penitencias o sacrificios para aliviar los problemas), rezos, promesas, ofrendas (a santos o entes sagrados)…

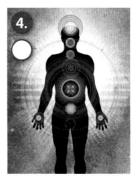

4. Relaciona las palabras de cada columna según la información del texto.

1. Diagnóstico. ⬡
2. Salud. .... ⬡
3. Médico. .... ⬡
4. Origen. .... ⬡
5. Medicina. ...... ⬡
6. Principio. .... ⬡
7. Enfermedad. ⬡
8. Influencia. ..... ⬡

a. Huesero.
b. Plantas.
c. Equilibrio.
d. Varias.
e. Cosmovisión.
f. Desequilibrio.
g. Prehispánico.
h. Limpias.

5. Vas a escuchar a Gerardo Santilla, un antropólogo experto en medicina tradicional indígena. Antes de escuchar, marca las afirmaciones como verdaderas (V) o falsas (F).

	V	F
a. Actualmente está reconocida en la Constitución Política de los Estados Unidos Mexicanos (artículo 2) como derecho cultural de los pueblos indígenas.	⬡	⬡
b. El espanto es una enfermedad provocada por un susto o sorpresa grande.	⬡	⬡
c. El diagnóstico por adivinación con granos de maíz tiene su origen en una tradición mesoamericana que pensaba que el maíz es el material con el que el hombre fue creado.	⬡	⬡
d. Entre los sueños iniciativos, si una persona sueña con un árbol es que va a ser partera.	⬡	⬡
e. Por la adivinación de los sueños también se puede conocer el paradero de las personas extraviadas.	⬡	⬡
f. Dependiendo de la enfermedad se utiliza un tipo de diagnóstico u otro.	⬡	⬡

6. 🎧 39 Ahora escucha al doctor Santillana y confirma tus respuestas anteriores.

MÚSICA

🎵 **Juan Luis Guerra** es un cantante y compositor dominicano. Junto a su banda 440 ha vendido varios millones de discos y ha ganado numerosos premios. Es una de las estrella de la música latinoamericana. Entre sus éxitos más importantes están las canciones *Ojalá que llueva café* y *La bilirrubina*.

7. **Completa la canción con estas palabras.**

fiebre   aspirina   enfermería   vitamina

    cirugía   corazón   radiografía   suero

La bilirrubina

Oye, me dio una (a) .... el otro día
por causa de tu amor, cristiana,
que fui a parar a la (b) ....
sin yo tener seguro de cama.

Y me inyectaron (c) .... de colores,
y me sacaron la (d) ....,
y me diagnosticaron mal de amores,
al ver mi (e) .... como latía.

Oye, y me trastearon hasta el alma
con rayos X y (f) ....
y es que la ciencia no funciona;
solo tus besos, vida mía.

¡Ay, negra! ¡Mira! Búscate un catéter
e inyéctame tu amor como insulina,
y dame (g) .... de cariño
que me ha subido la bilirrubina.

Me sube la bilirrubina
¡ay!, me sube la bilirrubina,
cuando te miro y no me miras,
¡ay! cuando te miro y no me miras,
y no lo quita la (h) ....,
¡no!, ni un suero con penicilina,
es un amor que contamina,
¡ay!, me sube la bilirrubina

> Escucha la canción en Internet y comprueba tus respuestas.

8. **Aquí tienes diferentes opiniones sobre la canción, señala aquella con la que estás más de acuerdo y razona tu elección.**

a. ◯ Esta canción es una declaración de amor. Él se muere de amor por ella.

b. ◯ Está claro que él está enamorado, pero ella no.

c. ◯ Él la está presionando para que no lo deje haciéndose el enfermo.

d. ◯ El problema que tiene es que es un hipocondríaco y un chillón.

1 **¿Conoces a Pío Baroja? ¿Qué sabes de él? Lee su biografía.**

Pío Baroja nació en San Sebastián en 1872. Estudió Medicina en Madrid y publicó sus primeros libros en 1900. Pertenece a la Generación del 98. Durante la Guerra Civil se exilió a Francia. Murió en España en 1956. Su obra está inscrita dentro de la línea del pesimismo existencial. Entre sus novelas destacan: *Zalacaín el aventurero*, *Camino de perfección*, *Las inquietudes de Shanti Andía*, *Paradox, rey*, *La busca*, etc.

El texto que presentamos forma parte del libro *El árbol de la ciencia* que pertenece a la trilogía "La Raza", escrita entre 1908 y 1911. La novela es, en parte, una autobiografía de Baroja de cuando este era estudiante de Medicina. El ambiente que se vive en la narración es el mismo que le tocó vivir en ese tiempo: un ambiente marcado por la diferencia de clases, por la pobreza y la enfermedad.

Andrés Hurtado, el protagonista de esta novela, llega a la Universidad de Madrid con ganas de aprender, de que le enseñen la verdad. Como respuesta, sus profesores acuden a dar las clases desganadamente, sin esforzarse lo más mínimo y preocupándose más por quedar como unos sabios que por la educación de sus alumnos. Ante estas circunstancias, Andrés va a tomar una postura pesimista, no solo ante sus estudios, sino ante el mundo en general. Esta actitud la va a mantener durante toda su vida; incluso cuando concluye su carrera y se dedica temporalmente a la medicina, va a sentir antipatía por una buena parte de sus pacientes y compañeros de trabajo.

2 **Investiga en Internet y responde a estas preguntas.**

   a. ¿A qué edad murió Pío Baroja?

   b. ¿Qué otros autores pertenecieron a la Generación del 98?

   c. ¿Dónde está la ciudad donde nació Pío Baroja?

3 **Antes de leer un fragmento de *El árbol de la ciencia*, relaciona las palabras con su definición.**

   1. Cucurucho. ☐

   2. Jovialidad. .. ☐

   3. Alarde. .... ☐

   4. Capa. .... ☐

   5. Aprensivo. . ☐

   6. Sesos. .... ☐

   7. Fruición. ..... ☐

   8. Desdén. ..... ☐

   9. Atávico. ..... ☐

   10. Grotesco. ... ☐

   a. Que tiende a imitar o mantener formas de vida o costumbres arcaicas.

   b. Ridículo, extravagante, de mal gusto.

   c. Especie de gorro de forma cónica hecho de papel.

   d. Alegría, buen humor, inclinación a la diversión.

   e. Masa de tejido nervioso contenido en el cráneo.

   f. Placer intenso.

   g. Prenda de abrigo larga y suelta, sin mangas, que se lleva encima del vestido.

   h. Indiferencia y falta de interés que denotan menosprecio.

   i. Que siente un miedo excesivo a contagiarse de alguna enfermedad o a sufrir algún daño.

   j. Ostentación o presentación llamativa que hace una persona de algo que tiene.

4 🎧 **40 Escucha y lee el siguiente fragmento.**

El árbol de la ciencia

El curso siguiente, de menos asignaturas, era algo más fácil: no había tantas cosas que retener en la cabeza. A pesar de esto, solo la anatomía bastaba para poner a prueba la memoria mejor organizada.

Unos meses después del principio de curso, en el tiempo frío, se
5 comenzaba la clase de disección. Los cincuenta o sesenta alumnos se repartían en diez o doce mesas, y se agrupaban de cinco en cinco en cada una. (…)

La mayoría de los estudiantes ansiaban llegar a la sala de disección y hundir el escalpelo en los cadáveres como si les quedara un fondo atávico
10 de crueldad primitiva. En todos ellos se producía un alarde de indiferencia y de jovialidad al encontrarse frente a la muerte, como si fuera una cosa divertida y alegre. Dentro de la clase de disección, los estudiantes encontraban grotesca la muerte, a un cadáver le ponían un cucurucho o un sombrero de papel.

Se contaba de un estudiante de segundo año que le había gastado una broma a un amigo suyo que era
15 un poco aprensivo. Cogió el brazo de un muerto, se tapó con la capa y se acercó a saludar a su amigo. "¡Hola! ¿Qué tal?", le dijo, sacando por debajo de la capa la mano del cadáver.

"Bien. ¿Y tú?", contestó el otro.

El amigo estrechó la mano, se estremeció al notar su frialdad, y quedó horrorizado al ver que por debajo de la capa salía el brazo de un cadáver.

20 De otro caso sucedido por entonces se habló mucho entre los alumnos. Uno de los médicos del hospital, especialista en enfermedades nerviosas, había dado orden de que a un enfermo suyo, muerto en su sala, se le hiciera la autopsia, se le extrajera el cerebro y se lo llevaran a su casa para estudiarlo.

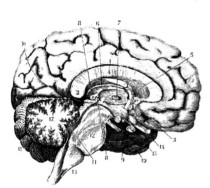

El interno extrajo el cerebro y lo envió al domicilio del médico. La criada de la casa, al ver el paquete, creyó que eran sesos de
25 vaca, y los llevó a la cocina, los preparó, y los sirvió a la familia.

Se contaban muchas historias como esta, fueran verdad o no, con verdadera fruición. Existía entre los estudiantes de Medicina una tendencia al espíritu de clase, consistente en un común desdén por la muerte; en cierto entusiasmo por la brutalidad quirúrgica, y
30 en un gran desprecio por la sensibilidad.

(Adaptado de *El árbol de la ciencia*, Pío Baroja)

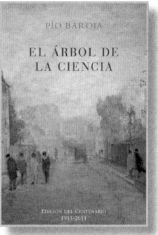

5 👥 **Habla con tus compañeros sobre el fragmento que has leído teniendo en cuenta los puntos que te damos a continuación.**

a. Comenta el título *El árbol de la ciencia*.
b. Interpreta la actitud de los estudiantes de Medicina.
c. Explica cómo se siente el protagonista frente a las reacciones de sus compañeros de clase.
d. ¿Puedes deducir cuáles son o pueden ser los intereses de los profesores?
e. ¿Qué harías tú si estuvieras en su lugar?

1 Explica en un pequeño párrafo qué es la Cruz Roja y a qué se dedica, y valora su labor humanitaria.

....

....

2 Contesta a esta opinión expresando acuerdo o desacuerdo: *Las ONG no deberían existir. Los estados tendrían que hacerse cargo de las necesidades de sus ciudadanos.*

3 Fíjate en las siguientes estructuras y marca la opción correcta.

	Infinitivo	Indicativo	Subjuntivo
a. Creo que…	☐	☐	☐
b. No creo que…	☐	☐	☐
c. Es importante que…	☐	☐	☐
d. Es necesario…	☐	☐	☐
e. Me parece increíble que…	☐	☐	☐
f. Está claro que…	☐	☐	☐

4 Completa las siguientes frases.

a. En esta ciudad no se… ....

b. Se lo dijeron… ....

c. Se busca a personas que… ....

d. Se comunican… ....

e. Desde que se enfadaron… ....

f. Se comenta que… ....

5 Piensa en los diferentes viajes que se han presentado en la unidad (viajes turísticos a países hispanohablantes, viajes por descubrimiento, viajes relacionados con el voluntariado, etc.) y habla con tu compañero/a sobre las ventajas que tiene hacer viajes de este tipo, las precauciones que hay que tomar y los beneficios que pueden resultar después de tener estas experiencias.

MORE IN ELETECA: EXTRA ONLINE PRACTICE

AHORA SOY CAPAZ DE…

	Sí	No
1. …expresar mi opinión sobre un tema.	☐	☐
2. …valorar un hecho.	☐	☐
3. …expresar acuerdo y desacuerdo.	☐	☐
4. …hablar de labores humanitarias utilizando el léxico adecuado.	☐	☐

Solidaridad y salud

albergado/a *housed, sheltered*

el apoyo *support*

la asistencia *aid*

la ayuda a domicilio *home help service*

el botiquín *first-aid kit*

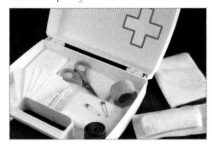

la calidad de vida *quality of life*

el centro de desintoxicación *rehab/detox clinic*

la donación de sangre *blood donation*

el/la drogadicto/a *drug addict*

la higiene *hygiene*

la manutención *living expenses, child support*

la movilidad reducida *reduced mobility*

las necesidades *needs*

los primeros auxilios *first aid*

el/la recién nacido/a *newborn*

el/la refugiado/a *refugee*

la reinserción *reintegration*

la salud materna *health of women during pregnancy*

la salud pública *public health*

la seguridad vial *road/traffic safety*

el transporte adaptado *handicapped accessible transportation*

la vacuna *vaccine*

las viviendas tuteladas *sheltered housing*

el voluntariado *voluntary work, service*

Verbos

abstenerse (de) *to abstain, refrain (from)*

colaborar *to cooperate*

desmentir *to refute*

donar *to donate*

mejorar *to improve*

prestar servicio *to provide a service*

Valoraciones

comprobado/a *confirmed, verified*

indiscutible *indisputable*

innegable *undeniable*

saludable *healthy*

Palabras y expresiones

el conjunto de rasgos *combination of characteristics*

desde luego *of course*

la divisa *foreign currency*

el/la patrocinador/a *sponsor*

por supuesto *of course*

sin embargo *nevertheless, however*

tienes razón. *You are right*

Conectores del discurso

a causa de *because of, due to*

como *since, because*

dado que *given that, since*

debido a *on account of, owing to*

puesto que *given that, since*

ya que *considering that, now that*

TOMA LA CALLE

Manifestación en Barcelona, España.

≫ ¿Qué están haciendo estas personas?

≫ ¿Cómo crees que se sienten?

≫ ¿Cuál es el mensaje de su cartel?

≫ ¿Has ido alguna vez a una manifestación?

≫ ¿Crees que son útiles?

≫ ¿Por qué motivos irías a una?

SESIÓN DE CINE

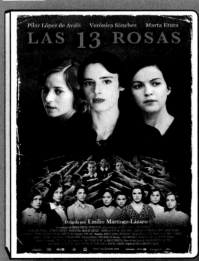

Pilar López de Ayala   Verónica Sánchez   Marta Etura

LAS 13 ROSAS

Dirigida por Emilio Martínez-Lázaro

In this unit, you will learn to:

- Discuss historical events in Spain and Latin America
- Talk about repercussions and collective memory
- Talk about what you thought things would be like
- Make formal requests or demands
- Express possible and improbable situations

Using

- Imperfect subjunctive
- If clauses
- *Como si* + imperfect subjunctive

APRENDE HACIENDO

- Global Challenges: Social Conscience
- Science and Technology: Effects of Technology on Self and Society

UN POCO DE LITERATURA

- *¡Diles que no me maten!*, de Juan Rulfo

SABOR HISPANO

- Dos pintores, dos mundos

1 👥 **Con un compañero/a, contesten las siguientes preguntas.**

a. ¿Has asistido alguna vez a clases de baile?

b. ¿Qué importancia tiene el baile en tu vida?

c. ¿Cómo le pedirías bailar a alguien?

d. ¿Cómo crees que lo pedirían tus abuelos?

e. ¿Crees que lo pedirían igual en los años cincuenta los jóvenes de España y Latinoamérica?

2 **Relaciona las imágenes con los estilos de baile y comenta las diferencias con tu compañero/a.**

1. ☐ disco   3. ☐ flamenco   5. ☐ vals

2. ☐ tango   4. ☐ rock and roll   6. ☐ hip hop

a. ○    b. ○    c. ○

d. ○    e. ○    f. ○

3 👥 **¿Con cuál de los estilos anteriores te identificas? ¿Sabes lo que es un bolero? Si no lo sabes, busca la información en Internet.**

4 🎧 41 **Escucha atentamente la siguiente entrevista que un locutor hace a Miguel sobre sus recuerdos de juventud. Después de escuchar, elige el título más adecuado.**

a. El tiempo perdido.

b. La nostalgia de la juventud.

c. El amor verdadero es para siempre.

5 🎧 **41** **Lee y escucha de nuevo la conversación, y completa la información que falta.**

Locutor: Y tenemos hoy en nuestro espacio para la nostalgia a Miguel, español que lleva aquí en México toda una vida y que viene esta tarde a contarnos cómo conoció a su gran amor. Buenas tardes, Miguel, ¿cómo está?

Miguel: Buenas tardes, bien, muy bien… Encantado de estar aquí…

Locutor: Perfecto, Miguel. Si me permite, ¿cuántos años tiene usted?

Miguel: Cumpliré 87 en agosto.

Locutor: Está usted muy bien… Díganos por qué ha venido a contarnos su historia.

Miguel: Muy fácil. Me encanta la música que ponen en este programa. Es una música que me recuerda a otros tiempos, a otras cosas.

Locutor: ¿Sí? Cuéntenos, Miguel, ¿a quién o qué le recuerda?

Miguel: Pues mire, recuerdo cuando era joven y eran las fiestas del pueblo, allá en España, y salíamos a bailar con las muchachas.

Locutor: Pero, Miguel, ¿era un donjuán entonces?

Miguel: Bueno, no podía hacer mucho, pero lo intentaba. Eso sí, hasta que conocí a mi amor. Recuerdo que esa tarde, salí con unos amigos. La orquesta era muy mala y nadie quería bailar. Entonces, la vi y (1) .... conmigo. Le dije: "(2) .... esta fiesta".

Locutor: Por favor, siga, siga, don Miguel. ¿Qué pasó?

Miguel: Pues que aceptó. Cuando me miró, pensé que estaría en mi vida para siempre. Me enamoré de ella al instante y, mientras, la orquesta estaba tocando un bolero. Pero nuestro amor no pudo ser. Ese verano fue la última vez que la vi… hasta hace veinte años.

Locutor: ¡Qué pena! ¿De verdad? ¿Y por qué?

Miguel: Tuve que emigrar y ella se quedó allí… Todos (3) .... de ella. Fue muy duro. (4) .... las cosas de manera diferente. Nunca pensé que la volvería a ver, pero resulta que hace veinte años nos encontramos en los bailes de salón de la Casa de España. La música de esta emisora sonaba en el salón. Nos acercamos, empezamos a bailar (5) ...., sin palabras. Desde entonces ya no nos hemos separado nunca más.

6 **Relaciona el número de las frases que completaste en la actividad anterior con lo que expresan.**

a. ☐ Dar consejo.

b. ☐ Expresar condiciones posibles.

c. ☐ Pedir.

d. ☐ Describir el momento de una situación imaginaria.

e. ☐ Expresar condicionales irreales en el pasado.

7 👥 **Escribe un diálogo similar siguiendo las instrucciones. Después, representa la conversación con tu compañero/a.**

1. Eres un locutor/ra y haces una entrevista a un/a inmigrante de tu ciudad. Salúdalo.

2. Responde al saludo y muéstrate contento/a.

3. Pregúntale por el recuerdo más importante de su juventud.

4. Descríbele cómo era tu vida en tu país y los consejos que te dio tu familia cuando decidiste emigrar.

5. Pregúntale qué cambiaría si fuera joven otra vez.

6. Contesta. Despídete.

COMUNICA

■ Para expresar una **acción futura respecto a otra pasada**, se usa el condicional:

Acción en el pasado		Acción futura dentro de ese pasado
– Nunca **pensé**		**elegiría** la carrera de periodista.
– Mi profesora me **decía**	que	**sería** una buena política.
– **Sabía**		**me interesaría** mucho la historia de Latinoamérica.

Recuerda:

- Para formar el **condicional**: Infinitivos en **–ar, –er, –ir** + **ía, ías, ía, íamos, íais, ían**.

- Algunos irregulares:
  tener ➡ **tendría, tendrías,**...
  poder ➡ **podría, podrías,**...
  hacer ➡ **haría, harías,**...

1 👥 Estos son los comentarios que han subido a Twitter algunas personas sobre la etiqueta #Cosasquenuncapenséqueharía. ¿Cómo creen que se sienten? ¿Están satisfechas con lo que han conseguido?

••••○   10:45 AM   🔋

🐦 Inicio   🔍 Buscar en Twitter   👤+   ✒

Elena @Elenarv   1h

Nunca **pensé que iría** a Cuba. A mi abuela le gustaba contarme historias de su niñez y del pueblo donde nació. Cuando murió el año pasado, decidí ir y conectar con esa parte de su vida.

María @Marith   1h

Nunca **pensé que podría** viajar sola. Fui el año pasado a ¡¡¡México!!! Allí conocí a la familia de mi tío abuelo que emigró después de la guerra.

Juan @Juangt   2h

Mi madre me **decía que** nunca **aprendería** a bailar. De pequeño no me gustaba. Ahora no solo me gusta, sino que disfruto compitiendo en los concursos de baile.

Lucía @Lucy   3h

De niña odiaba los idiomas, pero **sabía que viajaría** mucho. Ahora soy intérprete de cinco idiomas y viajo continuamente. ¡Estoy encantada!

Sandra @SandraTeruel   3h

Mi maestra me **decía que sería** una buena médica. Al final seguí la carrera de Historia. Es que me pongo nerviosa solo de pensar en la sangre.

David @Davidmk   5h

Pensaba que mi profesión **sería** la de periodista de grandes hechos históricos. No soy escritor, pero ahora tengo un blog donde escribo todo lo que me interesa y me gusta.

2 👥 **Vuelvan a leer los comentarios de Twitter y completen como en el ejemplo.**

Pensaba que
1. Pensaba que nunca iría a Cuba.
2.
3.
4.
5.
6.

Sin embargo
1. Lo hizo.
2.
3.
4.
5.
6.

3 👥 **¿Qué crees que dirían las madres de estos famosos sobre sus hijos y lo que ellas pensaban que harían o no harían? Crea una historia para cada uno y compártela en grupos.**

FORO: MADRES DE FAMOSOS

#Albert_Einstein._Científico

#Jennifer_Lopez._Cantante_y_actriz

#Leo_Messi._Jugador_de_fútbol

#Sonia_Sotomayor._Jueza

4 👥 **¿Y tú? ¿Cómo imaginabas que sería tu vida cuando eras niño/a? Escríbelo y luego cuéntaselo al resto de tus compañeros de grupo. Comparen lo que pensaban llegar a ser y lo que son. Recuerden que los datos pueden ser inventados.**

EXPRESSING POSSIBLE AND IMPROBABLE SITUATIONS

■ Para expresar hipótesis en el pasado, se usa:

- El verbo en condicional simple:
  - *Ese día sería su cumpleaños. Cumpliría dos añitos.*

- **Yo diría que** / **Igual** / **A lo mejor**... + tiempo verbal de pasado en indicativo
  - *Jorge siempre llama cuando va a llegar tarde. Yo diría que le pasó algo.*

- **Puede (ser) que**...+ tiempo verbal de pasado en subjuntivo
  - *Puede ser que se haya perdido.*

- **Es (im)posible/(im)probable que**... + tiempo verbal de pasado en subjuntivo
  - *Es bastante probable que hayan decidido cambiar la hora de la cena.*

- **Lo más seguro/probable es que**... + tiempo verbal de pasado en subjuntivo
  - *Lo más seguro es que se haya olvidado la fecha.*

5 La web *Coleccionistas de Recuerdos* nos ha mostrado algunos momentos especiales para sus usuarios. ¿Qué momento o situación del pasado creen que reflejan? Comparte tu hipótesis usando el condicional.

COLECCIONISTAS DE RECUERDOS

a.

b.

c.

d.

e.

6 👥 Algunos estudiantes han hecho suposiciones sobre las imágenes anteriores. Completa las suposiciones con el tiempo correcto. Trabaja con tu compañero/a.

1.

Yo creo que esta fotografía (a) **sería** / **sea** del día de su boda. Este es el momento en el que le tiraban el arroz. Diría que aquel día (b) **fue** / **sea** un día muy especial en su vida, por eso ella lo recuerda con cariño. Lo más seguro es que después de un buen banquete (c) **se han ido** / **se hayan ido** de luna de miel.

2.

Puede que estas personas (d) **han viajado** / **hayan viajado** por primera vez al extranjero. Por eso era un momento muy especial para él. Yo diría que (e) **eran** / **hayan sido** amigos de la infancia y cuando terminaron la universidad decidieron hacer un viaje juntos.

3.

Igual (f) **fue** / **sea** el momento en el que le regalaron el gatito. (g) **Estaría** / **Esté** jugando en el jardín cuando llegaron sus padres con la sorpresa. ¡Qué graciosa foto! Yo tengo una prácticamente igual.

4.

¡Ay, qué recuerdos del día de Reyes! Por su cara, es posible que no le (h) **ha gustado** / **haya gustado** mucho el regalo, je, je. Cuando somos niños, este día no se olvida. Y, de hecho, siempre soñamos con volver a ser niño para tener esta ilusión.

5.

Veo a un grupo de amigos cenando. Lo más probable es que esta persona (i) **ha salido** / **haya salido** con sus compañeros de trabajo para la comida de fin de año. (f) **Tendría** / **Tengan** muy buenos recuerdos. Igual porque en aquella cena (k) **conoció** / **haya conocido** al amor de su vida.

7 👥 🎧 ⁴² Escucha ahora a los propietarios de esos recuerdos y comprueba tus respuestas de la actividad anterior. ¿Han coincidido? ¿A qué imagen se refieren cada uno?

8 Estos son los deseos que tienen las personas que subieron las fotos a la web *Coleccionistas de Recuerdos*. Lee el recuadro y relaciona los deseos con las imágenes de la actividad 5. Después, crea un deseo más para cada uno y coméntalo en grupos pequeños.

> ■ Para **expresar un deseo** para el presente o futuro, se usa el condicional:
>
> – ***Me gustaría*** hablar contigo esta noche.　　　– ***Desearía*** vivir en una ciudad con playa.

a. ☐ Me gustaría decirles a los padres que las mascotas forman una parte muy importante en la vida de los niños.

b. ☐ Desearía crear mi propia empresa dedicada a organizar eventos y celebraciones.

c. ☐ Querría hacer, al menos, algo de teatro, para entretener a niños y crear un mundo mágico para ellos.

d. ☐ Aunque soy feliz con mi esposo estos últimos quince años, me encantaría tener hijos.

e. ☐ Desearía volver a estudiar y conocer a gente maravillosa.

00:19:24 - 00:20:50
00:25:07 - 00:27:55

Título: Las 13 rosas.

Año: 2007.

País: España.

Género: Drama.

Director: Emilio Martínez Lázaro.

Intérpretes:

Pilar López de Ayala,
Verónica Sánchez,
Marta Etura,
Nadia de Santiago,
Bárbara Lennie,
Goya Toledo,
Gabriella Pession,
Félix Gómez,
Fran Perea,
Enrico Lo Verso,

Miren Ibarguren,
Asier Etxeandía,
Alberto Ferreiro,
Luisa Martín,
Secun de la Rosa,
Adriano Giannini,
Gabriella Pession,
Patrick Criado,
Leticia Sabater,
Alberto Chaves.

SINOPSIS

El 1 de abril de 1939 termina la guerra civil española. Temiendo la sangrienta represión que se acercaba, muchos republicanos huyen del país, pero otros no pueden o no quieren, como las jóvenes muchachas protagonistas de esta historia real.

El dictador Franco promete que solamente serán castigados los que tengan las manos manchadas de sangre. Y ninguna de esas muchachas las tiene. Como Carmen, por ejemplo, de 16 años, que militaba en las Juventudes Socialistas pero nunca tuvo un arma. Ni su amiga Virtudes, que servía en casa de unos nuevos ricos franquistas y pasó la guerra dando de comer a ancianos y niños.

Las detuvieron al mes de acabar la guerra. Sufrieron duros interrogatorios policiales y, finalmente, fueron trasladadas a la cárcel de Ventas donde había miles de mujeres. A las trece detenidas, a las que sus compañeras bautizaron como "las menores" por su corta edad, las acusaron de rebelión y de haber planeado un atentado contra Franco, un atentado irreal pero que daba base a la acusación.

 ¿SABÍAS QUE…?

• Las "trece rosas" es el nombre colectivo que se le dio a un grupo de trece jóvenes fusiladas por el régimen franquista en 1939.

LAS JÓVENES LLAMADAS
« LAS TRECE ROSAS »
DIERON AQUÍ SU VIDA POR LA LIBERTAD
Y LA DEMOCRACIA EL DÍA 5 DE AGOSTO DE 1939
EL PUEBLO DE MADRID RECUERDA SU SACRIFICIO
5 DE AGOSTO DE 1988

ANTES DE VER LA SECUENCIA

1 ¿Qué sabes de la guerra civil española? ¿Qué bandos (*sides*) pelearon? Habla con tus compañeros.

2 Observa las siguientes escenas y contesta a las preguntas. Trabaja con tu compañero/a.

a. ¿Dónde están Blanca y su familia? ....

b. ¿Qué están haciendo? ....

c. ¿Por qué creen que tienen tanto dinero? ....

....

d. ¿Qué están haciendo estas mujeres? ....

e. ¿Cuál es el estado de ánimo de Juan? ¿Por qué? ....

....

f. ¿Qué relación creen que hay entre ellos? ....

g. ¿Por qué creen que Blanca ha ido a esta casa? ....

h. ¿Qué le entrega a Juan? ....

i. ¿Qué relación hay entre ellos? ....

....

3 ▭▭▭◁ **Lee el discurso radiofónico de las autoridades españolas y completa el mensaje.**
00:07 - 00:55

Españoles, ¡alerta!

No todos los enemigos de España han conseguido escapar y la obligación de cada español es (a) ....
.... Será un mal español, es decir, no será español (b) ....
...., y que sepan los que callan que en su día también deberán responder ante la justicia
(c) ...., enemigos de la patria.

4 👥 **Blanca es una de las "trece rosas". Con el dinero guardado tras la guerra, decide ayudar económicamente a Juan, un músico militante comunista y compañero de orquesta de su marido. Ordena el siguiente diálogo. Después, compáralo con tu compañero/a.**

☐ **a. Cuñada:** ¡Te tienes que ir!

☐ **b. Blanca:** No se preocupe, somos amigos, soy Blanca, la mujer de Enrique García.

☐ **c. Juan:** ¡Espera! Pasa Blanca, mi suegra y mi cuñada Manuela, ¿qué haces aquí?

☐ **d. Blanca:** Es todo lo que podemos darte.

☐ **e. Blanca:** Buenas tardes, ¿está Juan?

☐ **f. Suegra:** Sí, ¡vete! ¡Vete con tus amigos bolcheviques y vete, y no vuelvas más!

☐ **g. Juan:** Está bien.

☐ **h. Suegra:** ¡Es peligroso! Hasta tus amigos lo dicen.

☐ **i. Cuñada:** No, no, no, lo siento, no… No sabemos nada de él.

☐ **j. Juan:** No se preocupe que en cuanto pueda me pienso marchar, pero usted no me puede echar, ¡este también es mi piso, de mi mujer!

☐ **k. Suegra:** No lo ha oído, ¡cierra!

☐ **l. Suegra:** ¡En mala hora os conocisteis! Tú le metiste toda esas ideas en la cabeza.

☐ **m. Blanca:** Adiós.

☐ **n. Blanca:** ¿Dónde vas a estar? Enrique dice que es peligroso que te quedes aquí.

DESPUÉS DE LA SECUENCIA

5 Contesta las preguntas con tu compañero/a.

    a. ¿Qué último favor le pide Juan a Blanca?

    b. ¿Cómo reacciona Blanca?

    c. Juan dice: "Quién puede pensar en eso ahora". ¿Qué quiere decir con eso?

    d. ¿Qué consejo le da Juan a Blanca para continuar la vida con su marido?

6 ¿Has hecho alguna vez algo bueno por alguien y ha tenido consecuencias negativas en tu vida? Cuéntaselo a tu compañero/a.

7 Imagínense las siguientes situaciones y digan a sus compañeros qué harían ustedes.

    a. Ha terminado la guerra y crees que estás protegido porque no has hecho nada. Un buen amigo tuyo está en peligro porque es del bando perdedor y hay represalias. ¿Qué harías por él?

    b. Estás en peligro porque estabas afiliado al partido que ha perdido la guerra. ¿Qué harías?

    c. Después de una guerra, un familiar tuyo está en grave peligro por sus ideas políticas. No ha hecho realmente nada malo, pero hay persecuciones y amenazas por parte de las autoridades para las personas que ayuden a los vencidos. ¿Qué harías?

8 ¿Qué consejos le darías a una persona que quiere ayudar a otra que se encuentra en un peligro real? Escribe cinco consejos y compáralos con los de tu compañero/a. ¿Han coincidido? ¿Cuáles son los dos mejores? Elijan los mejores consejos de la clase.

1 Fíjate en estos momentos de la historia de Latinoamérica y España, y relaciona las palabras en negrita con su definición.

1. La **Guerra** de las Malvinas (Argentina). .... ☐

2. El **Tratado** de Paz, Amistad y Límites (Bolivia y Paraguay). ..... ☐

3. Guerra civil y **dictadura** de Franco (España). .... ☐

4. **Inicio** de la Revolución mexicana (México). .... ☐

5. **Revolución** cubana (Cuba). .... ☐

6. **Golpe de Estado** y asesinato del presidente Allende (Chile). ☐

a. Acuerdo oficial entre países con la finalidad de establecer normas de relación.

b. Rebelión de militares contra el gobierno legal de un país para hacerse con el control.

c. Acción de protesta ante una situación política o social que quiere cambiarse.

d. Lucha armada entre dos o más países, o entre grupos contrarios de un mismo país.

e. Comienzo, principio de un hecho.

f. Régimen político que concentra todo el poder en una persona.

2 ¿Qué saben sobre estos acontecimientos? ¿A qué dos hechos corresponden estos dos sellos? Habla con tu compañero/a.

1. ....

2. ....

3 Lee los textos sobre estos acontecimientos y ordénalos cronológicamente.

La Guerra de las Malvinas se originó cuando Argentina, en 1982, ocupó militarmente estas islas en **poder** del gobierno británico. Inglaterra movilizó su fuerza militar con el **apoyo** de EE.UU. y las tropas argentinas **se rindieron** dos meses y medio después. En el año 1990 empezaron de nuevo las relaciones diplomáticas entre los dos países.

Fidel Castro **lideró** la revolución cubana que en el año 1959 acabó con la dictadura de Fulgencio Baptista. Ernesto "Che" Guevara, que murió ocho años después de la victoria de la revolución, fue la mano derecha de Fidel en la **lucha**.

El presidente Salvador Allende, elegido democráticamente por el pueblo de Chile, fue asesinado en 1973 en el Golpe de Estado liderado por el general Augusto Pinochet, quien **gobernó** los siguientes quince años.

La Guerra del Chaco **surgió** entre Bolivia y Paraguay por la posibilidad de encontrar petróleo en esa zona, que no tenía los límites territoriales marcados. El **conflicto** terminó tres años después, en 1935, cuando se firmó en Argentina el Tratado de Paz, Amistad y Límites en el que Paraguay resultó el mayor beneficiado al retener la zona y se estableció la frontera que **actualmente** separa estos dos países.

En el año 1910 comenzó la Revolución mexicana, que surgió por la lucha de los **campesinos** en defensa de las tierras y de una **reforma agraria**. Francisco "Pancho" Villa y Emiliano Zapata (asesinado en 1919) fueron sus dos **líderes** famosos.

En 1936 hubo un **alzamiento** militar liderado por el general Francisco Franco contra la II República española. En ese momento empezó la Guerra Civil, que **duró** tres años y, tras la cual, España permaneció bajo la dictadura de Franco hasta 1975.

4 Especifica la fecha y ordena cronológicamente los siguientes acontecimientos según la información que tienes.

a. Comienzo de la Guerra del Chaco.

b. Muerte de Ernesto "Che" Guevara.

c. Reanudación de las relaciones entre Argentina e Inglaterra.

d. Finalización de la dictadura de Franco.

e. Año en el que empezó a gobernar Pinochet.

f. Muerte de Emiliano Zapata.

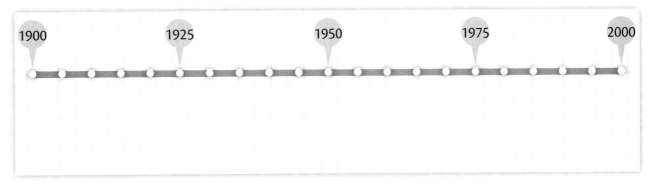

1900   1925   1950   1975   2000

5 🗣 Busca en el texto las palabras en negrita para estas definiciones. Después, crea definiciones para las palabras que no se usaron y compártelas con tu compañero/a. ¿Acertaron los dos?

a. Tuvo lugar durante un periodo de tiempo. ➡ ....

b. Una rebelión. ➡ ....

c. Comenzó. ➡ ....

d. Protección. ➡ ....

e. Hoy día, ahora. ➡ ....

f. Abandonaron la lucha. ➡ ....

6 👥 🎧 43 **Vas a escuchar a un periodista hablando sobre otro hecho histórico importante. Subraya la opción correcta y comprueba las respuestas con tu compañero/a.**

a. El acontecimiento ocurrió en México en el año **1998 / 1968**.

b. El periodista había empezado a trabajar hacía **poco tiempo / ese mismo año**.

c. Las autoridades **censuraron / no censuraron** la información.

d. Hoy **ya / todavía no** se sabe el número exacto de fallecidos.

e. Todo empezó con una pelea entre estudiantes **del IPN y del CNH / del IPN y de la UNAM**.

f. La manifestación en la Plaza de las Tres Culturas fue el día **2 / 12** de octubre.

g. Durante los Juegos Olímpicos **siguieron / pararon** las manifestaciones y protestas.

7 **Lee este texto sobre otro acontecimiento histórico ocurrido en Argentina en los años 80. ¿Qué te parece la iniciativa de las Madres de Plaza de Mayo?**

En Argentina, un 24 de marzo de 1976, una junta militar tomó el poder y lanzó una sistemática persecución y captura de militantes políticos, activistas sociales y ciudadanos que ejercían sus derechos constitucionales y que fueron eliminados sin saber aún hoy su paradero: los desaparecidos. Para miles de familias argentinas, esta palabra se convirtió en símbolo de una prolongada y dolorosa pesadilla.
Con el retorno de la democracia, en 1983, los gobiernos argentinos no reconocieron la tragedia que habían vivido los familiares y amigos de las víctimas. Tan solo la voz de un grupo de mujeres, madres y abuelas se hizo escuchar reclamando saber el destino de sus hijos y nietos. Ellas se fueron levantando, dándose consejos, ideas y fuerza y comprendieron rápidamente que la lucha individual no daba resultado, así que decidieron trabajar juntas. Es así como el 30 de abril de 1977 hicieron su primera aparición en la Plaza de Mayo. La lucha iniciada siguió creciendo firme, coherentemente y sobrevivió a la misma dictadura.

8 👥 **Trabaja con tu compañero/a y busquen en el texto las palabras que se refieren a:**

a. el grupo de militares que gobierna. ➡ ....

b. las personas a quienes detenía este grupo de militares. ➡ ....

c. la palabra emblemática que define a estas víctimas. ➡ ....

d. las personas que decidieron no olvidar a sus hijos y nietos. ➡ ....

e. la actitud del gobierno argentino en 1983. ➡ ....

9 👥 **También existen lemas (slogans) para defender protestas, revoluciones, manifestaciones, etc. Relaciona estos famosos lemas con el suceso al que crees que corresponden.**

1. Madres Plaza de Mayo. .... ☐   **a.** Tierra y Libertad.

2. Revolución cubana. .... ☐   **b.** Ni olvido, ni perdón.

3. Revolución mexicana. .... ☐   **c.** Patria o muerte.

4. México del 68. .... ☐   **d.** ¡Libertad, libertad! Nuestros hijos, ¿dónde están?

10 🎧 44 **Escucha y lee este texto que informa sobre los trabajos de la *Asociación para la Recuperación de la Memoria Histórica* y contesta verdadero (V) o falso (F) antes y después de leer el texto.**

	Antes de leer			Después de leer	
	V	F		V	F
a.	☐	☐	El objetivo de la *Asociación para la Recuperación de la Memoria Histórica* es castigar a los responsables de las represalias.	☐	☐
b.	☐	☐	España está dispuesta a descubrir las fosas comunes de la dictadura.	☐	☐
c.	☐	☐	En España hubo campos de concentración que intentaban lograr la depuración ideológica del país.	☐	☐
d.	☐	☐	Los prisioneros ganaban menos de la mitad del salario normal por su trabajo.	☐	☐

Existe en España un grupo dedicado a **preservar** la memoria histórica de las violaciones a los derechos humanos cometidas durante la dictadura franquista. Lleva el nombre de *Asociación para la Recuperación de la Memoria Histórica* (ARMH).

Esperan que la ONU obligue a España a abrir las **fosas comunes** donde se supone que se encuentran los restos de personas desaparecidas durante la Guerra Civil. Pero la petición que realizan incluye la entrega de sus restos a los familiares para que les den digna **sepultura** como en otros países donde ha habido dictaduras, y que se retiren de España todos los símbolos franquistas que "ofenden la dignidad de las víctimas". La Asociación enfatiza que son 30 000 los desaparecidos españoles a lo largo de la Guerra Civil. Será

difícil establecer con exactitud cuántos muertos causó la represión franquista. Según los archivos, sobre todo militares, entre 1936 y 1943 hubo aproximadamente 150 000 víctimas mortales en actos de **represalia**, campos de concentración, trabajos forzados y prisiones.

Según el historiador Javier Rodrigo, del Instituto Universitario Europeo de Florencia, en España funcionaron 104 **campos de concentración**. Entre 1936 y 1939 pasaron por ellos alrededor de 370 000 personas, muchas de las cuales murieron por las malas condiciones higiénicas y alimentarias.

Los campos cumplían la doble función de "**depuración**" y de "clasificación de los **detenidos**". En su interior, los prisioneros podían permanecer por un tiempo indeterminado a la espera de que llegaran cargos en su contra, o hasta ser integrados al ejército a modo de **conscriptos**, enviados a la prisión, a batallones de trabajo o directamente podían ser **fusilados**.

El sistema de campos funcionó hasta 1942, pero las colonias penitenciarias y los batallones de trabajadores continuaron existiendo hasta bien avanzada la década de 1950. Según otros estudios, fueron aproximadamente 400 000 personas las que se vieron obligadas a estos **trabajos forzados**. Tuvieron a su cargo el levantamiento de más de 30 embalses (*dams*) y canales, prisiones, viaductos y vías de tren. Construyeron fábricas, trabajaron en pozos mineros y fueron explotados por empresas privadas, recibiendo un 25 % del salario que les correspondía.

11 👥 Discute con tus compañeros el significado de los siguientes términos. Después, relacionen las palabras con su significado.

1. Preservar. .... ☐	**a.** Arrestado.
2. Fosa común. ... ☐	**b.** Ejecutado con un arma.
3. Sepultura. .... ☐	**c.** Hoyo en la tierra para enterrar a múltiples cadáveres.
4. Represalia. .... ☐	**d.** Infracción con los que se acusa a alguien.
5. Campo de	**e.** Labor que una persona hace por obligación como parte de su sentencia.
concentración. . ☐	**f.** Limpieza, purificación.
6. Depuración. .... ☐	**g.** Lugar en que está enterrado un cadáver.
7. Detenido. .... ☐	**h.** Lugar en que se obliga a vivir a cierto número de personas como prisioneros,
8. Cargo. .... ☐	generalmente por razones políticas.
9. Conscripto. ...... ☐	**i.** Proteger de un daño o peligro.
10. Fusilado. .... ☐	**j.** Soldado, recluta.
11. Trabajo forzado. ☐	**k.** Venganza que se adopta para responder a los actos en contra del Estado.

12 👥 Busca en el texto todos los cognados que encuentras y haz una lista. Después, compártela con tu compañero/a. ¿Quién ha encontrado más palabras? Explica el significado de cada una.

13 👥 ¿Qué piensas que les pasó a los republicanos, a los que perdieron la guerra? Mira las fotos para darte una idea. Después, lee el texto y encuentra la respuesta.

EL EXILIO REPUBLICANO
A CAUSA DE LA GUERRA CIVIL ESPAÑOLA (1936-1939)

El capítulo mexicano más conocido es quizás el de los 'Niños de Morelia', como se conoce a los cerca de 500 menores de edad acogidos por las órdenes y generosidad del entonces presidente Lázaro Cárdenas en 1937 durante la guerra civil española.

En México se creó el Comité Técnico de Ayuda a los Refugiados Españoles (CTARE) cuyo objetivo sería recibir, alojar, proporcionar auxilio y distribuir a los inmigrantes por el territorio mexicano. Se estiman en unos 6000 los refugiados llegados a bordo de los buques Sinaia, Ipanema y Mexique en 1939.

Los historiadores estiman que México acogió a cerca de 25 000 refugiados españoles entre 1939 y 1942, gran parte durante el gobierno del presidente Lázaro Cárdenas. De estos refugiados se estima que la "inmigración intelectual" o de "élite" componía aproximadamente un 25 % del total. Llegaron además "competentes obreros y campesinos", así como militares, marinos y pilotos, hombres de Estado, economistas y hombres de empresa, todos ellos vinculados al gobierno republicano derrotado en la guerra.

La tarea que hicieron los refugiados fue de un valor absolutamente inapreciable para México. Aquella irrepetible generación de intelectuales españoles exiliados trabajando con grupos de mexicanos ayudó enormemente a la consolidación del país después de la Revolución.

Morelia, México.

14 Vuelve a leer el texto y completa la ficha.

Número de niños acogidos en Morelia, México:
Presidente de México que apoyó el exilio a México:
Número de refugiados llegados a México entre 1939 y 1942:
Ocupación de los refugiados:
Beneficio para México:

15 Con tu compañero/a, busquen ejemplos en el texto para completar el cuadro y formar la familia de las palabras. ¿Pueden añadir algunos ejemplos más?

Verbo	Sustantivo	Adjetivo
	el refugio	
	el conocimiento	
	la estimación	
exiliar		
consolidar		
	la acogida	

16 Escribe los cinco acontecimientos más interesantes que han ocurrido en Estados Unidos en el siglo XX y compártanlos en grupos pequeños. ¿Coinciden?

17 Contesten las preguntas.

a. ¿Crees que es importante recordar la historia? ¿Por qué?

b. ¿Existe algún movimiento o actividad similar en tu país? ¿Te parece útil esta iniciativa?

c. ¿Conoces bien la historia reciente de tu país? ¿Tus padres y abuelos te hablan o te hablaron alguna vez de los acontecimientos históricos más importantes que han vivido o vivieron? Cuéntanos alguno.

 MORE IN ELETECA: EXTRA ONLINE PRACTICE

1. IMPERFECT SUBJUNCTIVE

The imperfect or past subjunctive is formed by dropping the **–ron** ending of the third-person plural of the preterit and adding **–ra** or **–se**. The **–se** form is used more often in Spain then elsewhere.

practica**ron** ➡ practica**ra** / practica**se**   fue**ron** ➡ fue**ra** / fue**se**

- Use the imperfect subjunctive much in the same way as you would the present subjunctive (to express speaker's uncertainty, attitudes, emotions, or wishes) but when speaking about the past or hypothetical situations. Compare the following sentences:

  Es importante que respetes las normas. ➡ *Sería importante que respetaras las normas.*

  No creo que sea buena idea dejar el gimnasio. ➡ *No creía que fuera buena idea dejar el gimnasio.*

–AR PRACTICAR	–ER BEBER	–IR DECIDIR
practicara	bebiera	decidiera
practicaras	bebieras	decidieras
practicara	bebiera	decidiera
practicáramos	bebiéramos	decidiéramos
practicarais	bebierais	decidierais
practicaran	bebieran	decidieran

Recuerda:

Este tiempo verbal tiene también esta forma:

Practicar: *practicase, practicases, practicase, practicásemos, practicaseis, practicasen.*

Beber: *bebiese, bebieses, bebiese, bebiésemos, bebieseis, bebiesen.*

Decidir: *decidiese, decidieses, decidiese, decidiésemos, decidieseis, decidiesen.*

■ Los **verbos irregulares** en pretérito mantienen la irregularidad en todas las personas:

pu**d**ieron ➡ pu**d**iera
pi**d**ieron ➡ pi**d**iera
constru**y**eron ➡ constru**y**era

■ La correlación de tiempos en relación al pasado es la siguiente:

Antes **tenía** *(imperfecto) miedo de que las clases* **fueran** *difíciles.*

Raquel me **llamó** *(pretérito) para que la* **acompañara** *a clase.*

Sería *(condicional) genial que todos* **pudiéramos** *pasarlo bien.*

---

1 **Completa las frases y relaciónalas con lo que expresa.**

	Prohibición	Orden y petición	Consejo
a. El gobierno recomendó que los ciudadanos .... (mantenerse) tranquilos cuando hubo el alzamiento militar.	◯	◯	◯
b. Durante la dictadura chilena no estaba permitido que .... (agruparse, ellos) en partidos políticos.	◯	◯	◯
c. Les agradecería que .... (reconocer) que se equivocaron robando la libertad a nuestro país.	◯	◯	◯
d. Estaba prohibido que .... (hacerse) apología del terrorismo.	◯	◯	◯
e. Me gustaría que .... (prestar) atención a la gente y .... (tomar) medidas para asumir la historia de nuestro país con respeto.	◯	◯	◯
f. Exigiría que .... (descubrir, ellos) las fosas comunes y .... (devolver, ellos) los restos a las familias.	◯	◯	◯

2 Completa los cambios que se han producido en algunos países de Latinoamérica y España. ¿Cómo son las leyes en tu país? Comenten con sus compañeros.

Antes estaba prohibido en:

- **México** que los matrimonios (a) .... (disolverse) jurídicamente. Solo estaba permitido que las parejas vivieran separadas.
- **Cuba** que los ciudadanos (b) .... (tener) celular. Solo estaban autorizados los oficiales de alto rango.
- **España** que las personas del mismo sexo (c) .... (casarse).
- **Colombia** que se (d) .... (interrumpir) el embarazo en todos los supuestos.
- **EE. UU.** que… ....
  ....

Ahora está permitido en:

- **México**, a partir de 2008, que los matrimonios (e) .... (divorciarse) sin necesidad de expresar causa alguna.
- **Cuba** que cualquiera (f) .... (tener) celular.
- **España**, desde el 2005, que las personas del mismo sexo (g) .... (contraer) matrimonio.
- **Colombia** que las mujeres (h) .... (abortar) cuando el embarazo es producto de una violación, cuando está en riesgo la vida de la madre y cuando se presentan malformaciones en el feto.
- **EE. UU.** que… ....
  ....

3 ¿Y tú? Escribe los cambios que has experimentado en tu vida.

Antes estaba permitido / prohibido...

Ahora está permitido / prohibido...

2. IMPERFECT SUBJUNCTIVE: MAKING FORMAL REQUESTS OR DEMANDS

■ Para **pedir o exigir formalmente**, se usa:

- *Me gustaría que* + imperfecto de subjuntivo
  Me gustaría que los campos de concentración no existieran.

- *Sería conveniente que* + imperfecto de subjuntivo
  Sería conveniente que las familias de desaparecidos encontraran a sus familiares.

- *Le(s) pediría/agradecería que* + imperfecto de subjuntivo
  Pediría que la ONU ayudara a la Asociación de la Memoria Histórica.

- *¿Le importaría que* + imperfecto de subjuntivo?
  ¿Le importaría que hiciéramos una comparación con otras dictaduras?

4 Lee el testimonio de algunos españoles ante la situación en España que has conocido en esta unidad y completa las frases.

¿Cómo se puede explicar que, 40 años después de la muerte del dictador, sigan todavía en fosas comunes y cunetas unas 130 000 víctimas de aquel régimen? Me gustaría que esta situación (a) .... (cambiar) y se (b) .... (poder) descubrir esas fosas comunes, no con la iniciativa privada sino con la colaboración del gobierno de un país que asume su historia.

¿Para qué ahora resucitar el pasado? El pasado pasado está. Le pediría a todos que (c) .... (olvidar) el dolor por el pasado y (d) .... (mirar) hacia delante, para construir un país fuerte.

¿Cómo puede España mantener la cabeza erguida sin hacer nada respecto a los iconos que apoyan y enaltecen un régimen totalitario? Sería conveniente que (e) .... (desaparecer) los símbolos que alaban un comportamiento poco ético, como se ha hecho en otros países de Europa.

Yo agradecería que todos (f) .... (reflexionar) objetivamente y (g) .... (reconocer) que se cometieron injusticias en aquellos campos de concentración, donde se fusilaron a muchas personas y de otras muchas se abusó.

En mi opinión, es un tema de justicia para todos los españoles. Somos un pueblo que vive una democracia estable y segura. Todos hemos trabajado bien para ello. Entonces, ¿a quién le importaría que las autoridades (h) .... (hacer) lo que se ha hecho ya en muchos otros lugares?

5 La dictadura española no fue la única en el mundo hispanohablante. Comenta con tu compañero/a qué otros países han vivido esta experiencia y cuántos de ellos viven ahora en democracia.

6 🎧 45 Escucha los testimonios de una chilena y un argentino respecto a la reacción de sus países a los crímenes cometidos durante sus dictaduras. Contesta a las siguientes preguntas.

a. ¿Qué es Londres 38?

b. ¿Cuál es el propósito del Museo de la Memoria y los Derechos Humanos en Chile?

c. ¿Cuáles eran los objetivos de las organizaciones de las Madres de la Plaza del 2 de mayo y las Abuelas de la Plaza del 2 de mayo?

d. ¿Qué papel desempeñó Raúl Alfonsín en la memoria histórica de Argentina?

e. ¿Qué son los Juicios de la Verdad?

f. ¿Cuál es la posición de la ONU en el trabajo que está realizando Argentina respecto a su historia?

7 Escribe una carta a la ONU en la que compares la situación de Chile, Argentina y España respecto a su memoria histórica. Utiliza las estructuras vistas para expresar tus exigencias. Elijan la mejor carta de la clase y envíenla.

8 Completen los cuadros con temas o situaciones que tienen que mejorar en su estado, en su país y en el mundo. Escriban peticiones formales exigendo su mejora. Póngalo en común con la clase y elijan la situación más grave en cada entorno y la petición mejor redactada.

En mi estado	En mi país	En el mundo

Exigimos...

3. IF CLAUSES

You have already learned different ways to express hypotheses in Spanish. In this section you will learn to express factual and contrary-to-fact statements with **si**. Compare the following sentences that illustrate these two types of statements.

Si tengo 10 dólares, te los dejo. (It's possible that I have the money)

Si tuviera 10 000 dólares, te los dejaría. (I really don't have the money. Contrary-to-fact statement)

- Condicionales probables:
  - **Si** + presente de indicativo + futuro / presente / imperativo
  Si gano suficiente dinero este verano, haré / hago / haz un viaje por toda Europa.

- Condicionales poco probables:
  - **Si** + imperfecto de subjuntivo + condicional
  Si ganara suficiente dinero este verano, haría un viaje por toda Europa.

9 👥 **Pregunta a tu compañero/a qué hace o qué va a hacer en estas situaciones.**

Modelo: ¿Qué haces si no puedes expresar tu opinión?
            Si no puedo expresar mi opinión, lucho para que esto cambie.

a. No puede expresar su opinión.

b. Quiere ir a una manifestación y no está permitida.

c. Es sancionado injustamente.

d. No tiene acceso a información objetiva.

10 👥 **Lean las respuestas que han dado algunas personas en una encuesta sobre el tema del dinero y la felicidad. ¿Con cuál de ellas se identifican más?**

> *Si tuviera un buen trabajo, se me acabarían muchos de los problemas que tengo.*

a. Si tuviera un buen trabajo, se me acabarían muchos de los problemas que tengo.

b. Si tuviera una tarjeta de crédito sin límite, no me preocuparía tanto.

c. Si tienes una vida en pareja sólida, entonces eres feliz.

d. Si contara con buena salud, podría hacer de todo para alcanzar la felicidad.

e. Si ayudo a la gente, me siento útil para los demás y eso me proporciona bienestar.

f. Si tienes una familia unida, las cosas siempre son más fáciles.

11 **Imagina que no tienes ningún tipo de restricciones, ¿qué harías con respecto a...?**

- el trabajo
- las vacaciones
- tu casa
- el carro
- tus abuelos
- los amigos
- esos amigos de tus amigos a los que no soportas
- el jefe
- tus estudios
- los viajes

Modelo: Si viviera más cerca de mi abuelo, lo visitaría cada semana.
            Si los amigos de Carmen vinieran a cenar con nosotros, yo no les hablaría.

12 🎧 **46** **Hace un tiempo circuló por Internet el supuesto testamento literario del importante escritor colombiano Gabriel García Márquez, en el que nos cuenta cómo se comportaría si se le diese una oportunidad de vida. Relaciona el texto. Después, escucha y comprueba.**

1. Si Dios me obsequiara un trozo de vida, ... ☐

2. ¡Dios mío! Si yo tuviera un corazón, ... ☐

3. ¡Dios mío! Si yo tuviera un trozo de vida, ... ☐

4. Si supiera que hoy fuera la última vez que te voy a ver dormir, ... ☐

5. Si supiera que esta fuera la última vez que te vea salir por la puerta, ☐

6. Si supiera que esta fuera la última vez que voy a oír tu voz, ... ☐

7. Si supiera que estos son los últimos minutos que te veo, ... ☐

---

a. te abrazaría fuertemente y rezaría al Señor para poder ser el guardián de tu alma.

b. diría "te quiero" y no asumiría, tontamente, que ya lo sabes.

c. escribiría mi odio sobre el hielo, y esperaría a que saliera el sol. Pintaría con un sueño de Van Gogh sobre las estrellas un poema de Benedetti, y una canción de Serrat sería la serenata que le ofrecería a la Luna. Regaría con mis lágrimas las rosas, para sentir el dolor de sus espinas, y el encarnado beso de sus pétalos…

d. vestiría sencillo, me tiraría de bruces al sol, dejando descubierto, no solamente mi cuerpo, sino mi alma.

e. no dejaría pasar un solo día sin decirle a la gente que quiero que la quiero. Convencería a cada mujer u hombre de que son mis favoritos y viviría enamorado del amor.

He aprendido que un hombre solo tiene derecho a mirar a otro hacia abajo, cuando ha de ayudarle a levantarse. Son tantas cosas las que he podido aprender de ustedes; pero realmente de mucho no habrán de servir, porque cuando me guarden dentro de esa maleta, infelizmente me estaré muriendo.

Siempre di lo que sientes y haz lo que piensas.

f. te daría un abrazo, un beso y te llamaría de nuevo para darte más.

g. grabaría cada una de tus palabras para poder oírlas una y otra vez indefinidamente.

---

13 👥 **Lean esta nota. ¿En qué circunstancias escribirían ustedes una nota semejante?**

Mucha suerte y presta mucha atención a todo lo que ocurra a tu alrededor; ya sabes que no hay nada mejor que la prudencia. Aquí todos estamos contigo.

Pues, no sé. Yo escribiría algo así si un amigo mío fuera a pasar una entrevista de trabajo, para darle ánimos y, de paso, algunos consejos sobre la observación y la prudencia, que nunca vienen mal.

4. *COMO SI* + IMPERFECT SUBJUNCTIVE

You have been using **como** to mean *as*, *like*, and *since*. The expression **como si** means *like* or *as if*. It is used to make a comparison with something not real.

■ Cuando queremos describir algo, ya sean objetos, personas o acciones, nos ayudamos comparándolo con elementos semejantes y usamos la partícula **como**.

Escribes como un niño de seis años.

(a) ....

■ A veces, cuando queremos describir algo o una situación, usamos ideas o situaciones que no han pasado, son imaginarias, pero que nos ayudan a describir o explicar la situación. Para ello usamos **como si** + imperfecto de subjuntivo.

Estás comiendo la tarta como si fueras un niño de seis años. (Situación imaginaria = ser un niño de seis años)

El niño comía la tarta como si fuera el único en la fiesta. (Situación imaginaria = ser el único niño)

(b) ....

(c) ....

■ **Ni que** + imperfecto de subjuntivo, sirve para comparar una acción con otra que sabemos que es imposible. Es sinónimo de *como si*, pero es más enfático, tiene más fuerza.

No sé por qué estás tan nervioso, ni que fuera la primera vez que tienes un examen. (Situación imaginaria = es el primer examen en la vida de un estudiante de universidad)

(d) ....

14 **Lee la conversación entre Rosa y Julia y fíjate en las diferentes funciones de *como* en español. Completa la explicación anterior con ejemplos sacados de la conversación.**

Rosa: Mira esta foto que encontré de antes de la guerra. Creo que es la abuela de mi madre con sus amigas en la playa.

Julia: ¡Qué trajes de baño llevan! Están vestidas como si fueran a una fiesta y no a bañarse.

Rosa: Es verdad. ¡O como si tuvieran frío!

Julia: Yo nunca iría así a la playa, ni que estuvieran en el Polo Norte.

Rosa: La pobre abuela, en aquellos tiempos tendría que vestirse como una señorita decente.

15 **Explica con tus palabras el significado de la siguiente frase, respondiendo a las preguntas:**
Están vestidas como si fueran a una fiesta.

a. ¿Van a una fiesta realmente?

b. ¿Qué parte de la frase es la real y la imaginaria?

c. En "Como si fueran a una fiesta", ¿la acción se realiza antes, al mismo tiempo o después de la acción de la frase real?

d. ¿Qué tiempo verbal acompaña a *como si*? ¿Por qué?

e. ¿Es una comparación o una condición?

16 Observen las siguientes fotos del pasado y completen las frases utilizando *como si*. Elijan una de ellas y escriban una conversación como la de la actividad 14. Represéntenla ante la clase.

El abuelo…   Posan para la foto…   Se miran…   El soldado español…

MORE IN ELETECA: EXTRA ONLINE PRACTICE

PRONUNCIACIÓN Y ORTOGRAFÍA La grafía *h* y las palabras homófonas

La grafía *h*

- En español la *h* es una letra muda, es decir, que no tiene sonido: *hola, huelga, hambre.*

- A veces el contacto de la *h* con algún grupo vocálico produce un sonido, como es el caso del grupo *hi + e*, que lo podemos pronunciar como /ye/: *hielo, hierba, hierro.*

1 ¿Cómo se pronuncian las siguientes palabras? Por turnos, léanlas en voz alta.

haber	habitante	hoja	helado	hospital	himno
hecho	hiena	historia	Honduras	hueco	hierro

2 Analiza las palabras *tuvo/tubo* en las siguientes frases. Después, lee el cuadro y elige la opción correcta en cada caso.

a. **Tuvo** mucha suerte.   b. El **tubo** de pasta de dientes se ha terminado.

> **Las palabras homófonas**
>
> Las palabras homófonas son palabras con ☐ distinto / ☐ el mismo significado que suenan ☐ diferente / ☐ igual, pero que se escriben de forma ☐ diferente / ☐ igual.

3 En español hay palabras homófonas a causa de la *h*. Expliquen qué significan y pongan un ejemplo contextualizándolas.

a. Ola: onda del mar. Hay unas olas estupendas para hacer surf.

   Hola: ....

b. Abría: ....

   Habría: ....

c. Haber: ....

   A ver: ....

MORE IN ELETECA: EXTRA ONLINE PRACTICE

PARA ORGANIZAR EL DISCURSO

■ Fíjate en la función de los siguientes **conectores discursivos** y trata de incorporar algunos en tu ensayo y presentación oral.

- Para introducir un nuevo argumento o idea: **referente a**, **respecto a**, **en relación con**, **en cuanto a**, **por otra parte**…

- Para expresar un inconveniente u obstáculo que no impide que la acción principal se cumpla: **aunque**, **a pesar de que**…

- Para concluir: **por último**, **finalmente**, **para terminar**, **en conclusión**…

ENSAYO PERSUASIVO

Tema curricular: Los desafíos mundiales.

Tema del ensayo: ¿Crees que es necesario recobrar la memoria histórica para el bienestar social y político?

FUENTE 1 - LECTURA

1 **Lee este artículo sobre la desaparición de 43 estudiantes universitarios que ocurrió el 26 de septiembre de 2014 en México.**

¿Dónde están los 43 estudiantes desaparecidos de Ayotzinapa?

El 26 de septiembre de 2014, estudiantes universitarios de la Escuela Normal Rural de Ayotzinapa, México, fueron secuestrados. Los 43 estudiantes están desaparecidos y se teme que estén muertos.

Su desaparición se convirtió en el detonante de las manifestaciones nacionales. El procurador general de México dice que fueron capturados por la policía por órdenes del alcalde, entregados a una banda de narcotraficantes y ejecutados. Las autoridades dicen que creen que los restos quemados de los estudiantes fueron arrojados a un río, pero muchos familiares dicen que aún mantienen las esperanzas hasta que exista una prueba de ADN.

Además de formar maestros, a la universidad rural para maestros del estado de Guerrero se le conoce por su activismo político. Se sabe que la policía ha discutido con los manifestantes estudiantiles en el pasado.

A medida que el controvertido caso acapara los titulares mundiales, los familiares y compañeros de clase de los estudiantes marchan en manifestaciones y llevan grandes fotos de sus rostros, comparten sus historias y exigen justicia.

Carmelita Cruz llora mientras describe a su hijo menor, Jorge Aníbal Cruz Mendoza, de 19 años. Cuando los investigadores comenzaron a investigar la desaparición de los estudiantes, algunos sugirieron que podrían estar relacionados con las pandillas. No es cierto, dice Cruz. "Creo que el gobierno es culpable. Pero, obviamente, quieren lavarse las manos y culpar a los que no son responsables", dice.

José Ángel "Pepe" Navarrete, de 18 años, se inscribió en la conocida escuela rural para maestros con un objetivo claro, dice su padre: trabajar con las comunidades marginadas. Es un objetivo común de muchos que asisten a la pequeña escuela, financiada por el gobierno, la cual les ofrece a los estudiantes que se forman la oportunidad de trabajar en algunas de las comunidades más pobres y remotas de Guerrero. Su padre, como muchos padres de los estudiantes desaparecidos, dice que él cree que todavía están vivos. Emiliano Navarrete dice que quienes sean los que se hayan llevado a los estudiantes, también deben ser seres humanos. "También tienen hijos y no les gustaría que les ocurriese lo mismo a ellos".

En un cuaderno de espiral que todavía permanece en su dormitorio universitario, Julio César López Patolzin, de 25 años, documentó sus primeros días en la universidad. Escribió: "Ingresé a esta universidad por la sencilla razón de que mis padres son campesinos con pocos recursos y también tengo que ser responsable académicamente". Menos de un mes más tarde, desapareció. Ahora solo queda un estudiante en ese piso de la residencia de estudiantes. El último estudiante que queda viviendo allí dice que no se irá porque está esperando que sus compañeros regresen.

(Adaptado de *http://cnnespanol.cnn.com/2014/11/14/quienes-son-los-43-estudiantes-desaparecidos-de-mexico/*)

FUENTE 2 - GRÁFICO

2 **Este gráfico representa el informe de Amnistía Internacional sobre los abusos contra los derechos humanos en 160 países y territorios del mundo.**

Los derechos humanos: cifras básicas 2014/2015

Casi 3 de cada 4 gobiernos (119 de 160) restringió la libertad de expresión de manera arbitraria. Hubo restricciones a la libertad de prensa en muchos países, que fueron testigo de clausuras de periódicos y amenazas a periodistas.

Más de un tercio de los gobiernos (62 de 160) encarcelaron a presos de conciencia, personas que simplemente ejercían sus derechos y libertades.

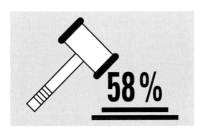

El 58 % de los países (93 de 160) sometieron a personas a juicios injustos. Cuando a una persona se la somete a un juicio injusto, no se imparte justicia ni al acusado, ni a la víctima, ni a la sociedad.

El 82 % de los países (131 de 160) sometieron a personas a tortura u otros malos tratos.

www.amnesty.org

FUENTE 3 - AUDICIÓN

3 🎧 47 Esta grabación trata el tema de mirar hacia delante y dejar de confrontar el pasado por el bien de todos. Escucha las declaraciones a la prensa del comandante de la FARC-EP (Fuerzas Armadas Revolucionarias de Colombia-Ejército del Pueblo) durante la firma de acuerdos para la paz en Colombia.

4 Ahora escribe un ensayo persuasivo haciendo referencia a las tres fuentes.

PRESENTACIÓN ORAL

Tema curricular: La ciencia y la tecnología.

Tema del ensayo: ¿De qué manera ha influido la tecnología en la comunicación entre culturas y países?

5 En tu presentación, debes incluir ejemplos de lo que has visto y experimentado en tu comunidad y lo que has aprendido sobre la cultura hispana.

6 Presenta tu discurso a la clase.

DOS PINTORES, DOS MUNDOS

¿SABEN QUÉ MUSEOS SON?

1. 👥 Observa estos lugares. ¿Saben a qué pintores están dedicados?
¿Qué personalidades crees que tienen?
¿Saben en qué países están?

CON ORIGINALIDAD

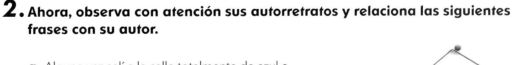

2. Ahora, observa con atención sus autorretratos y relaciona las siguientes frases con su autor.

a. Alguna vez salí a la calle totalmente de azul o con un geranio tras la oreja.

b. Dicen que mi pintura es surrealista, pero no es cierto. Yo siempre pinto mi propia realidad.

c. Recibí muchos mensajes del espacio a través de mis largos bigotes.

d. Soñé con montar mi propio museo y lo hice en mi ciudad natal.

e. A mi matrimonio lo definen como la unión entre una paloma y un elefante.

f. Pinto autorretratos porque paso la mayor parte de tiempo en soledad.

Frida Kahlo.

☐ ☐ ☐

Salvador Dalí.

☐ ☐ ☐

3. Lee las biografías de los dos pintores y comprueba tus respuestas anteriores.

SALVADOR DALÍ

Pintor español que nació en 1904 en Figueras (Gerona). Sus veranos en Cadaqués, un pequeño pueblo de pescadores, fueron lo mejor de su infancia y a menudo reflejó su paisaje y recuerdos en sus cuadros. De 1929 a 1936 fue la etapa más fructífera de su vida, donde pintó cualquier "pensamiento automático" que le pasaba por la cabeza. Encontró su propio estilo, el "método paranóico-crítico", y conoció al amor de su vida: Gala. Diseñó escaparates y decorados, creó sus primeros objetos surrealistas y salió a la calle pintado de azul o con un geranio tras la oreja. Durante la Segunda Guerra Mundial se exilió con Gala a Estados Unidos durante ocho años y conquistaron Nueva York. El estallido

de la bomba atómica sobre Hiroshima le impresionó tanto que los fenómenos científicos y la física nuclear ocuparon el centro de su atención. Sus largos bigotes, desde los que recibía mensajes desde el espacio, y sus bastones alcanzaron una fama mundial. A partir de 1970 se dedicó a su último gran sueño: montar su propio museo en el edificio del antiguo teatro de Figueras. Diseñó el museo como una gran autobiografía: una especie de cueva de "Dalí-Babá" que narra las distintas visiones del mundo que tuvo a lo largo de la vida... Murió en 1989 y fue enterrado en su museo de Figueras.

FRIDA KAHLO

Pintora mexicana que nació en Coyoacán en 1907. Sin embargo, Frida siempre dijo que nació en 1910, año de la revolución mexicana. En 1925, un grave accidente de tranvía la dejó con lesiones permanentes durante toda su vida y tuvo que someterse

a 32 operaciones quirúrgicas. El aburrimiento y la soledad de la época de su recuperación la llevaron a pintar numerosos autorretratos. Años más tarde, en 1929, se casó con Diego Rivera, con el que mantuvo una relación basada en el amor, la infidelidad, el vínculo creativo y el odio.

Se divorciaron para volverse a casar un año después. Al matrimonio lo llamaron la unión entre un elefante y una paloma, porque Diego era enorme y obeso, y Frida pequeña y delgada.

El poeta y ensayista surrealista André Bretón definió la obra de Frida como surrealista, pero ella lo negó afirmando que nunca pintó sus sueños, sino su propia realidad. Murió en Coyoacán en 1954, fue incinerada y sus cenizas se encuentran en la Casa Azul de Coyoacán.

ARTE

4. Lee la descripción de estas obras y responde a las preguntas.

Galatea de las Esferas (1952). Salvador Dalí reflejó en este cuadro tres de sus obsesiones: su mujer Gala, la ciencia y el misticismo. Dalí se sintió muy atraído por la ciencia, primero con la teoría de la relatividad de Einstein y, después, con los experimentos nucleares, los avances en el estudio del ADN, la naturaleza de la luz o la física cuántica. En 1951 publicó el *Manifiesto místico*, donde expresó su interés por los fenómenos nucleares. En esta pintura combinó la vertiente espiritual, con el retrato místico de Gala, y la ciencia, reflejada en las esferas como pequeñas partículas que componen la materia y forman el universo.

Diego y yo (1949). Frida Kahlo pintó este autorretrato cuando su marido, Diego Rivera, mantenía una aventura con la estrella de cine María Félix, que además era amiga íntima de Frida. La pintora bromeó muchas veces sobre este romance. Sin embargo, esta pintura revela sus sentimientos. Frida llora porque está rota de dolor. Su larga melena que se enreda en el cuello simboliza el fuerte dolor que la está estrangulando. La obsesión que siente por su marido se refleja en la imagen de Diego en su frente que, a pesar del dolor que le ocasionan sus infidelidades, le sigue amando.

a. ¿Cuáles son las obsesiones de Dalí representadas en este cuadro?

b. ¿Cuáles son las vertientes que se combinan en el cuadro? ¿Cómo se reflejan?

c. ¿Qué acontecimientos científicos influyeron en la obra de Dalí?

d. ¿En qué se basa su *Manifiesto místico*?

a. ¿En qué momento pintó Frida este autorretrato?

b. ¿Quién fue María Félix?

c. ¿Qué simboliza el largo cabello rodeando el cuello de Frida?

d. ¿Cómo se refleja en el cuadro la obsesión de Frida por su marido?

CINE

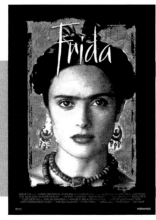

5. Busca en Internet la película *Frida* y observa un fragmento. ¿Cómo refleja la película la personalidad de Frida Kahlo?

Salma Hayek representó el papel de la famosa pintora mexicana en la película *Frida*, que estuvo nominada a seis Premios Oscar. Madonna y Jennifer Lopez estuvieron interesadas en protagonizar esta película.

1 ¿Conoces a Juan Rulfo? ¿Qué sabes de él? Lee los siguientes datos biográficos de este autor.

Juan Nepomuceno Carlos Pérez Rulfo Vizcaíno, más conocido como **Juan Rulfo**, nació en Acapulco, estado de Jalisco, el 16 de mayo de 1917. Murió en la ciudad de México, el 7 de enero de 1986. Fue escritor, guionista y fotógrafo perteneciente a la Generación del 52.

La reputación de Rulfo se asienta en dos pequeños libros: *El llano en llamas*, publicado en 1953, y la novela *Pedro Páramo*, publicada en 1955.

Juan Rulfo fue uno de los grandes escritores latinoamericanos del siglo XX, que pertenecieron al movimiento literario denominado "realismo mágico", y en sus obras se presenta una combinación de realidad y fantasía, cuya acción se desarrolla en escenarios americanos, y sus personajes representan y reflejan el tipismo del lugar, con sus grandes problemáticas socioculturales, entretejidas con el mundo fantástico.

2 Busca en Internet y amplía tu información contestando estas preguntas.

a. ¿Asistió a la universidad? ¿Por qué temas sentía gran curiosidad y en cuáles se especializó?

b. ¿Fueron importantes sus fotografías? ¿De qué trataban?

c. ¿Ha tenido repercusión internacional o solo es conocido en el mundo hispano?

d. ¿Has leído algún libro suyo?

3 Van a leer el comienzo del cuento de Juan Rulfo llamado *¡Diles que no me maten!*, que habla sobre la vida de los campesinos durante la Revolución mexicana. ¿Lo conoces? ¿De qué crees que trata?

4 🎧 **48** **Escucha y lee el fragmento. Después, responde a las preguntas.**

a. ¿Por qué Juvencio le pide a Justino que no lo maten?   **b.** ¿Quién quiere matarlo?

Diles que no me maten

Juvencio: ¡Diles que no me maten, Justino! Anda, vete a decirles eso. Que por caridad. Así diles. Diles que lo hagan por caridad.

Justino: No puedo. Hay allí un sargento que no quiere oír hablar nada de ti.

Juvencio: Haz que te oiga. Date tus mañas y dile que para sustos ya ha estado
5 bueno. Dile que lo haga por caridad de Dios.

Justino: No se trata de sustos. Parece que te van a matar de a de veras. Y yo ya no quiero volver allá.

Juvencio: Anda otra vez. Solamente otra vez, a ver qué consigues.

Justino: No. No tengo ganas de ir. Según eso, yo soy tu hijo. Y, si voy mucho
10 con ellos, acabarán por saber quién soy y les dará por afusilarme a mí también. Es mejor dejar las cosas de ese tamaño.

Juvencio: Anda, Justino. Diles que tengan tantita lástima de mí. Nomás eso diles. *(Justino apretó los dientes y movió la cabeza).* No. *(Y siguió sacudiendo la cabeza durante mucho rato).* Dile al sargento que te deje
15 ver al coronel. Y cuéntale lo viejo que estoy. Lo poco que valgo. ¿Qué ganancia sacará con matarme? Ninguna ganancia. Al fin y al cabo él debe de tener un alma. Dile que lo haga por la bendita salvación de su alma.

Justino: *(Se levantó de la pila de piedras en que estaba sentado y caminó hasta la puerta del corral. Luego se dio vuelta).* Voy, pues. Pero si me afusilan
20 a mí también, ¿quién cuidará de mi mujer y de los hijos?

Juvencio: La Providencia, Justino. Ella se encargará de ellos. Ocúpate de ir allá y ver qué cosas haces por mí. Eso es lo que urge.

(Diles que no me maten, Juan Rulfo)

5 👥 **De acuerdo con lo que leyeron, ¿podrían describir un poco a los dos personajes? ¿Podrían calcular sus edades? ¿En qué tiempos creen que tuvo lugar?**

6 👥 **Con lo que han leído del cuento traten de construir su propia versión de la historia. ¿Qué es lo que creen que pasó para estar en esta situación?**

7 🎧 **49** **Escucha ahora el argumento del cuento y contesta a las siguientes preguntas.**

a. ¿Quiénes estaban enemistados?

b. ¿Cuál era la causa de esta pelea?

c. Finalmente, ¿qué desató y cuál fue el dramático final?

d. ¿Cómo vivió Juvencio?

e. ¿Le sirvió para algo la decisión que tomó de cómo vivir su vida?

f. ¿Coincide el argumento real del cuento con lo que habían imaginado?

¿QUÉ HE APRENDIDO?

1 **Relaciona estas frases con su función correspondiente.**

	Prohibición	Orden y petición	Consejo
a. Yo en tu lugar sería prudente.	☐	☐	☐
b. Estaba prohibido que visitaran a los prisioneros.	☐	☐	☐
c. El juez me pidió que hablara con más claridad.	☐	☐	☐

2 **Completa estas frases.**

a. Sería aconsejable que… ....

b. Les agradecería a las autoridades que… ....

c. Estaba prohibido que… ....

d. El juez me pidió que… ....

3 **Escribe una frase para cada situación.**

a. Da un consejo para mejorar las condiciones sociales de tu barrio. ....

b. Pide consejo a un amigo para superar los problemas de desigualdad en tu trabajo. ......

c. Exige ciertas condiciones para elegir al alcalde de una ciudad. ....

4 **Completa las siguientes frases.**

a. Si vienes ....

b. .... tendría más dinero.

c. Si viviera en otro país ....

5 **Completa las siguientes frases.**

a. Estás viviendo la vida como si ....

b. Disfrutaba de sus vacaciones como si ....

c. Se comió él solo todos los pasteles, ni que ....

MORE IN ELETECA: EXTRA ONLINE PRACTICE

AHORA SOY CAPAZ DE...

	Sí	No
1. …pedir y dar consejo.	☐	☐
2. …pedir y exigir formalmente.	☐	☐
3. …expresar condicionales posibles y poco probables en el presente y en el futuro.	☐	☐
4. …expresar condicionales irreales en el pasado.	☐	☐
5. …comprender y usar palabras relacionadas con los momentos de la historia.	☐	☐

Historia social y política

el acontecimiento *event, occurrence*

el alzamiento *uprising, revolt*

el apoyo *support*

el/la campesino/a *farmer, peasant*

el campo de concentración *concentration camp*

el cargo *charge*

el/la conscripto/a *draftee*

la depuración *filtering, purification*

el/la detenido/a *detainee*

la dictadura *dictatorship*

la fosa común *mass grave*

el golpe de Estado *coup*

la guerra *war*

el inicio *beginning, start*

la junta militar *millitary junta*

el/la líder/esa *leader*

la lucha *fight, battle*

la manifestación *demonstration, protest*

el poder *power*

la reforma agraria *land reform*

el/la refugiado/a *refugee*

la represalia *reprisal, retaliation*

la sepultura *burial*

el trabajo forzado *forced labor*

el tratado *treaty*

Verbos

agruparse *to form a group*

censurar *to censor, denounce*

contraer *to contract*

durar *to last*

exigir *to demand*

fusilar *to execute by firearm*

liderar *to lead*

mantenerse *to stay, keep*

obsequiar *to reward*

preservar *to preserve*

prestar atención *to pay attention*

reconocer *to recognize*

rendirse *to give up, surrender*

surgir *to arise, emerge*

tomar *medidas to take measures*

Palabra y expresiones útiles

actualmente *at present, currently*

Conectores del discurso

a pesar de que *despite the fact that*

aunque *even though*

en conclusión *in short, to sum up*

en cuanto *a regarding, with regard to*

en relación con *in relation to/with*

finalmente *finally*

para terminar *in closing*

por otra parte *on the other hand*

por último *lastly*

referente a *concerning*

respecto a *with respect to*

APÉNDICES

- **Resumen y expansión gramatical**
- **Tabla de verbos**
- **Glosarios**
  - Glosario gramatical
  - Glosario de vocabulario

RESUMEN GRAMATICAL

PRESENT PERFECT

■ The present perfect tense is used for past actions occurring in a period of time that is still current (*hoy, esta mañana, en mi vida*, etc.).

Esta semana he tenido un problema con mi coche.

■ Additionally, the present perfect expresses an action completed prior to a point in the present.

He estado en Londres.

■ The tense is formed using the present tense of the auxiliary verb **haber** plus the past participle of the main verb.

	Present tense of *haber*	Regular past participles		
		TRABAJAR	**BEBER**	**VIVIR**
yo	**he**			
tú	**has**			
usted/él/ella	**ha**	trabaj**ado**	beb**ido**	viv**ido**
nosotros/as	**hemos**			
vosotros/as	**habéis**			
ustedes/ellos/ellas	**han**			

Irregular past participles include:

poner ➡ **puesto**	hacer ➡ **hecho**	escribir ➡ **escrito**	descubrir ➡ **descubierto**
volver ➡ **vuelto**	decir ➡ **dicho**	abrir ➡ **abierto**	componer ➡ **compuesto**
morir ➡ **muerto**	romper ➡ **roto**	ver ➡ **visto**	deshacer ➡ **deshecho**

■ Remember, the past participle in all compound tenses does not vary in number and gender.

Pedro ha **venido** ya.
Luisa y Susana han **venido** ya.

■ Common time expressions used with the present perfect:

- *Hoy*
- *Hasta ahora*
- *Siempre*
- *Todavía no, ya*
- *Últimamente*
- *¿Alguna vez...?*
- *Esta/e mañana, mes, año*
- *Nunca*
- *¿Cuántas veces...?*

The present perfect is commonly used with *ya, todavía no, alguna vez, nunca*, etc. to ask and talk about personal experiences.

¿Has estado alguna vez en Perú?

PRETERIT

■ The preterit tense is used to express competed actions that began and ended at a fixed point in the past (*ayer, el año pasado, en 2007*, etc.).

Ayer fui a clase.

- The preterit is also used when talking about the number of times an action took place in the past.
El año pasado fui varias veces al teatro.

- The preterit interrupts ongoing actions in the past.
Estábamos comiendo en casa cuando llamó mi madre por teléfono.

■ The preterit tense is commonly used with the following time expressions:

– *Ayer*	– *El mes, año, semana pasado/a*	– *Anteayer*
– *El otro día*	– *En* + mes, año	– *Anoche*

Regular verbs

	TRABAJAR	BEBER	VIVIR
yo	trabaj**é**	beb**í**	viv**í**
tú	trabaj**aste**	beb**iste**	viv**iste**
usted/él/ella	trabaj**ó**	beb**ió**	viv**ió**
nosotros/as	trabaj**amos**	beb**imos**	viv**imos**
vosotros/as	trabaj**asteis**	beb**isteis**	viv**isteis**
ustedes/ellos/ellas	trabaj**aron**	beb**ieron**	viv**ieron**

■ Spelling changes occur before the vowel **e** in verbs ending in **–car**, **–gar**, and **–zar**:

- **car** > **qué**: suplicar ➡ *supliqué, suplicaste, suplicó…*

- **gar** > **gué**: cargar ➡ *cargué, cargaste, cargó…*

- **zar** > **cé**: utilizar ➡ *utilicé, utilizaste, utilizó…*

Irregular verbs

■ These verbs have irregular stems and share the same set of irregular endings.

■ Irregular verbs do not have written accents.

■ Verbs formed from irregular verbs will also be irregular in the preterit:

proponer ➡ *propuse, propusiste, propuso…*

ESTAR	TENER	PODER	SABER	HABER
estuv**e**	tuv**e**	pud**e**	sup**e**	hub**e**
estuv**iste**	tuv**iste**	pud**iste**	sup**iste**	hub**iste**
estuv**o**	tuv**o**	pud**o**	sup**o**	hub**o**
estuv**imos**	tuv**imos**	pud**imos**	sup**imos**	hub**imos**
estuv**isteis**	tuv**isteis**	pud**isteis**	sup**isteis**	hub**isteis**
estuv**ieron**	tuv**ieron**	pud**ieron**	sup**ieron**	hub**ieron**

PONER	ANDAR	HACER	VENIR	QUERER
pus**e**	anduv**e**	hic**e**	vin**e**	quis**e**
pus**iste**	anduv**iste**	hic**iste**	vin**iste**	quis**iste**
pus**o**	anduv**o**	hiz**o**	vin**o**	quis**o**
pus**imos**	anduv**imos**	hic**imos**	vin**imos**	quis**imos**
pus**isteis**	anduv**isteis**	hic**isteis**	vin**isteis**	quis**isteis**
pus**ieron**	anduv**ieron**	hic**ieron**	vin**ieron**	quis**ieron**

Irregular verbs: *ir*, *ser*, and *dar*

SER/IR	DAR
fui	di
fuiste	diste
fue	dio
fuimos	dimos
fuisteis	disteis
fueron	dieron

- The verb **dar** uses regular **–er** endings in the preterit.

- Both **ir** and **ser** share the same preterit forms. The context will help to determine which verb is being used.
  Ramón fue a la fiesta.
  Fue el primero en llegar.

- These verbs do not have written accents.

Verbs with irregular stems and 3rd person plural endings

DECIR	TRAER
dij**e**	traj**e**
dij**iste**	traj**iste**
dij**o**	traj**o**
dij**imos**	traj**imos**
dij**isteis**	traj**isteis**
dij**eron**	traj**eron**

- In this group, the **–ieron** ending becomes **–eron** after the **j** in the stem.

- These verbs do not have written accents.

- Other verbs include: *producir, reducir, conducir…*

Other irregular verbs

PEDIR	DORMIR	LEER
pedí	dormí	leí
pediste	dormiste	leiste
p**i**dió	d**u**rmió	le**y**ó
pedimos	dormimos	leímos
pedisteis	dormisteis	leísteis
p**i**dieron	d**u**rmieron	le**y**eron

- Verbs ending in **–ir** that stem change in the present tense will stem change in the preterit in 3rd person singular and plural as follows: **e>i, o>u**.

- Other verbs like **pedir** include: *repetir, sentir, servir, divertirse, medir, preferir, corregir, seguir, mentir…*

- Other verbs like **dormir** include: *morir(se).*

- Some verbs ending in **–eer** and **–uir** change from i to y in 3rd person singular and plural endings: **ió > yó** and **ieron > yeron**.

- Other verbs like **leer** include: *construir, caer, oír, creer, destruir.*

- **Note:** This change does not occur in verbs ending in **–guir** such as *seguir, conseguir, distinguir…*

IMPERFECT

- The imperfect tense is used to refer to habitual or repeated actions in the past.

  Estudiaba en un colegio a las afueras de mi ciudad.

  De joven practicaba algunos deportes acuáticos.

- It is used to describe people or circumstances in the past.

  Su padre era moreno y tenía los ojos negros.

  Hacía un día estupendo, así que decidí pasar el día en la ciudad.

- It also describes both ongoing and simultaneous actions in the past.

  Estábamos comiendo cuando se apagó la luz.

  Siempre que nos hacía una visita, nos traía un regalo.

  Mientras Ana se duchaba, Iván preparaba la cena.

- The imperfect is commonly used with the following time expressions:

  - *Esa noche*   - *Ese día*   - *Antes... ahora*
  - *Porque*   - *Cuando*   - *Siempre que*
  - *Mientras*

Regular verbs

	TRABAJAR	BEBER	VIVIR
yo	trabaj**aba**	beb**ía**	viv**ía**
tú	trabaj**abas**	beb**ías**	viv**ías**
usted/él/ella	trabaj**aba**	beb**ía**	viv**ía**
nosotros/as	trabaj**ábamos**	beb**íamos**	viv**íamos**
vosotros/as	trabaj**abais**	beb**íais**	viv**íais**
ustedes/ellos/ellas	trabaj**aban**	beb**ían**	viv**ían**

Irregular verbs

	SER	IR	VER
yo	era	iba	veía
tú	eras	ibas	veías
usted/él/ella	era	iba	veía
nosotros/as	éramos	íbamos	veíamos
vosotros/as	erais	ibais	veíais
ustedes/ellos/ellas	eran	iban	veían

PLUPERFECT

■ The pluperfect or past perfect is used:

- To talk about an action that ended before another past action. Note the use of **todavía** and **ya**:
  Cuando llegué al cine la película no había comenzado todavía / la película todavía no había comenzado.
  (Llegué al cine a las 17:59, la película comenzó a las 18:00)

  Cuando llegué al cine, la película había comenzado ya / la película ya había comenzado.
  (Llegué al cine a las 18:05 y la película comenzó a las 18:00)

- To talk about an action that took place before another past action, but with a sense of immediacy:
  Le compré un juguete y al día siguiente ya lo había roto.
  Para mi cumpleaños me regalaron una novela y a la semana siguiente ya la había leído.

- To talk about an action that we had never done before. Note the use of **nunca** and **nunca antes**:
  Nunca/Nunca antes había estado aquí / No había estado aquí nunca/nunca antes.
  Nunca/Nunca antes habíamos viajado en globo / No habíamos viajado en globo nunca/nunca antes.

- To ask if a person had ever done something before. Note the use of **antes** and **alguna vez**:
  ¿Habías estado en Madrid alguna vez/antes?
  ¿Habías estado alguna vez/antes en Madrid?

■ The pluperfect is commonly used with the following time expressions:

- *Ya*
- *Al rato*
- *Al momento*
- *Hasta ahora*
- *Nunca*

	Imperfect form of *haber*	Past participles			Irregular past participles
		TRABAJAR	BEBER	VIVIR	poner ➡ **puesto**
yo	**había**				volver ➡ **vuelto**
tú	**habías**				morir ➡ **muerto**
usted/él/ella	**había**				hacer ➡ **hecho**
nosotros/as	**habíamos**	trabaj**ado**	beb**ido**	viv**ido**	decir ➡ **dicho**
vosotros/as	**habíais**				romper ➡ **roto**
ustedes/ellos/ellas	**habían**				escribir ➡ **escrito**
					abrir ➡ **abierto**
					ver ➡ **visto**
					descubrir ➡ **descubierto**
					componer ➡ **compuesto**
					deshacer ➡ **deshecho**

SER AND ESTAR (review)

■ The verb **ser** is used to:

- Specify origin, nacionality.
  Soy de Praga.

- Identify a person's profession, religion, ideology.
  Eres científico.

- Describe what an object is made of.
  La mesa es de hierro y madera.

- State where an event takes place.
  La boda es en un castillo medieval.

- Describe what a person or object is like.
  Marta es morena y alta.

- Make value judgements using *ser* + adjetivo + verbo.
  Es normal que llueva en otoño.
  Es necesario ir a verlo.

- Express time, parts of the day and the date.
  Son las cuatro y media pasadas.

- State the price or cost of something.
  Las galletas son 60 céntimos.

- Indicate ownership, possession and recipient.
  Esta canción es para mi madre.

■ The verb **estar** is used to:

- State where someone or something is located.
  El restaurante está en el número 65.

- Describe people or things from a subjective point of view.
  Marta está un poco más gordita ahora.

- Describe temporary conditions.
  Laura está enferma y Luis está muy preocupado.

- Identify temporary professions or situations.
  Está de recepcionista pero es músico.
  La biblioteca está cerrada los fines de semana.

- Talk about fluctuating prices.
  Las fresas están a dos euros el kilo.

- Say that something is done.
  Ya está todo preparado.

- Describe a continuous action in the present.
  Estamos buscando información en Internet.

UNIDAD 2

PRESENT SUBJUNCTIVE

■ In general, the subjunctive is used in Spanish to express wishes, emotions, and purpose. The present subjunctive refers to a present or future time.

Regular verbs

■ The present subjunctive is formed by dropping the **o** in the **yo** form of the present indicative, and using the opposite endings.

–ar verbs use: **–e, –es, –e, –emos, –éis, –en.**

–er / **–ir** verbs use: **–a, –as, –a, –amos, –áis, –an.**

- Note that the first and third person are the same in all conjugations.

	HABLAR	COMER	VIVIR
yo	habl**e**	com**a**	viv**a**
tú	habl**es**	com**as**	viv**as**
usted/él/ella	habl**e**	com**a**	viv**a**
nosotros/as	habl**emos**	com**amos**	viv**amos**
vosotros/as	habl**éis**	com**áis**	viv**áis**
ustedes/ellos/ellas	habl**en**	com**an**	viv**an**

Irregular verbs

■ Almost all verbs that are irregular in the present indicative will be irregular in the present subjunctive.

■ Verbs that stem change in the present indicative, **e>ie**, **o>ue**, and **u>ue**, will have the same stem change in the present subjunctive in all forms except **nosotros** and **vosotros**.

■ Verbs that change to **y** in the present indicative will change to **y** in the present subjunctive for all forms.

	E > IE	O > UE	U > UE	E > I	I > Y
	QUERER	**PODER**	**JUGAR**	**PEDIR**	**CONSTRUIR**
yo	qu**ie**ra	p**ue**da	j**ue**gue	p**i**da	constru**y**a
tú	qu**ie**ras	p**ue**das	j**ue**gues	p**i**das	constru**y**as
usted/él/ella	qu**ie**ra	p**ue**da	j**ue**ge	p**i**da	contru**y**a
nosotros/as	queramos	podamos	juguemos	p**i**damos	constru**y**amos
vosotros/as	queráis	podáis	juguéis	p**i**dáis	constru**y**áis
ustedes/ellos/ellas	qu**ie**ran	p**ue**dan	j**ue**guen	p**i**dan	constru**y**an

■ Note the following spelling changes:

ga/go/gu/gue/gui: jugar ➡ *juegue, juegues…*

ge/gi/ja/jo/ju: recoger ➡ *recoja, recojas…*

za/zo/zu/ce/ci: gozar ➡ *goce, goces…*

za/zo/zu/ce/ci: gozar ➡ *goce, goces…*

■ Exceptions:

• The verbs **sentir** and **dormir** have two stem changes in the present subjunctive: **o>ue** and **o>u**.

	E > IE	O > UE
	SENTIR	**DORMIR**
yo	s**ie**nta	d**ue**rma
tú	s**ie**ntas	d**ue**rmas
usted/él/ella	s**ie**nta	d**ue**rma
nosotros/as	s**i**ntamos	d**u**rmamos
vosotros/as	s**i**ntáis	d**u**rmáis
ustedes/ellos/ellas	s**ie**ntan	d**ue**rman

• Other verbs:

Sentir: *consentir, disentir, mentir, divertirse, advertir…*

Dormir: *morir.*

- Verbs with irregular **yo** forms:

	1.ª persona presente de indicativo	Raíz verbal del presente de subjuntivo	Terminaciones del presente de subjuntivo
TENER	tengo	**teng–**	
VENIR	vengo	**veng–**	
PONER	pongo	**pong–**	**–a**
HACER	hago	**hag–**	**–as**
SALIR	salgo	**salg–**	**–a**
DECIR	digo	**dig–**	**–amos**
OÍR	oigo	**oig–**	**–áis**
TRAER	traigo	**traig–**	**–an**
CONOCER	conozco	**conozc–**	
VALER	valgo	**valg–**	

- Verbs that are completely irregular:

SER	ESTAR	IR	HABER	SABER	VER	DAR
sea	esté	vaya	haya	sepa	vea	dé
seas	estés	vayas	hayas	sepas	veas	des
sea	esté	vaya	haya	sepa	vea	dé
seamos	estemos	vayamos	hayamos	sepamos	veamos	demos
seáis	estéis	vayáis	hayáis	sepáis	veáis	déis
sean	estén	vayan	hayan	sepan	vean	den

USES OF THE PRESENT SUBJUNCTIVE: GIVING ADVICE AND MAKING RECOMMENDATIONS

- The present subjunctive is used to:

• Give someone advice or make recommendations.

Me / Te / Le / Nos / Os / Les aconsejar / recomendar + **que** + subjunctive

El médico me ha recomendado que haga ejercicio.
Yo os aconsejo seguir por este camino y no saliros de la ruta.
Un compañero de trabajo me ha recomendado este restaurante. ¿Quieres que entremos?

• If there is no change of subject, the infinitive is used.

Te aconsejo ir en transporte público si quieres llegar antes al centro.

- Other ways to express recommendations or give advice:

  - **Imperative**

    Póngase esta pomada tres veces al día.

  - **Tienes que** / **Debes** / **Puedes** + infinitive

    Si no quieres quedarte sin ellas, tienes que comprar las entradas con antelación.

  - **Tendrías que** / **Deberías** / **Podrías** + infinitive

    Deberías leer más si quieres ampliar tu vocabulario.

  - **Hay que** + infinitive

    Hay que ir pensando qué le vamos a regalar a mamá para su cumpleaños.

USES OF THE PRESENT SUBJUNCTIVE: MAKING REQUESTS

- The present subjunctive is used to make requests or give orders with **pedir**, **rogar**, **exigir**, **mandar**, **ordenar**, etc.

  Te pido que hables con ella antes de sacar tus propias conclusiones.

UNIDAD 3

THE INDICATIVE AND SUBJUNCTIVE AFTER *QUE* AND *DONDE*

- Relative clauses function as adjectives in that they identify or describe people and things. The person or thing being described in a relative clause is called the antecedent. The pronoun that replaces the antecedent can be **que** (for people and things) or **donde** (for places).

  La camiseta que tiene más colores es mía. = La camiseta colorida es la mía.

  La mujer que tiene el pelo negro es mi madre. = La mujer morena es mi madre.

  La camiseta que tiene el dibujo de Mickey Mouse es la mía.

- **Que** is the most commonly used pronoun. It is preceded by an article. It is used as follows:

  - If the antecedent is not expressed: *Los que se cuidan viven más.*
  - In emphatic statements with ser: *Él es el que me insultó.*
  - After prepositions: *Ese es el joven con el que te vi.*

- **Donde** is used when the antecedent is a place.

  Esa es la escuela donde estudio.

- **Lo que** is used when the antecedent refers to a concept or idea.

  No entiendo lo que dices.

- **Quien** / **Quienes** refer only to people. It is equal to: **el/la/los/las que**.

  Quienes se cuidan viven más.   *Ese es el joven con quien te vi.*

  - It is also used after **haber** and **tener**.

    No hay quien te entienda.

- **Cual** is used with an article and must also have an antecedent.

  Estuvimos estudiando, hecho lo cual, nos fuimos a tomar algo.

  - It can also be used after prepositions.

    En mi habitación hay un mueble en el cual guardo mi patinete.

- **Cuyo**, **cuya**, **cuyos**, **cuyas** is a relative adjective meaning whose.

  Esa es la casa cuyo propietario es famoso. = El propietario de la casa es famoso.

- **Relative clauses** use the following construction:

  antecedent + relative pronoun + indicative/subjuntive

  Los muchachos que hablan español pueden participar en el club de conversación.
  Busco una persona que hable español.

  - The **indicative** is used when what is expressed about the antecedent is certain or known.

    La ciudad donde nací está cerca de Madrid.
    El libro que se ha comprado Fernando es muy entretenido.

  - The **subjunctive** is used:

    – When the antecedent is unknown, undefined, or can not identified with certainty.

      Fernando está buscando un libro que sea muy entretenido.

    – When asking whether something or someone exists and uses the following construction:

      ¿Hay / Conoces (a) / **Sabes si hay** + indefinite pronoun/adjective + relative pronoun + subjuntive?

      ¿Hay alguna persona que sepa explicarme por qué aquí se usa el subjuntivo?
      ¿Conoces a alguien que sea políglota?
      ¿Hay algo en la tienda que te quieras comprar?

    – When the existence of a person or thing is denied and uses the following construction:

      No hay + indefinite pronoun/adjective + relative pronoun + subjuntive

      En esta clase no hay nadie que sea capaz de hacer esta actividad.
      No hay ninguna zapatería cerca que venda botas de piel.

    – When expressing a lack of or shortage of something:

      Hay poco, **–a**, **–os**, **–as** + noun + relative pronoun + subjuntive

      En esta ciudad hay poca gente que conozca a este político.

    – When requesting something that is just imagined, but may not exist:

      Necesito / **Quiero** + person/thing + relative pronoun + subjuntive

      Necesito a alguien que sea capaz de traducir chino.
      Quiero algo que me haga juego con estos zapatos.

INDEFINITE PRONOUNS AND ADJECTIVES

■ The following indefinite pronouns do not vary in form.

	People	Things
Existence	alguien	algo
Non existence	nadie	nada

» *¿Alguien te ha enviado un mensaje al celular?*
» *No, no me ha escrito nadie.*

» *Tengo hambre, necesito comer algo.*
» *No gracias, no quiero nada ahora, acabo de tomar un refresco.*

• The following pronouns agree in number and gender, and can replace both people and things:

	Singular	Plural
Existence	alguno/a	algunos/as
Non existence	ninguno/a	–

■ The following indefinite adjectives can modify both people and things:

	Singular	Plural
Existwence	algún/alguna	algunos/as
Non existence	ningún/a	–

» *Perdone, ¿tiene alguna camiseta verde?* (adjective)
» *Sí, tenemos algunas en la estantería del fondo.* (pronoun)

• Ningunos/ningunas are seldomly used, and then, only with plural nouns: *ningunas tijeras, ningunos pantalones…*
» *¿Has comprado los pantalones que necesitabas?*
» *No he comprado ningunos porque eran muy feos.*

VERBS OF EMOTION WITH SUBJUNCTIVE AND INFINITIVES

■ To express emotions that may be negative in nature, the following expressions are used:

• When there is no change in subject, the infinitive is used.

Me irrita/molesta/indigna/fastidia/da rabia
No soporto/odio   + infinitive
Es una vergüenza/una pena/inadmisible/intolerable
Estar + harto-a/cansado-a/aburrido-a… + de

Me molesta ser yo el que siempre tira la basura en mi casa.
No soporto madrugar por las mañanas.
Estoy aburrida de repetirle a mi hijo que limpie su habitación.

• When there is a change in subject, the subordinate clause is introduced with **que** + subjuntive.

A mí me indigna que algunos gamberros rompan el mobiliario urbano.
Me irrita que algunos conductores no respeten a ciclistas ni peatones.
Es intolerable que en las ciudades no se tomen medidas más drásticas contra la polución.

• Remember that with verbs similar to gustar (*me irrita / me molesta…*) the subject can be plural and must agree.

Me irrita / me molesta / me fastidia… + singular noun
A mí me indigna la gente que rompe el mobiliario urbano.

Me fastidian / dan rabia / indignan… + plural noun
Me irritan los conductores que no respetan a ciclistas ni peatones.

EXPANSIÓN GRAMATICAL

▪ Expressions that refer to negative emotions can be classified according to the degree of intensity and emotion they express and their degree of formality.

	High degree of intensity	Neutral / Standard
Formal	es intolerable; es inadmisible	me indigna
Informal	es una vergüenza; odio; me irrita; estoy harto/a; me da rabia; no soporto	es una pena; estoy cansado/a de; me fastidia; estoy aburrido/a de; me molesta

▪ Other verbs of emotion follow the same grammatical structure:

- **Me alegra/hace feliz**
- **Me entristece/da pena**   + infinitive (if there is no change of subject)
- **Me da envidia/miedo/vergüenza**   + **que** + subjunctive (with a change of subject)
- **Me decepciona/preocupa/enorgullece**

Me da vergüenza hablar delante de muchas personas.
Me da pena que no puedas venir al viaje con nosotros.

▪ As with verbs that express negative emotions, the subject of the verb can also be a noun.

- **Me hace feliz/da pena/da rabia/decepciona**… + singular noun

Me hace feliz un buen paseo por el campo un día soleado.

- **Me alegran/entristecen/dan envidia/preocupan**… + plural noun

Me dan envidia las personas que están todo el día viajando.

UNIDAD 4

POR AND *PARA*

▪ **Para** is used to express the purpose or objective of an action.

Estoy ahorrando para hacer un viaje por Asia.
He comprado estos aguacates para hacer guacamole.

- Other uses of **para** include:

- Destination.
  Yo me voy ya para casa. La verdad es que estoy un poco cansado.
  Yo voy para el centro. ¿Quieres que te acerque a tu casa?

- Point in time.
  Esta tarea es para la semana que viene, no para mañana.
  ¿Para cuándo dijiste que necesitas el informe?

- Opinion.
  Para mí, esta no es la solución al problema. Algo arregla, sí, pero el problema sigue existiendo.
  Para mí que Pedro y Juan se han enfadado, ya nunca los veo bromear juntos.

– Recipient.

La escuela celebra una fiesta de despedida para todos los alumnos que finalizan sus clases.

– Comparison.

Para ciudad bonita, Granada. No te puedes ir de España sin visitarla.
A mí me sale muy bueno el gazpacho, pero para gazpacho bueno, el de mi abuela.

– Asking about purpose and what something is for:

¿Para qué...? / **Para qué** + indicativo.
¿Para qué me has llamado esta tarde?

■ **Por** is used to express the cause or motive for an action.

No pudo entrar a la fiesta porque llevaba tenis.

• Other uses of por include:

– Price.

Ya no quedan entradas por menos de 80 pesos.

– Exchange.

Creo que voy a cambiar esta falda por el vestido, me lo voy a poner más.
Yo no puedo ir a la conferencia, le he dicho a Pedro que vaya por mí.

– Means.

He estado toda la tarde hablando con mi madre por Skype.
Disculpe, pero todas las reclamaciones deben hacerse por escrito.

– Approximate time.

Yo creo que fue por junio o julio cuando vinieron a visitarnos, ¿no?

– Express by with an undetermined location.

Esta mañana pasé por tu barrio, pero como sabía que estabas trabajando, no te llamé.
Si pasas por una ferretería, ¿te importa comprar una bombilla? Esta se acaba de fundir.

■ Both **por** and **para** are followed by an infinitive when there is no change in subject and by **que** + subjuntive when there is a change in subject.

He venido para preguntar por los cursos de español.
He venido para que me informen sobre los cursos de español.

EXPANSIÓN GRAMATICAL

▦ The following expressions also denote purpose and can be followed by an infinitive when there is no change of subject and by **que** + subjunctive when there is a change of subject: **a fin de**, **con el fin de**, **con el objeto de**.

Los enfermos crónicos deben vacunarse a fin de evitar complicaciones posteriores.
El ayuntamiento ha aumentado la frecuencia de trenes en el metro durante las fiestas con el fin de evitar aglomeraciones.
La empresa ha realizado un exhaustivo estudio de mercado con el objeto de conocer los intereses de los potenciales clientes.

SUBJUNCTIVE AND INDICATIVE AFTER *CUANDO*

■ **Cuando** used to introduce a subordinate clause and can be followed by indicative or subjunctive.

• The indicative is used when the action refers to the present or past.

– **Cuando** + present + present (habitual action in the present)
Cuando llego al trabajo, me preparo un café.

– **Cuando** + preterit or imperfect + preterit or imperfect
Cuando llegué al trabajo, me preparé un café.

– **Cuando** + imperfect + imperfect (habitual action in the past)
Cuando llegaba de trabajar, siempre me preparaba un café.

– **Cuando** + preterit/imperfect + imperfect/preterit (past action interrupted by another action)
Cuando llegué al trabajo, Ana estaba preparándose un café.
Cuando estaba durmiendo, sonó el teléfono y me asusté.

• The subjunctive is used after cuando when referring to an action in the future.

– **Cuando** + present subjunctive + future or expression denoting future (*ir a / querer / pensar* + infinitive) or imperative.
Cuando seas mayor, podrás salir hasta tarde.
Cuando te mudes, vas a necesitar muebles nuevos.
Cuando me gradúe, quiero ir a Inglaterra para mejorar el inglés.
Cuando salga del trabajo, pienso ir al centro.
Cuando llegues a casa, pon la lavadora, por favor.

SUBJUNCTIVE AND INDICATIVE AFTER OTHER CONJUNCTIONS OF THE TIME

■ Usage.

• To express an action that immediately follows another:
Tan pronto como / **en cuanto** / **nada más**
Tan pronto como vengan, ponemos la mesa.
En cuanto termines de estudiar, llamamos a los abuelos.
Nada más levantarme, sonó el teléfono.

• To set up an action that will not occur until another one takes place:
Hasta que (**no**)
Hasta que no termine los exámenes, no puedo salir de fiesta.

• To express an action that take place before or after another one:
Antes/después de (**que**)
Antes de usarlo, hay que leer bien las instrucciones.
Después de que terminen de pintar, saldremos de compras.

– **Antes/después de** can be followed by a noun when referring to dates, periods of time, or events such as a test, a wedding, a trip, etc.
Antes del examen, tengo que repasar un poco.

• To express an action that is repeated each time another one takes place:
Cada vez que se ducha, deja el suelo mojado.

- These expression can be followed by an infinitive, indicative, or subjunctive as indicated:

  - Time expression + infinitive. The subject in both clauses is the same.

    Antes de terminar la carrera, empecé a trabajar.
    Después de viajar a Sevilla, le cambió la vida.
    Nada más entrar en la fiesta, vio a su exnovia.

    − Only *antes de, después de, hasta,* and *nada más* can be followed by an infinitive when there is no change in subject and nada más can only be followed by an infinitive.

  - Time expression + indicative. Expresses an action in the present or past.

    En cuanto llegan a casa, escriben wasaps a sus amigos.
    Después de que llegamos a Barcelona, nos fuimos a ver la Sagrada Familia.

  - Time expression + subjuntivo. When referring to a future action.

    Cada vez que voy a su casa, como demasiado.
    Cada vez que vaya a su casa, intentaré comer menos.
    Siempre que salgas de viaje, llámame, por favor.

UNIDAD 5

IMPERSONAL EXPRESSIONS WITH SUBJUNCTIVE AND INDICATIVE

- Constructed as follows:

Es (un/una) + noun/adjective **Está** + adverb **Me parece** + adjective/adverb	+ **que** + subjunctive

- Expressions that state facts are followed by the indicative:

Es seguro **Es obvio** **Es cierto** **Es indudable** **Está claro** **Está comprobado** **Me parece evidente**	+ **que** + indicative	*Está claro que esto tiene que cambiar.*

  - When these same expressions are negative, the subjunctive is used.

    No es cierto que viva en Mallorca.

- Expressions that present information as a value judgement are followed by the subjunctive.

Es normal **Es lógico** **Es horrible** **Es increíble** **Está bien** **Me parece intolerable**	+ **que** + subjunctive	*Es increíble que tenga miedo.*

PRESENT PERFECT SUBJUNCTIVE

■ The present perfect subjunctive is a compound tense formed by the present subjunctive of **haber** plus the past participle of the main verb.

	Present subjunctive of *haber*	Regular past participles			Irregular past participles
yo	**haya**				poner ➡ **puesto**
tú	**hayas**				volver ➡ **vuelto**
usted/él/ella	**haya**				morir ➡ **muerto**
nosotros/as	**hayamos**	trabaj**ado**	beb**ido**	viv**ido**	hacer ➡ **hecho**
vosotros/as	**hayáis**				decir ➡ **dicho**
ustedes/ellos/ellas	**hayan**				romper ➡ **roto**
					escribir ➡ **escrito**
					abrir ➡ **abierto**
					ver ➡ **visto**
					descubrir ➡ **descubierto**
					componer ➡ **compuesto**
					deshacer ➡ **deshecho**

■ Remember, the past participle in compound tenses does not vary in number and gender.
Es probable que **Pedro** *haya* **venido**. / *Es probable que* **Luisa y Susana** *hayan* **venido**.

■ The present perfect subjunctive has the same qualities relating to time as the present perfect indicative. It is used to express wishes, opinions or doubts about what has happened.
 » *¿Sabes si* **han salido** *ya las notas del examen?*
 » *No sé, <u>no creo que</u>* **hayan salido** *todavía, lo hicimos hace menos de una semana…*
 » *¡Qué nervios! <u>Espero que</u>* **hayamos aprobado**.

PRONOUN *SE*

Reflexive pronoun

■ As a reflexive pronoun, **se** replaces himself, herself, yourself (formal), themselves, and yourselves in reflexive constructions. These verbs describe actions that people do to or for themselves (*lavarse, vestirse, parecerse…*).
Yo me ducho por las mañanas, pero mi hermano se ducha por las noches.
Mi hijo se viste tan despacio que después tenemos que correr para no llegar tarde al colegio.
Este bolso se parece a uno que tienes tú, ¿no?

■ **Se** + verb in 3rd person singular or plural is equivalent in meaning to passive voice when the agent of the action is not important: *se alquila, se vende, se explica, se sabe…* en lugar de *es alquilado, es vendido, es explicado, es sabido…*
Esta semana se inaugura una nueva sala de conciertos en la capital.
Los primeros resultados de las votaciones se conocerán una vez cerrados los colegios electorales.
Se produjeron algunos destrozos en el mobiliario urbano después de la manifestación.

■ With plural verbs, **se** can be used to express reciprocal actions in that the action is done to or for one another (*escribirse, verse, comunicarse, hablarse…*).
Laura y Nacho se conocieron cuando tenían veinte años, pero nunca se han casado.
Mis hijos, con el celular, solo se comunican por WhatsApp. Creo que solo hablan por teléfono cuando yo los llamo.

- *Se* replaces indirect objects **le** or **les** before direct objects **lo**, **la**, **los**, **las**.

  » *¿Tienes mis entradas?*

  » *Sí, se las di a Marta, las tiene ella.*

  Me alegro mucho de que te hayan ascendido, ¿se lo has dicho ya a los demás?

UNIDAD 6

IMPERFECT SUBJUNCTIVE

- The imperfect subjunctive is formed by dropping the **–ron** from the 3rd person plural of the preterit tense and adding the following set of endings: **–ra**, **–ras**, **–ra**, **–ramos**, **–rais**, **–ran**.

Regular verbs in the preterit	Imperfect subjunctive
viajar → **viajaron**	viajara, viajaras, viajara, viajáramos, viajarais, viajaran.
beber → **bebieron**	bebiera, bebieras, bebiera, bebiéramos, bebierais, bebieran.
vivir → **vivieron**	viviera, vivieras, viviera, viviéramos, vivierais, vivieran.
Irregular verbs in the preterit	
tener → **tuvieron**	tuviera, tuvieras, tuviera, tuviéramos, tuvierais, tuvieran.
ser → **fueron**	fuera, fueras, fuera, fuéramos, fuerais, fueran.
poder → **pudieron**	pudiera, pudieras, pudiera, pudiéramos, pudierais, pudieran.
dormir → **durmieron**	durmiera, durmieras, durmiera durmiéramos, durmierais, durmieran.
construir → **construyeron**	construyera, construyeras, construyera, construyéramos, construyerais, construyeran.
decir → **dijeron**	dijera, dijeras, dijera, dijéramos, dijerais, dijeran.

- The imperfect subjunctive can also be formed using the **–se** endings although the **–ra** form is more commonly used.

–AR	–ER	–IR
habla**ra** / habla**se**	comie**ra** / comie**se**	escribie**ra** / escribie**se**
habla**ras** / habla**ses**	comie**ras** / comie**ses**	escribie**ras** / escribie**ses**
habla**ra** / habla**se**	comie**ra** / comie**se**	escribie**ra** / escribie**se**
hablá**ramos** / hablá**semos**	comié**ramos** / comié**semos**	escribié**ramos** / escribié**semos**
habla**rais** / habla**seis**	comie**rais** / comie**seis**	escribie**rais** / escribie**seis**
habla**ran** / habla**sen**	comie**ran** / comie**sen**	escribie**ran** / escribie**sen**

- The imperfect subjunctive is used when the verb in the main clause requires a subjunctive and is in the past or conditional tense.

Tense of verb in main clause	Tense of the subjunctive verb
Present, Perfect perfect, Future, Imperative	Present
Preterit, Imperfect, Pluperfect, Conditional	Imperfect

IF CLAUSES

To express the condition that has to be met in order for an action to take place, the following constructions can be used:

- To express possible or probable situation:

  - **Si** + present indicative + future
    Si sales ahora, llegarás a tiempo.

  - **Si** + present indicative + presente
    Si quieres, nos tomamos un café.

  - **Si** + present indicative + imperativo
    Si recibes su fax, mándame una copia.

- To express an improbable or false (contrary to fact) situation:

  - **Si** + imperfect subjunctive + conditional
    Si fuera rica, viajaría por todo el mundo.

  - **De** + infinitive + conditional
    De ser rica, viajaría por todo el mundo.

COMO SI + IMPERFECT SUBJUNCTIVE

- **Como** is used when describing objects, people, and actions in comparison to other similar elements.
  Yo soy como mi padre. Me encanta hablar de política.

- **Como si** + imperfect subjunctive compares two actions (a real one and an imaginary one) that are simultaneous.
  Andas por la calle como si estuvieras perdido.

  (Real action: actually walking)   (Imaginary action: being lost which is not true)

  Como si is always followed by the imperfect subjunctive as it signals improbability.

  Ni que + imperfect subjunctive compares an action with another one we know to be impossible. Like **como si**, it is always followed by the imperfect subjunctive, but conveys a stronger sense of improbability.
  ¡Qué cara! ¡Ni que hubieras visto al diablo!

Preterit

Regular verbs

–AR CANTAR	–ER COMER	–IR VIVIR
cant**é**	com**í**	viv**í**
cant**aste**	com**iste**	viv**iste**
cant**ó**	com**ió**	viv**ió**
cant**amos**	com**imos**	viv**imos**
cant**asteis**	com**isteis**	viv**isteis**
cant**aron**	com**ieron**	viv**ieron**

Irregular verbs

ANDAR	CAER	COMENZAR	CONCLUIR
anduve	caí	comen**c**é	concluí
anduviste	caíste	comenzaste	concluiste
anduvo	ca**yó**	comenzó	conclu**yó**
anduvimos	caímos	comenzamos	concluimos
anduvisteis	caísteis	comenzasteis	concluisteis
anduvieron	ca**yeron**	comenzaron	conclu**yeron**

CONSTRUIR	CONTRIBUIR	DAR	DECIR
construí	contribuí	**di**	**dije**
construiste	contribuiste	**diste**	**dijiste**
constru**yó**	contribu**yó**	**dio**	**dijo**
construimos	contribuimos	**dimos**	**dijimos**
construisteis	contribuisteis	**disteis**	**dijisteis**
constru**yeron**	contribu**yeron**	**dieron**	**dijeron**

DESTRUIR	DORMIR	EMPEZAR	ELEGIR
destruí	dormí	empe**c**é	elegí
destruiste	dormiste	empezaste	elegiste
destru**yó**	d**u**rmió	empezó	el**i**gió
destruimos	dormimos	empezamos	elegimos
destruisteis	dormisteis	empezasteis	elegisteis
destru**yeron**	d**u**rmieron	empezaron	el**i**gieron

ESTAR	HACER	IR	JUGAR
estuve	**hice**	**fui**	ju**gu**é
estuviste	**hiciste**	**fuiste**	jugaste
estuvo	**hizo**	**fue**	jugó
estuvimos	**hicimos**	**fuimos**	jugamos
estuvisteis	**hicisteis**	**fuisteis**	jugasteis
estuvieron	**hicieron**	**fueron**	jugaron

LEER	MEDIR	MORIR	OÍR
leí	medí	morí	oí
leíste	mediste	moriste	oíste
le**yó**	m**i**dió	mu**rió**	o**yó**
leímos	medimos	morimos	oímos
leísteis	medisteis	moristeis	oísteis
le**yeron**	m**i**dieron	mu**rieron**	o**yeron**

PEDIR	PESCAR	PODER	PONER
pedí	pes**qué**	**pude**	**puse**
pediste	pescaste	**pudiste**	**pusiste**
p**i**dió	pescó	**pudo**	**puso**
pedimos	pescamos	**pudimos**	**pusimos**
pedisteis	pescasteis	**pudisteis**	**pusisteis**
p**i**dieron	pescaron	**pudieron**	**pusieron**

QUERER	SABER	SER	SERVIR
quise	**supe**	**fui**	serví
quisiste	**supiste**	**fuiste**	serviste
quiso	**supo**	**fue**	s**i**rvió
quisimos	**supimos**	**fuimos**	servimos
quisisteis	**supisteis**	**fuisteis**	servisteis
quisieron	**supieron**	**fueron**	s**i**rvieron

SONREÍR	TENER	TRADUCIR	TRAER
sonreí	**tuve**	**traduje**	**traje**
sonreíste	**tuviste**	**tradujiste**	**trajiste**
sonr**i**ó	**tuvo**	**tradujo**	**trajo**
sonreímos	**tuvimos**	**tradujimos**	**trajimos**
sonreísteis	**tuvisteis**	**tradujisteis**	**trajisteis**
sonr**i**eron	**tuvieron**	**tradujeron**	**trajeron**

VENIR	VER	HABER	
vine	**vi**	**hubo**	
viniste	**viste**		
vino	**vio**		
vinimos	**vimos**		
vinisteis	**visteis**		
vinieron	**vieron**		

Imperfect

Regular verbs

-AR CANTAR	-ER COMER	-IR VIVIR
cant**aba**	com**ía**	viv**ía**
cant**abas**	com**ías**	viv**ías**
cant**aba**	com**ía**	viv**ía**
cant**ábamos**	com**íamos**	viv**íamos**
cant**abais**	com**íais**	viv**íais**
cant**aban**	com**ían**	viv**ían**

Irregular verbs

SER	IR	VER
era	**iba**	**veía**
eras	**ibas**	**veías**
era	**iba**	**veía**
éramos	**íbamos**	**veíamos**
erais	**ibais**	**veíais**
eran	**iban**	**veían**

Present perfect

Regular verbs

-AR CANTAR	-ER COMER	-IR VIVIR
he cant**ado**	he com**ido**	he viv**ido**
has cant**ado**	has com**ido**	has viv**ido**
ha cant**ado**	ha com**ido**	ha viv**ido**
hemos cant**ado**	hemos com**ido**	hemos viv**ido**
habéis cant**ado**	habéis com**ido**	habéis viv**ido**
han cant**ado**	han com**ido**	han viv**ido**

Irregular past participles

abrir	➡ **abierto**	freír	➡ **frito**	resolver	➡ **resuelto**
absolver	➡ **absuelto**	hacer	➡ **hecho**	revolver	➡ **revuelto**
cubrir	➡ **cubierto**	imprimir	➡ **Impreso**	romper	➡ **roto**
decir	➡ **dicho**	morir	➡ **muerto**	ver	➡ **visto**
escribir	➡ **escrito**	poner	➡ **puesto**	volver	➡ **vuelto**

Affirmative commands

Regular verbs

CANTAR	COMER	VIVIR
canta	come	vive
cante	coma	viva
canten	coman	vivan

Irregular verbs

CAER	CONDUCIR	CONOCER	CONSTRUIR	CONTAR
cae	conduce	conoce	construye	cuenta
caiga	conduzca	conozca	construya	cuente
caigan	conduzcan	conozcan	construyan	cuenten

DECIR	DORMIR	ELEGIR	EMPEZAR	HACER
di	duerme	elige	empieza	haz
diga	duerma	elija	empiece	haga
digan	duerman	elijan	empiecen	hagan

HUIR	IR	JUGAR	LLEGAR	OÍR
huye	ve	juega	llega	oye
huya	vaya	juegue	llegue	oiga
huyan	vayan	jueguen	lleguen	oigan

PEDIR	PENSAR	PONER	SABER	SALIR
pide	piensa	pon	sabe	sal
pida	piense	ponga	sepa	salga
pidan	piensen	pongan	sepan	salgan

SER	TENER	VENIR	VESTIR	VOLVER
sé	ten	ven	viste	vuelve
sea	tenga	venga	vista	vuelva
sean	tengan	vengan	vistan	vuelvan

Future tense

Regular verbs

CANTAR	COMER	VIVIR
cantaré	comeré	viviré
cantarás	comerás	vivirás
cantará	comerá	vivirá
cantaremos	comeremos	viviremos
cantaréis	comeréis	viviréis
cantarán	comerán	vivirán

Irregular verbs

CABER	DECIR	HABER	HACER
cabré	diré	habré	haré
cabrás	dirás	habrás	harás
cabrá	dirá	habrá	hará
cabremos	diremos	habremos	haremos
cabréis	diréis	habréis	haréis
cabrán	dirán	habrán	harán

PODER	PONER	QUERER	SABER
podré	pondré	querré	sabré
podrás	pondrás	querrás	sabrás
podrá	pondrá	querrá	sabrá
podremos	pondremos	querremos	sabremos
podréis	pondréis	querréis	sabréis
podrán	pondrán	querrán	sabrán

SALIR	TENER	VALER	VENIR
saldré	tendré	valdré	vendré
saldrás	tendrás	valdrás	vendrás
saldrá	tendrá	valdrá	vendrá
saldremos	tendremos	valdremos	vendremos
saldréis	tendréis	valdréis	vendréis
saldrán	tendrán	valdrán	vendrán

Pluperfect (past perfect)

		Regular past participles		Irregular past participles	
yo	había				
tú	habías			abrir ➜ **abierto**	escribir ➜ **escrito**
usted/él/ella	había	**–ado** (–ar verbs)	lleg**ado**	hacer ➜ **hecho**	ver ➜ **visto**
nosotros/as	habíamos	**–ido** (–er / –ir verbs)	com**ido**	decir ➜ **dicho**	poner ➜ **puesto**
vosotros/as	habíais		viv**ido**	romper ➜ **roto**	volver ➜ **vuelto**
ustedes/ellos/ellas	habían			resolver ➜ **resuelto**	revolver ➜ **revuelto**

Conditional

Regular verbs

	HABLAR	COMER	ESCRIBIR
yo	hablar**ía**	comer**ía**	escribir**ía**
tú	hablar**ías**	comer**ías**	escribir**ías**
usted/él/ella	hablar**ía**	comer**ía**	escribir**ía**
nosotros/as	hablar**íamos**	comer**íamos**	escribir**íamos**
vosotros/as	hablar**íais**	comer**íais**	escribir**íais**
ustedes/ellos/ellas	hablar**ían**	comer**ían**	escribir**ían**

Irregular verbs

caber ➧ **cabr–**	tener ➧ **tendr–**	hacer ➧ **har–**		**ía**
haber ➧ **habr–**	poder ➧ **podr–**	decir ➧ **dir–**		**ías**
saber ➧ **sabr–**	poner ➧ **pondr–**			**ía**
querer ➧ **querr–**	venir ➧ **vendr–**		**+**	**íamos**
	salir ➧ **saldr–**			**íais**
	valer ➧ **valdr–**			**ían**

Present subjunctive

Regular verbs

	HABLAR	COMER	ESCRIBIR
yo	habl**e**	com**a**	escrib**a**
tú	habl**es**	com**as**	escrib**as**
usted/él/ella	habl**e**	com**a**	escrib**a**
nosotros/as	habl**emos**	com**amos**	escrib**amos**
vosotros/as	habl**éis**	com**áis**	escrib**áis**
ustedes/ellos/ellas	habl**en**	com**an**	escrib**an**

Irregular verbs. Stem-changing verbs

	QUERER	VOLVER	JUGAR	PEDIR
	e ➧ ie	o ➧ ue	u ➧ ue	e ➧ i (en todas las personas)
yo	qu**ie**ra	v**ue**lva	j**ue**gue	p**i**da
tú	qu**ie**ras	v**ue**lvas	j**ue**gues	p**i**das
usted/él/ella	qu**ie**ra	v**ue**lva	j**ue**gue	p**i**da
nosotros/as	queramos	volvamos	juguemos	p**i**damos
vosotros/as	queráis	volváis	juguéis	p**i**dáis
ustedes/ellos/ellas	qu**ie**ran	v**ue**lvan	j**ue**guen	p**i**dan

■ The verbs **dormir** and **morir** have two stem changes in the present subjunctive: **o ➧ ue** and **o ➧ u**:

• d**ue**rma, d**ue**rmas, d**ue**rma, d**u**rmamos, d**u**rmáis, d**ue**rman.

• m**ue**ra, m**ue**ras, m**ue**ra, m**u**ramos, m**u**ráis, m**ue**ran.

Verbs with irregular **yo** forms

poner ➜ **pong–**	traer ➜ **traig–**	a
tener ➜ **teng–**	hacer ➜ **hag–**	as
salir ➜ **salg–**	caer ➜ **caig–**	a
venir ➜ **veng–**	construir ➜ **construy–**	amos
decir ➜ **dig–**	conocer ➜ **conozc–**	áis
		an

Verbs that are completely irregular

HABER	IR	SABER	ESTAR	SER	VER	DAR
haya	vaya	sepa	esté	sea	vea	dé
hayas	vayas	sepas	estés	seas	veas	des
haya	vaya	sepa	esté	sea	vea	dé
hayamos	vayamos	sepamos	estemos	seamos	veamos	demos
hayáis	vayáis	sepáis	estéis	seáis	veáis	deis
hayan	vayan	sepan	estén	sean	vean	den

Other verbs with irregular forms in the subjunctive

e ➜ ie (except in the **nosotros** and **vosotros** forms)		
cerrar ➜ ci**e**rre	encender ➜ enci**e**nda	mentir ➜ mi**e**nta
comenzar ➜ comi**e**nce	encerrar ➜ enci**e**rre	querer ➜ qui**e**ra
despertarse ➜ se despi**e**rte	entender ➜ enti**e**nda	recomendar ➜ recomi**e**nde
divertirse ➜ se divi**e**rta	gobernar ➜ gobi**e**rne	sentarse ➜ se si**e**nte
empezar ➜ empi**e**ce	manifestar ➜ manifi**e**ste	sentir ➜ si**e**nta

o ➜ ue (except in the **nosotros** and **vosotros** forms)		e ➜ i (en todas las personas)
acordarse ➜ se ac**ue**rde	rogar ➜ r**ue**gue	competir ➜ comp**i**ta
acostarse ➜ se ac**ue**ste	soler ➜ s**ue**la	despedir ➜ desp**i**da
contar ➜ c**ue**nte	sonar ➜ s**ue**ne	despedirse ➜ se desp**i**da
llover ➜ ll**ue**va	soñar ➜ s**ue**ñe	impedir ➜ imp**i**da
probar ➜ pr**ue**be	volar ➜ v**ue**le	medir ➜ m**i**da
resolver ➜ res**ue**lva	volver ➜ v**ue**lva	repetir ➜ rep**i**ta

Present perfect subjunctive

Regular verbs

-AR CANTAR	-ER COMER	-IR VIVIR
haya cant**ado**	**haya** com**ido**	**haya** viv**ido**
hayas cant**ado**	**hayas** com**ido**	**hayas** viv**ido**
haya cant**ado**	**haya** com**ido**	**haya** viv**ido**
hayamos cant**ado**	**hayamos** com**ido**	**hayamos** viv**ido**
hayáis cant**ado**	**hayáis** com**ido**	**hayáis** viv**ido**
hayan cant**ado**	**hayan** com**ido**	**hayan** viv**ido**

Irregular verbs

abrir ➔ **abierto**	freír ➔ **frito**	resolver ➔ **resuelto**
absolver ➔ **absuelto**	hacer ➔ **hecho**	revolver ➔ **revuelto**
cubrir ➔ **cubierto**	imprimir ➔ **impreso**	rompe ➔ **roto**
decir ➔ **dicho**	morir ➔ **muerto**	ver ➔ **visto**
escribir ➔ **escrito**	poner ➔ **puesto**	volver ➔ **vuelto**

Imperfect subjunctive

Regular verbs

-AR CANTAR	-ER COMER	-IR VIVIR
habla**ra**/habla**se**	comie**ra**/comie**se**	vivie**ra**/vivie**se**
habla**ras**/habla**ses**	comie**ras**/comie**ses**	vivie**ras**/vivie**ses**
habla**ra**/habla**se**	comie**ra**/comie**se**	vivie**ra**/vivie**se**
hablá**ramos**/hablá**semos**	comié**ramos**/comié**semos**	vivié**ramos**/vivié**semos**
habla**rais**/habla**seis**	comie**rais**/comie**seis**	vivie**rais**/vivie**seis**
habla**ran**/habla**sen**	comie**ran**/comie**sen**	vivie**ran**/vivie**sen**

Irregular verbs

Preferir ➔ pref**i**rieron ➔ pref**i**riera / pref**i**riese	Tener ➔ **tuvieron** ➔ **tuviera / tuviese**
Dormir ➔ d**u**rmieron ➔ d**u**rmiera / d**u**rmiese	Poner ➔ **pusieron** ➔ **pusiera / pusiese**
Seguir ➔ s**i**guieron ➔ s**i**guiera / s**i**guiese	Ir/Ser ➔ **fueron** ➔ **fuera / fuese**
Leer ➔ l**c**yó ➔ le**y**era / le**y**ese	Caber ➔ **cupieron** ➔ **cupiera / cupiese**

GLOSARIO GRAMATICAL

GLOSARIO DE VOCABULARIO

A

a causa de (5)	*because of, due to*
a fin de (que) (4)	*in order to*
a pesar de que (6)	*despite the fact that*
abstenerse (de) (5)	*to abstain, refrain (from)*
acabar (1)	*to end, finish*
acercarse (1)	*to get close, approach*
acogedor/a (3)	*cozy*
aconsejar (2)	*to advise*
el acontecimiento (6)	*event, occurrence*
actualmente (6)	*at present, currently*
el adelanto (3)	*advance*
además (3)	*besides, in addition*
la Administración y Dirección de Empresas (4)	*business administration*
el agobio (3)	*stress*
agruparse (6)	*to form a group*
Ah, ¿sí? (1)	*Oh, really?*
ahorrar (1) (3)	*to save*
al cabo de (4)	*after + a period of time*
al final (1)	*at the end, in the end*
albergado/a (5)	*housed, sheltered*
algo (3)	*something, anything*
alguien (3)	*someone, anyone*
algún (+ nombre masc. sing.) (3)	*some, any*
alguno/a/os/as (3)	*some, any*
el alojamiento (3)	*lodging, accomodation*
el alzamiento (6)	*uprising, revolt*
ampliar (4)	*to expand, increase*
amplio/a (3)	*spacious*
amueblado/a (3)	*furnished*
analizar un tema (2)	*analize a topic or theme*
la anécdota (1)	*story, anecdote*
antes de (4)	*before*
apagar (1)	*to switch off*
el aparador (3)	*store window*
aparecer (1)	*to appear, show up*
aportar (4)	*to provide*
el apoyo (6)	*support*
el aprendizaje (2)	*learning*
aprobar (o>ue) (2)	*to pass, to approve*
el aprovechamiento (4)	*use (beneficial)*
aprovechar el tiempo (2)	*to take advantage of time*
aprovecharse de (2)	*to take advantage of someone*
la aproximación (12)	*approach*
arrojar(se) (1)	*to hurl (yourself)*
así que (4)	*consequently, so much so*
la asignatura obligatoria (2)	*required course*
la asignatura optativa (2)	*optional course*
la asistencia (5)	*aid*
el/la asistente (4)	*attendee*
aunque (6)	*even though*
la ayuda a domicilio (5)	*home help service*

B

el bachillerato (2)	*high school diploma*
la beca (2)	*scholarship*
el botiquín (5)	*first-aid kit*
buscar (1)	*to look for*

C

cada vez (4)	*each time*
caerse (1)	*to fall*
la calidad (3)	*quality*
la calidad de vida (5)	*quality of life*
la calificación (4)	*grade*
el/la campesino/a (6)	*farmer, peasant*
el campo de concentración (6)	*concentration camp*
capacitar (4)	*to train, teach skills*
el cargo (6)	*charge*
la carrera (1) (4)	*race, career, degree, major*
la carta de motivación (4)	*letter of intent*
la carta de presentación (4)	*cover letter*
censurar (6)	*to censor, denounce*
el centro de desintoxicación (5)	*rehab/detox clinic*
los chapulines (1)	*grasshopper*
chismoso/a (1)	*gossipy*
las Ciencias Ambientales (4)	*environmental science*
las Ciencias de la Educación (4)	*education (major)*
la clase práctica (2)	*lab, workshop*
la clase presencial (2)	*face-to-face class*
la clase teórica (2)	*theory class*
clásico/a (3)	*classic*
colaborar (5)	*to cooperate*
el colegio bilingüe (2)	*bilingual school*
el colegio privado (2)	*private school*
combinado/a (3)	*matched (as in goes together)*
el comentario de texto (2)	*text analysis*
el comité de empresa (4)	*committee of workers that discusses company relations*
como (5)	*since, because*
la comodidad (3)	*convenience*
comprobado/a (5)	*confirmed, verified*
con el fin de (que) (4)	*as long as*
el conjunto de rasgos (5)	*combination of characteristics*
conocer (1)	*to know, be familiar with*
el/la conscripto/a (6)	*draftee*
conseguir (1) (4)	*to get, obtain, achieve (goal)*
consultar un libro/una enciclopedia/ Internet (2)	*to look up information in a book/an enciclopedia/ on the Internet*
contraer (6)	*to contract*
el contrato (4)	*contract*
el/la coordinador/a (4)	*manager, organizer*
el corbatín (3)	*bow tie*
cuando... (1)	*when*
Cuenta, cuenta. (1)	*Do tell.*
cumplir (4)	*to accomplish, fulfill*

D

dado que (5)	*given that, since*
dar envidia (3)	*to envy*
dar miedo (3)	*to fear*
dar pena (3)	*to feel shame, sadness*
dar vergüenza (3)	*to be embarrassed*
darse cuenta de algo (1)	*to realize, to become aware of*
de esta manera (4)	*in this way*
debatir un tema (2)	*to debate a topic*
debido a (5)	*on account of, owing to*
dejar (1)	*to allow, leave behind, abandon*
dejar de (+ infinitivo) (1)	*to stop, to quit (doing something)*
el Departamento de Recursos Humanos (4)	*Human Resources Department*
el Departamento Financiero (4)	*Finance Department*
la depuración (6)	*filtering, purification*
el Derecho (4)	*law*
desconectar (3)	*to disconnect*
desde (4)	*since*
desde luego (5)	*of course*
el desfile (3)	*fashion show, parade*
deslavado/a (3)	*faded, washed out*
desmentir (5)	*to refute*
el desplazamiento (3)	*trip, journey*
después (4)	*de after*
destacar (4)	*to stand out*
el destino (3)	*destination*
el/la detenido/a (6)	*detainee*
la dictadura (6)	*dictatorship*
Dime, dime. (1)	*Tell me.*
el diseñador/a (3)	*designer*
disfrazarse (1)	*to put on a costume*
la divisa (5)	*foreign currency*
la donación de sangre (5)	*blood donation*
donar (5)	*to donate*
el drogadicto/a (5)	*drug addict*
durar (6)	*to last*

E

el currículum (4)	*resume*
el curso de perfeccionamiento (2)	*continuing education*
el curso escolar (2)	*school year*
el curso intensivo (2)	*intensive course*
el curso virtual (2)	*online course*
el otro día (1)	*the other day*
eliminar (1)	*to eliminate*
en conclusión (6)	*in short, to sum up*
en cuanto (4)	*as soon as*
en cuanto (6)	*a regarding, with regard to*
en definitiva (2)	*ultimately, in the end*
en fin que (1)	*in the end*
en primer lugar (1)	*first of all, in the first place*
en relación con (6)	*in relation to/with*
en segundo lugar (1)	*secondly, in the second place*

encender (1)	to switch on	
encima (3)	not only that	
el enfoque (2)	approach, focus	
es decir (4)	that is to say, meaning	
es más (3)	furthermore	
es que (2)	it's just that, the thing is therefore	
la escalada (3)	climb	
el escote (3)	neckline	
la escuela de idiomas (2)	language school	
la escuela secundaria (2)	secondary school	
estampado/a (3)	print	
estresado/a (3)	stressed	
los estudios primarios (2)	primary education	
la etiqueta (3)	label, tag	
exagerar (3)	to exagerate	
exigir (2) (6)	to demand	
expediente (2)	academic transcript	
extrañar (2)	to surprise, to puzzle, to miss	

F

fastidiar (3)	to irritate, annoy
fijarse en (3)	to pay attention to
el/la filósofo/a (4)	philosopher
finalmente (1) (6)	finally
la firma (3)	business
el/la físico/a (4)	physicist
la formación profesional (4)	professional training
formarse (4)	to train, educate (oneself)
la fosa común	mass grave
la funeraria (1)	funeral home
fusilar (6)	to execute by firearm

G

el gasto (3)	expense
el golpe de Estado (6)	coup
la gorra (3)	cap
la guerra (6)	war

H

hace unos meses (1)	some months ago
hacer feliz (3)	to make happy
hacer un experimento (2)	to do an experiment
hacerse cargo de (10)	to be responsible for
hallar (1)	to find
hasta (3)	even
hasta que (4)	until
la higiene (5)	hygiene
el/la historiador/a (4)	historian
las horas extras (4)	overtime
el/la huésped (3)	guest, lodger

I

igualmente (3)	equally, by the same token
incluso (3)	even, including
incómodo/a (1)	uncomfortable
indiscutible (5)	indisputable
la Ingeniería Civil (4)	civil engineering

el/la ingeniero/a industrial (4)	industrial engineer
iniciar (4)	to start, begin
el inicio (6)	beginning, start
innegable (5)	undeniable
insólito/a (1)	unbelievable, unusual
el instituto (2)	high school (Spain)
el instituto tecnológico (2)	institute of technology
el intercambio (2)	exchange
irritar (3)	to irritate

J

la jornada (3)	day trip
las joyas (3)	jewelry
la junta militar (6)	millitary junta

L

las letras (4)	language arts
el/la líder/esa (6)	leader
liderar (6)	to lead
el logro (4)	achievement
la lucha (6)	fight, battle
luego (2)	therefore
luminoso/a (3)	bright (with light)
la luna de miel (1)	honeymoon

M

el malentendido (1)	misunderstanding
mandar (2)	to order, to send
la manifestación (6)	demonstration, protest
mantener (la calma) (2)	to maintain (calm)
mantenerse (6)	to stay, keep
las manutención (5)	living expenses, child support
la marca (3)	brand
más aún (3)	even more
el máster (2)	masters
mejorar (5)	to improve
memorizar (2)	to memorize
el mercado laboral (4)	job market
la metodología (2)	methodology
mientras (4)	while
molestar (3)	to bother, annoy
el montañismo (3)	mountain climbing
la movilidad reducida (5)	reduced mobility

N

nada (3)	nothing, not anything
nada más (4)	as soon as
nadie (3)	no one, not anyone
las necesidades (5)	needs
ningún (+ nombre masc. sing.) (3)	sing. none, not one
No digas esas cosas. (2)	Don't say those things.
¡No te olvides de nada! (1)	Don't forget any part of it/anything
No te pongas así. (2)	Don't get like that.
la nómina (4)	pay slip
la nota alta/baja (2)	high/low grade
la nota media (2)	grade point average
¡Nunca había oído nada parecido! (1)	I have never heard of such a thing!

O

o sea (2) (4)	in the other words, or rather, that is,
odiar (3)	to hate
ojalá (2)	I hope
olvidar (1)	to forget
ordenar (2)	to order
orientar (4)	to guide, direct

P

para empezar (4)	for starters, to start with
para terminar (6)	in closing
el paracaídas (1)	parachute
parecer (1)	to seem, appear
el parque de atracciones (3)	amusement park
pasar lista (2)	to take attendance
el/la patrocinador/a (5)	sponsor
el payaso (1)	clown
perder (1)	to lose
perderse (3)	to lose oneself
pero (1)	but
pintoresco/a (3)	colorful, picturesque
el piropo (1)	flirtatious remark
placentero/a (1)	pleasant
plantear una duda (2)	to lay out a problem
la plantilla (4)	staff, workforce
pleno/a (3)	in the middle of
el poder (6)	power
ponerse de pie (1)	to stand up
por esa razón (4)	for that reason, that's why
por otra parte (6)	on the other hand
por otro (lado) (1)	on the other hand, what's more
por supuesto (5)	of course
por último (6)	lastly
por un lado (1)	on the one hand
el preescolar (2)	preschool
la prenda (3)	article of clothing
preservar (6)	to preserve
prestar atención (6)	to pay attention
prestar servicio (5)	to provide a service
primeramente (1)	in the first place
los primeros auxilios (5)	first aid
la prisa (3)	rush, hurry
el probador (1)	fitting room
profundizar (4)	to go in depth
el programa au pair (2)	program for studying abroad while working as a live-in nanny
(Pues) Resulta que (1)	It turns out that
puesto que (5)	given that, since

Q

Que cumplas más años. (2)	Many happy returns.
Que sean muy felices. (2)	(I hope) you will be very happy.
Que sueñes con los angelitos. (2)	(I hope) you dream with angels.
Que te diviertas. (2)	(I hope) you have fun.
¿Qué te pasa/pasó? (1)	What's wrong?/What happened to you?

Que te vaya bien. (2)	*(I hope) it goes well for you.*
Que tengas buen provecho. (2)	*(I hope) you enjoy the meal.*
Que tengas suerte. (2)	*I wish you luck.*
(Que) sí, hombre, (que) sí. (2)	*Yes, of course, of course.*
¡Quiero saberlo con todo lujo de detalles! (1)	*I want to know/hear every detail about it!*

R

reaccionar (2)	*to react*
el recién nacido/a (5)	*newborn*
recomendar (e>ie) (2)	*to recommend*
reconocer (1) (6)	*to recognize*
recordar (1)	*to remember*
el referente (4)	*mentor*
referente a (6)	*concerning*
reflexionar (2)	*to reflect*
la reforma agraria (6)	*land reform*
el/la refugiado/a (5) (6)	*refugee*
la reinserción (5)	*reintegration*
reír (1)	*to laugh*
rendirse (6)	*to give up, surrender*
la represalia (6)	*reprisal, retaliation*
rescatar (1)	*to rescue*
respecto a (4) (6)	*regarding, with respect to*
el reto (4)	*challenge*
rogar (o>ue) (2)	*to beg*

S

¿Sabes qué pasó ayer? (1)	*Do you know what happened yesterday?*
el sabor	*taste*
la salud materna (5)	*health of women during pregnancy*
la salud pública (5)	*public health*
saludable (5)	*healthy*
seguir (1)	*to follow*
la seguridad vial (5)	*road/traffic safety*
el senderismo (3)	*hiking*
sentarse (1)	*to sit*
la sepultura (6)	*burial*
ser un referente para alguien (4)	*to be a mentor*
la sierra (3)	*mountain range*
sin embargo (1) (5)	*however, nevertheless*
solicitar (4)	*to apply for, request*
sonreír (1)	*to smile*
soportar (3)	*to put up with*
sorprender (3)	*to surprise*
el sueldo (4)	*salary*
¡Sueñas! (informal) (2)	*You're dreaming!*
surgir (6)	*to arise, emerge*
suspender (2)	*to fail (a course, test, etc.)*
el susto (1)	*fright, scare*

T

tan pronto como (4)	*as soon as*
la taquilla (7)	*box office*
la temporada (3)	*season*

el tenedor (9)	*fork*
Tengo que contarte una cosa. (1)	*I have something to tell you.*
Tienes razón. (5)	*You are right.*
tirar(se) (1)	*to throw (yourself)*
tomar medidas (6)	*to take measures*
total que (1)	*in short*
el trabajo forzado (6)	*forced labor*
el transporte adaptado (5)	*handicapped accesible transportation*
el tratado (6)	*treaty*

U

un día (1)	*one day*
una vez (1)	*one time*

V

la vacuna (5)	*vaccine*
las viviendas tuteladas (5)	*sheltered housing*
la vocación (4)	*vocation*
el voluntariado (5)	*voluntary work, service*

Y

ya que (5)	*considering that, now that*

CREDITS

The authors wish to thank to many peoples who assisted in the photography used in the textbook. Credit is given to photographers and agencies below.

We have made every effort to trace the ownership of all copyrighted material and to secure permission from copyright holders. In the event of any question arising as to the use of any material, please let as now and we will be pleased to make the corresponding corrections in future printings.

Page 10 (dubassy, Col. Shutterstock / davesimon, Col. Shutterstock / estudio Maia, Col. Shutterstock / Svetlana Bykova, Col. Shutterstock) | **Page 11** (Anna Jedynak, Col. Shutterstock / hessbeck, Col. Shutterstock / Sorin Colac, Col. Shutterstock / Pete Niesen, Col. Shutterstock / Tami Freed, Col. Shutterstock / Gualberto Becerra, Shutterstock.com) | **Page 12** (testing, Col. Shutterstock / Fotos593, Shutterstock.com / Paul S. Wolf, Col. Shutterstock / sunsinger, Col. Shutterstock / R.M. Nunes, Col. Shutterstock / DFLC Prints, Col. Shutterstock / Rafal Cichawa, Col. Shutterstock / Christian Wilkinson, Col. Shutterstock / Serjio74, Shutterstock.com) | **Page 13** (S-F, Col. Shutterstock) | **Page 18** (Filipe Frazao, Col. Shutterstock) | **Page 19** (Daniel M. Ernst, Col. Shutterstock / Darrin Klimek, Col. Thinkstock / Por cortesía de EGEDA, Sociedad de Servicios para los Productores Audiovisuales / Por cortesía de Roel Wijnants – Flickr / Helga Esteb, Col. Shutterstock) | **Page 20** (Filipe Frazao, Col. Shutterstock) | **Page 21** (Lorena Fernandez, Col. Shutterstock) | **Page 22** (cha cha cha studio, Col. Shutterstock / Fotos593, Col. Shutterstock / Ronald Sumners, Col. Shutterstock / kaspiic, Col. iStock) | **Page 23** (Darren Baker, Col. Shutterstock / Jack Hollingsworth, Col. Creatas / Pressmaster, Col. Shutterstock / nenetus, Col. Shutterstock / hxdbzxy, Col. Shutterstock) | **Page 24** (vgstudio, Col. Shutterstock / Dayna More, Col. Shutterstock / Kues, Col. Shutterstock / PathDoc, Col. Shutterstock) | **Page 25** (Chad Zuber, Col. Shutterstock / Blend Images, Col. Shutterstock / bikeriderlondon, Col. Shutterstock) | **Pages 26-29** (Por cortesía de EGEDA, Sociedad de Servicios para los Productores Audiovisuales) | **Page 30** (PathDoc, Col. Shutterstock / Vladimir Gjorgiev, Col. Shutterstock) | **Page 31** (Aila Images, Col. Shutterstock / Andresr, Col. Shutterstock) | **Page 32** (Mitrofanova, Col. Shutterstock / Borodin Denis, Col. Shutterstock / Oksana Kuzmina, Col. Shutterstock / takayuki, Col. Shutterstock / betyarlaca, Col. Shutterstock / bennymarty, Col. Shutterstock / Darrin Klimek, Col. Thinkstock / Aliaksei Smalenski, Col. Shutterstock / Maridav, Col. Shutterstock / tankist276, Col. Shutterstock) | **Page 33** (Monkey Business Images, Col. Shutterstock / Por cortesía de Suckfromthecan en Creative Commons) | **Page 34** (Algol, Col. Shutterstock / Jana Kopilova, Col. Shutterstock / Tutti Frutti, Col. Shutterstock) | **Page 35** (José Antonio Sánchez Reyes, Col. Thinkstock / Oleg Golovnev, Col. Shutterstock / paolofur, Col. Shutterstock / FCSCAFEINE, Col. Shutterstock) | **Page 36** (Kamira, Col. Shutterstock) | **Page 37** (m-imagephotography, Col. Shutterstock) | **Page 38** (violetblue, Col. Shutterstock) | **Page 39** (Daniel M Ernst, Col. Shutterstock) | **Page 40** (auremar, Col. Shutterstock / Elnur, Col. Shutterstock / Asier Romero, Col. Shutterstock / Andresr, Col. Shutterstock / DrimaFilm, Col. Shutterstock / Katherine00, Col. Shutterstock / dotshock, Col. Shutterstock / Eduard Radu, Col. Shutterstock) | **Page 41** (Pablo Calvog, Col. Shutterstock) | **Page 42** (Andy Dean Photography, Col. Shutterstock / Okssi, Col. Shutterstock / Greenland, Col. Shutterstock / sherwood, Col. Shutterstock / Sean Haley, Shutterstock.com) | **Page 43** (Carlos Casado, Edinumen / Hang Dinh, Col. Shutterstock) | **Page 44** (Paul Vasarhelyi, Col.

Shutterstock) | **Page 45** (Skrynnik Mariia, Col. Shutterstock) | **Page 46** (Andresr, Col. Shutterstock) | **Page 47** (Efired, Col. Shutterstock / Por cortesía de Juan Jauregui en Creative Commons) | **Page 48** (Por cortesía de Roel Wijnants – Flickr / Fernando Botero - Israel Museum, Jerusalem, Israel en Creative Commons / Anibal Trejo, Col. Shutterstock) | **Page 49** (Helga Esteb, Col. Shutterstock / Featureflash, Col. Shutterstock / Por cortesía de Zeroth en Creative Commons) | **Page 50** (Por cortesía de Lori Barra) | **Page 53** (nEwyyy, Col. Shutterstock / Pinkcandy, Col. Shutterstock / John Kershner, Col. Shutterstock / Elnur, Col. Shutterstock / Piotr Marcinski, Col. Shutterstock / Nejc Vesel, Col. Shutterstock) | **Page 54** (oneinchpunch, Col. Shutterstock) | **Page 55** (pjcross, Col. Shutterstock / Iakov Filimonov, Col. Shutterstock / Por cortesía de EGEDA, Sociedad de Servicios para los Productores Audiovisuales / Cubierta por cortesía de Bill Santiago) | **Page 56** (Goodluz, Col. Shutterstock / focal point, Shutterstock.com / Iakov Filimonov, Col. Shutterstock / Ajayptp, Col. Shutterstock / nenetus, Col. Shutterstock / Twin Design, Shutterstock.com) | **Page 57** (Goodluz, Col. Shutterstock) | **Page 58** (Pressmaster, Col. Shutterstock / Andresr, Col. Shutterstock / antoniodiaz, Col. Shutterstock / Luis Molinero, Col. Shutterstock) | **Page 59** (kryzhov, Col. Shutterstock / Joana Lopes, Col. Shutterstock) | **Page 60** (Syda Productions, Col. Shutterstock) | **Page 61** (YurolaitsAlbert, Col. Thinkstock / Joana Lopes, Col. Shutterstock / Renato Arap, Col. Shutterstock) | **Pages 62-65** (Por cortesía de EGEDA, Sociedad de Servicios para los Productores Audiovisuales) | **Page 66** (mrovka, Col. Thinkstock / simonkr, Col. iStock / Jani Bryson, Col. iStock / Wavebreakmedia, Col. Thinkstock / Fuse, Col. Thinkstock) | **Page 67** (dvoevnore, Col. Shutterstock / Tyler Olson, Col. Shutterstock / Andrey_Popov, Col. Shutterstock) | **Page 68** (Monkey Business Images, Col. Shutterstock) | **Page 70** (Andresr, Col. Shutterstock) | **Page 71** (wavebreakmedia, Col. Shutterstock / bikeriderlondon, Col. Shutterstock / ZouZou, Col. Shutterstock) | **Page 72** (mangostock, Col. Thinkstock / Wavebreakmedia Ltd, Col. Thinkstock / Steve Hix/Fuse, Col. Thinkstock) | **Page 74** (Minerva Studio, Col. Shutterstock) | **Page 75** (Serg Zastavkin, Col. Shutterstock / Minerva Studio, Col. Shutterstock / Kamira, Shutterstock.com) | **Page 76** (Kamira, Col. Shutterstock) | **Page 77** (diplomedia, Col. Shutterstock) | **Page 78** (PJPhoto69, Col. Thinkstock / XiXinXing, Col. Thinkstock / Rawpixel.com, Col. Shutterstock) | **Page 79** (Alvaro German Vilela, Shutterstock.com) | **Page 80** (Aaron Amat, Col. Shutterstock) | **Page 81** (Pavel Ilyukhin, Col. Shutterstock) | **Page 82** (SpeedKingz, Col. Shutterstock / Chanclos, Col. Shutterstock) | **Page 83** (Cover por cortesía de coveralia.com) | **Page 84** (antoniodiaz, Col. Shutterstock) | **Page 85** (Helga Esteb, Col. Shutterstock / Cubierta por cortesía de Bill Santiago) | **Page 86** (Por cortesía de Rec79 en Creative Commons) | **Page 87** (Aleksandr Markin, Col. Shutterstock) | **Page 89** (wavebreakmedia, Col. Shutterstock / DenisNata, Col. Shutterstock / Andresr, Col. Shutterstock / Minerva Studio, Col. Shutterstock / De Visu, Col. Shutterstock) | **Page 90** (soft_light, Col. Shutterstock) | **Page 91** (mahout, Col. Shutterstock

/ conrado, Col. Shutterstock / Por cortesía de EGEDA, Sociedad de Servicios para los Productores Audiovisuales / Vuela (CD) by Monica Molina / Cover Bailando) | **Page 92** (oneinchpunch, Col. Shutterstock / Radu Bercan, Col. Shutterstock / Artistan, Col. Shutterstock / Delpixel, Col. Shutterstock / lornet, Col. Shutterstock / Tupungato, Col. Shutterstock / Schaefer Elvira, Col. Shutterstock) | **Page 93** (Vlad Teodor, Col. Shutterstock) | **Page 94** (merc67, Col. Shutterstock / mahout, Col. Shutterstock / EpicStockMedia, Col. Shutterstock / Armin Staudt, Col. Shutterstock / alphaspirit, Col. Shutterstock / Pavel L Photo and Video, Col. Shutterstock) | **Page 95** (Malgorzata Drewniak, Col. Shutterstock / charles taylor, Col. Shutterstock / Simon Dannhauer, Col. Shutterstock) | **Page 96** (fizkes, Col. Shutterstock / John Wollwerth, Col. Shutterstock / Photographee.eu, Col. Shutterstock) | **Page 97** (lzf, Col. Shutterstock / Petrenko Andriy, Col. Shutterstock) | **Pages 98-101** (Por cortesía de EGEDA, Sociedad de Servicios para los Productores Audiovisuales) | **Page 102** (Catwalk Photos, Col. Shutterstock / conrado, Col. Shutterstock / photobank.ch, Col. Shutterstock / bloom, Col. Shutterstock / Matusciac Alexandru, Col. Shutterstock) | **Page 103** (Sam Aronov, Col. Shutterstock / Andresr, Col. Shutterstock) | **Page 104** (giorgiomtb, Col. Shutterstock / HighKey, Col. Shutterstock / Kiselev Andrey Valerevich, Col. Shutterstock / Yeko Photo Studio, Col. Shutterstock) | **Page 105** (Volt Collection, Col. Shutterstock / AlenD, Col. Shutterstock / Chris Howey, Col. Shutterstock / Fotoluminate LLC, Col. Shutterstock) | **Page 106** (Rafael Franceschini, Col. Shutterstock / AMA, Col. Shutterstock) | **Page 107** (Hugo Felix, Col. Shutterstock) | **Page 108** (Monkey Business Images, Col. Shutterstock) | **Page 109** (Monkey Business Images, Col. Shutterstock) | **Page 110** (PathDoc, Col. Shutterstock) | **Page 111** (CREATISTA, Col. Shutterstock) | **Page 112** (worldswildlifewonders, Col. Shutterstock / Botond Horvath, Col. Shutterstock / StrahilDimitrov, Col. Thinkstock / vicuschka, Col. Thinkstock / Maxim Zarya, Col. Thinkstock / Anna Bizoń, Col. Thinkstock / Chagin, Col. Thinkstock / David De Lossy, Col. Thinkstock) | **Page 113** (Flying Colours Ltd, Col. Thinkstock / massimofusaro, Col. Thinkstock / Syda Productions, Col. Shutterstock / Ollyy, Col. Shutterstock / racorn, Col. Shutterstock / Rawpixel.com, Col. Shutterstock / eldar nurkovic, Col. Shutterstock) | **Page 114** (g-stockstudio, Col. Shutterstock / Aleksandra Nadeina, Col. Shutterstock / PathDoc, Col. Shutterstock / SKapl, Col. Shutterstock / PumpizoldA, Col. Shutterstock / PathDoc, Col. Shutterstock) | **Page 115** (kosmos111, Col. Shutterstock) | **Page 116** (Nixx Photography, Col. Shutterstock) | **Page 117** (vita khorzhevska, Col. Shutterstock / RyFlip, Col. Shutterstock) | **Page 118** (Matej Kastelic, Col. Shutterstock / Elnur, Col. Shutterstock) | **Page 119** (Vuela (CD) by Monica Molina) | **Page 120** (MaxFrost, Col. Thinkstock) | **Page 121** (ventdusud, Col. Thinkstock / PIKSEL, Col. Thinkstock / s_bukley, Col. Shutterstock) | **Page 122** (Por cortesía de Leandro Oroz Lacalle en Creative Commons) | **Page 123** (KieferPix, Col. Shutterstock) | **Page 124** (Mara008, Col. Shutterstock) | **Page 125** (Creative Travel Projects, Col. Shutterstock / wavebreakmedia, Col. Shutterstock / Kudla, Col. Shutterstock / VolNa69, Col. iStock) | **Page 126** (Daniel M Ernst, Col. Shutterstock) | **Page 127** (Golden Pixels LLC, Col. Shutterstock / Misha Shiyanov, Col. Hemera) | **Page 128** (Matej Kastelic, Col. Shutterstock / wellphoto, Col. Shutterstock) | **Page 129** (Ljupco Smokovski, Col. Shutterstock) | **Page 130** (www.BillionPhotos.com, Col. Shutterstock) | **Page 131** (Golden Pixels LLC, Col. Shutterstock / Creatas, Col. Thinkstock / Antonio_Diaz, Col. Thinkstock / Galyna Andrushko, Col.

Shutterstock / luanateutzi, Col. Shutterstock / Bacho, Col. Shutterstock / CREATISTA, Col. Shutterstock) | **Page 132** (gpointstudio, Col. iStock / Mike Watson Images, Col. Moodboard / Karramba Production, Col. Shutterstock) | **Page 133** (Jasminko Ibrakovic, Col. Shutterstock / Jeanette Dietl, Col. Shutterstock) | **Pages 134-137** (Por cortesía de EGEDA, Sociedad de Servicios para los Productores Audiovisuales) | **Page 138** (Jacomo, Col. Shutterstock / 9387388673, Col. Shutterstock / Goodluz, Col. Shutterstock) | **Page 139** (Monkey Business, Col. Thinkstock) | **Page 140** (Monkey Business Images, Col. Shutterstock) | **Page 141** (Christo, Col. Shutterstock) | **Page 144** (Sean Pavone, Shutterstock.com / Moises Fernandez Acosta, Col. Shutterstock) | **Page 145** (Poike, Col. iStock / Ljupco Smokovski Col,. Shutterstock) | **Page 146** (Monkey Business Images, Col. Shutterstock) | **Page 147** (Brand X Pictures, Col. Stockbyte / LittleStocker, Col. Shutterstock / Pressmaster, Col. Shutterstock / Daxiao Productions, Col. Shutterstock) | **Page 149** (bikeriderlondon, Col. Shutterstock) | **Page 150** (moodboard, Col. moodboard / Henrik Winther Andersen, Col. Shutterstock / Fuse, Col. Thinkstock) | **Page 152** (cristovao, Col. Shutterstock) | **Page 154** (Diego Cervo, Col. Shutterstock / Andresr, Col. Shutterstock) | **Page 155** (Blend Images, Col. Shutterstock / David Sacks, Col. DigitalVision) | **Page 156** (Misha Shiyanov, Col. Hemera) | **Page 157** (ddmitr, Col. iStock / Tinseltown, Col. Shutterstock / Debby Wong, Col. Shutterstock / Collection of the Supreme Court of the United States, Steve Petteway / Son Hoang Tran, Col. Shutterstock) | **Page 158** (Mario Tama, Col. Getty Images News / Mikadun, Col. Shutterstock) | **Page 161** (Matej Kastelic, Col. Shutterstock / Minerva Studio, Col. Shutterstock / Anastasios71, Col. Shutterstock / GaudiLab, Col. Shutterstock) | **Page 162** (Fotoluminate LLC, Col. Shutterstock) | **Page 163** (mangostock, Col. Shutterstock / Michaelpuche, Shutterstock.com / Lunov Mykola, Col. Shutterstock) | **Page 164** (fatchoi, Col. iStock / Mike Powell, Col. Digital Vision) | **Page 166** (Photographee.eu, Col. Shutterstock / Pop Paul-Catalin, Col. Shutterstock) | **Page 167** (Andresr, Col. Shutterstock / mangostock, Col. Shutterstock) | **Page 168** (Filipe Frazao, Col. Shutterstock) | **Page 169** (Fotos593, Shutterstock.com / F. A. Alba, Shutterstock.com) | **Pages 170-173** (Por cortesía de EGEDA, Sociedad de Servicios para los Productores Audiovisuales) | **Page 174** (Free Wind 2014, Shutterstock.com) | **Page 175** (Rawpixel.com, Col. Shutterstock / africa924, Shutterstock.com) | **Page 176** (africa924, Shutterstock.com / Goodluz, Col. Shutterstock / Matej Kastelic, Col. Shutterstock / Mila Supinskaya, Col. Shutterstock / Roy Pedersen, Col. Shutterstock / Blend Images, Col. Shutterstock) | **Page 177** (urosr, Col. Shutterstock) | **Page 178** (zeljkodan, Col. Shutterstock) | **Page 179** (Daniel M Ernst, Col. Shutterstock) | **Page 180** (Michaelpuche, Shutterstock.com) | **Page 181** (Purestock, Col. Thinkstock / AndreyPopov, Col. iStock / gawriloff, Col. iStock / Kichigin, Col. iStock) | **Page 182** (bibiphoto, Shutterstock.com / lisafx, Col. iStock / hjalmeida, Col. iStock) | **Page 183** (Celig, Col. Shutterstock / Fuse, Col. Thinkstock / Daniel Ernst, Col. iStock / Dann Tardif/Fuse, Col. Thinkstock / SanneBerg, Col. iStock) | **Page 184** (bokan, Col. Shutterstock / ANURAK PONGPATIMET, Col. Shutterstock / Daniel Korzeniewski, Col. Shutterstock) | **Page 185** (Dr. Morley Read, Col. Shutterstock / sunsinger, Col. Shutterstock / NAR studio, Col. Shutterstock) | **Page 186** (mangostock, Col. Shutterstock) | **Page 187** (Riccardo Piccinini, Col. Shutterstock) | **Page 189** (Leonardo da, Col. Shutterstock) | **Page 190** (R. Gino Santa Maria, Col. Shutterstock / cristovao, Col.